本研究为国家社会科学基金项目"明清儒家士大夫翻译会通研究"
（项目批准号：10BYY013）的成果。

明清儒家士大夫
翻译会通研究

张德让　著

南京大学出版社

序一

潘文国

十多年前,在一次博士生课堂上,我提到明末清初的传教士翻译在中国翻译史上很值得重视,尤其是徐光启提出的"欲求超胜,必须会通;会通之前,先须翻译",可说是中国人提出的原创翻译理论,在世界翻译理论史上有重要的意义,可惜还没有人专门去研究过。我并指出位于上海徐家汇的光启公园内就镌刻有这四句话,大家有兴趣可以去现场感受一下。言者无意,听者有心,没想到其后不久,德让的论文选题几经反复后竟选了《翻译会通研究》,很使我高兴。这篇论文一气呵成,写得相当成功,在答辩会上颇受答辩专家的好评。毕业之后,他锲而不舍,继续坚持在这个题目上钻下去,结果在十年之后竟然又拿出了这一部《明清儒家士大夫翻译会通研究》,求序于我。我看了书的初稿,觉得在博士论文基础上又大大上升了一步,增删篇幅近一半,内容更加丰富,提炼也更加深刻。如果说十多年前他刚选这个题目时还是筚路蓝缕,属于会通研究的开拓阶段的话,现在可说已经蔚成大观。今后有人要研究从明末清初到清末民初的翻译会通,恐怕这本书已成了绕不过去的存在。我为他这十几年来的进步感到高兴。借这个机会我也想就会通这个题目再说几句。

"会通"一词,最早源于《周易·系辞》:"圣人有以见天下之动,而观其会通,以行其典礼。"这个"会通"跟今天讲的还不完全一样。对会通作出最明确解释的是南宋大学者、《通志》的作者郑樵。他在其《通志总序》里一开头就说:"百川异趣,必会于海,然后九州无浸淫之患;万国殊途,必通诸夏,然后八荒无壅滞之忧。会通之义大矣哉!自书契以来立言者虽多,惟仲尼以天纵之圣,故总诗书礼乐而会于一手,然后能同天下之文;贯二帝三王而通为一家,然后能极古今之变。"他的会通指向古今各种历史文化知识,几乎是当时所见知识的全部。尤其难能可贵的是,他

1

不仅以孔子作为实现会通的榜样,而且提出了"万国"和"诸夏"的问题。因此,说他的会通,不仅通古今,而且会中外,也是可以的。这可以说是500年后徐光启提出会通思想的先声。

但徐光启超越前人之处在于他不仅提出了会通,而且将它置于整个翻译和跨文化交流的理论建构中,形成了"翻译—会通—超胜"的序列。他的"会通"的真正价值,必须放到这个系列中去理解,在此之前是"翻译",在此之后是"超胜"。没有前者,会通无从谈起,因为在知己不知彼的情况下会通绝无可能。而没有后者,会通也就失去了目标,变成纯粹知识、学问的堆积。郑樵那段话里四个"然后",其实就是讲的会通的目标,换句话说,郑樵的"会通"也是旨在"超胜"。

在这个体系下,我们才能分别讨论"翻译"该如何做,"会通"该如何做,"超胜"又如何达到。翻译的目标如果是为了会通,那么"格义"式的翻译就不但无功,而且有过。但在两种均有深厚背景的异文化相遇之初,要完全避免"格义"又几无可能。同样,"会通"有各种各样的方式,有各种各样的层次,在不同的领域中也不相同,这其中有许多是可深入探讨的。至于"超胜",徐光启指的可能是中学超胜西学,其实从西学的角度看,在会通中学之后,又何尝不期望超胜中学呢?

去年我曾作过一次学术演讲,题目是《从"格义"到"正名"》,提出翻译与文化接触的第一步难免是"格义",之后必须进行"正名",对已有译名进行考察,给出真正符合源文化的译名。而在"正名"之后,则应该是"会通"与"超胜"。我引了徐光启的这两句话,然后说:"徐光启是在西学东渐时说这番话的,他的希望是在翻译、会通西方的历书之学之后能超胜之。但今天的东学西渐也应该如此,经过'格义'和'正名',真正的中华文化价值传到西方之后,也应该通过'会通'最后'超胜'中华传统文化。东西方民族共同努力,将来必将形成的是同时超胜东、西方传统文化的人类新文化。我们正在为这一远大目标作奠基性的工作,可说是利在当代,功在后世。"这也是我今天想说的话。

以上的想法,有的在德让的书里已经有所讨论,有的谈得还不够。我认为德让的学术研究选择了一个非常有价值的题目,这条路还可往下走。我期望他今后取得更大的成绩。是为序。

2017 年 1 月 5 日于上海

序二

王东风

假如没有翻译，我们的世界会是什么样子？我们的中国会是什么样子？

这问题目前大概也只有搞翻译研究的人才会愤愤不平地纠结于心。他们会认为，没有翻译，何来世界的文明、繁荣与和平？没有翻译，人类可能还在为了填饱肚子而在原始森林之中摸爬滚打、茹毛饮血。

然而，对于当今大多数人来说，他们在幸福或不幸福的生活中已经忘记了他们的衣食住行差不多无处没有翻译留下的痕迹。人们之所以选择忘记，是因为那翻译的痕迹或已模糊不清，或像空气一样仿佛不存在。

学术界普遍认为，中国历史上曾经历过三次翻译高潮。一潮起于汉唐：佛经翻译；一潮起于明清：科技翻译；一潮起于清末民初：西学翻译。其中，第二次和第三次高潮有一个共同特点，即对西学的翻译。季羡林就是持这一观点，他说：

> 中华文化这一条长河，有水满的时候，也有水少的时候；但却从未枯竭。原因就是有新水注入。……最大的有两次，一次是从印度来的水，一次是从西方来的水。而这两次的大注入依靠的都是翻译。中华文化之所以能长葆青春，万应灵药就是翻译。[1]

---

① 季羡林，"翻译对中国文化的重要意义"，《季羡林谈翻译》，北京：当代中国出版社，2007年，第10页。

也就是说,在季羡林的眼里,第二次和第三次翻译高潮都来自同一源头:西方。这当然是比第一次高潮的源头更西的西方。张德让的新书《明清儒家士大夫翻译会通研究》所研究的就是这第二次"注水",史称"西学东渐",亦即翻译史教科书里所说的第二次和第三次高潮。该书会告诉我们这两次翻译高潮的弄潮儿究竟是怎样的一群人——徐光启、李之藻、严复、林纾,等等——那是一群在中国知识界几乎家喻户晓的历史人物和文化精英。

为何,徐光启被认为是中国第一个睁眼看世界的人?

为何,在中国这个有着五千年文明的国度,19世纪末的严复居然被认为是启蒙思想家?时至今日,他仍被我们的总理李克强认为是"第一批放眼看世界的人"。

为何?因为,他们是翻译。

翻译为何可以放眼看世界?那是因为翻译可以直接阅读异域的文化,从而能将本土的优劣与异域的优劣进行比较,进而能够发挥其精英阶层的洞察力、判断力、影响力和执行力,实施取长补短的文化战略。一个国家和民族如果不翻译,那就无法了解其他国家和民族的优劣长短,自身的发展注定是闭门造车式的摸索。而那些发达的国家和民族,他们正是通过翻译洞悉了其他国家和民族的优势,及时弥补自身的短板,从而得以在同样是丛林社会的地球村立于不败之地。当今世界,最发达的国家,也是翻译最繁荣的国家,如美国、中国;最不发达的国家,也是翻译最不发达之所,那里不是战火连天,就是饥寒交迫;最不发达的民族,更是绝无翻译之地,那里甚至还地处与世隔绝的原始森林深处。

为什么汉唐时期的中国那么强大?这是因为翻译在其中起了不可忽视的作用。汉唐时期不仅有佛经的翻译,更有西域的开发和丝绸之路的开通。早在周朝就有了翻译官,象胥;早在唐代就有了具有翻译馆功能的机构,鸿胪寺;而鸿胪寺的象胥却不管佛经的翻译,而是外交翻译。从唐朝画家阎立本留下的"职贡图"可以看出,唐朝时期的对外交流是非常频繁的。也正因为有了对外交流,我们会发现,凡周边国家有什么好的东西,我们都会很快化为己有。

为什么欧洲列强能够后来居上?这是因为,欧洲列强多属海洋国家,海洋国家往往资源匮乏,因此海洋国家的一个共同特征就是重商,重商者必重对外交流。欧洲列强正是在不断的对外交流中,遍取各国所长,终于练就一身攻无不克战无不胜的不败金身。而翻译正是对外交流不可或缺的媒介。

翻译之所以能影响一个国家或民族的盛衰,是因为翻译的一大功能是引进知识,而知识则会造就权力,推动进步,建构富强。

如今的中国,已然无比繁荣。这是个只要是个大学生就能做翻译的时代,因此翻译的地位已被高度边缘化,但在明清时期,能翻译西方的天文地理算术哲思文学的中国人却没有几个。本书所着重研究的徐光启、李之藻、严复、林纾等就是其中的佼佼者。而在一个时代,作为少数几个能够通过翻译看到外部世界的人,自然可以称得上是"第一批放眼看世界的人"。

正是由于明清这批翻译家可以通过翻译遥看万里之外的西方,他们才得以在那个自命普天之下莫非王土的明清帝国,痛彻地感受到了西方的强大,一种发自内心的紧迫感、危机感使徐光启早早地发出了"欲求超胜,必须会通;会通之前,先须翻译"的呼声,其中的"超胜"一语正是他睁眼看到了西方世界之后的深切感悟,从中可以清楚地看出,他已经意识到了西方的强大,中国的落后。也正因为如此,他才会有"超胜"西方的诉求和渴望。在那个弱肉强食、殖民狼烟四起的时代,落后固然可怕,但认识不到自己的落后,反而自以为老子天下第一,则更可怕。这正是明清时代的中国的一大悲剧。明清时期本土翻译家们的可贵就在于他们通过翻译清醒地意识到了自己国家的落后,而更加可贵的是,他已经找到克服落后,力求"超胜"的法宝——翻译。

我们一直都以为,贫穷才会挨打。但却没有继续追问:为什么贫穷?实际上,作为一个国家,不翻译才会贫穷,继而挨打。因为,不翻译,才是落后的根本原因:不翻译,就意味着没有对外交流,因此就无法对"打"你的国家做到"知己知彼",而又由于没有对外交流,我们就无法把别国好的东西学回来,取长补短。也正因为如此,西方有学者就说过这样一句话:对一个国家或民族来说,"不翻译,就是找死"(Translate or die)①。

因此,要想在豪强林立的地球村立于不败之地,我们就应该拿起翻译这个"超胜"的法宝。我国改革开放恢复高考之后,为什么要所有的大

---

① Gentzler, E. *Contemporary Translation Theories*. London and New York: Routledge, 1993,9.

学生都学外语,道理就在这里。冥冥之中,我们拿起的居然是三百多年前徐光启的"超胜"法宝。从改革开放之后国力超速发展的结果来看,不得不佩服,当年的决策者是何等英明。

张德让教授的这部著作,用大量的历史文献向我们勾勒出了明清以来西学东渐的一个大致脉络,尤其是贯穿这个脉络始终的明清翻译家的心路历程。从中,我们了解到,在明末,因为徐光启、李之藻、王徵等的翻译,让那个时代的中国人了解了天文、地理、数学、机械、水利、乃至科学种田;在清末,因为严复、林纾等的翻译,让那个时代的中国人认识了政治、经济、法律、社会、文学。他们的翻译让如井底之蛙的国人看到了山外有山、天外有天。

假如不是翻译给我们的民族引来了这一股西来之水,"中华文化这条长河"可能早已枯竭。曾几何时,欧美日本的战舰在我国门之外虎视眈眈,耀武扬威,凶恶的魔爪甚至已多次探入中华文化的腹地,夺我土地、屠我人民、掠我财宝。正当举国上下不知所措之时,一群翻译家们向我们解密了那些如狼似虎的列强之所以强大的原因,而且还给我们带来了战胜西方列强的思想武器——马克思主义。因为这些翻译家们睿智的文本选择,中华民族终于站到了知己知彼的战略高度,历史的轨迹由此而逐渐发生逆转。

张德让在回顾这一段一度被历史的尘埃所掩埋的历史时,揭示了一群不甘在民族沉沦的时候随大流的知识精英们的可歌可泣的壮举,虽然这壮举不如战场上的英雄那样气吞山河,但正是由于他们的默默翻译,最终硬是用他们那书生般柔弱的臂膀挡住了西方列强滚滚碾压的殖民战车,因为他们的翻译起到了坚船利炮和孔武英雄所不能起到的作用——启蒙。与流芳千古的英雄们相比,这群在历史断层处悄然撬动历史杆杠的翻译家们同样值得我们膜拜。

如果说明末翻译家们的翻译还未让那时的中国人意识到西方的强大,自己的落后,那么鸦片战争中西方列强的坚船利炮则着实让中国人见识到了枪炮的恐怖,而清末翻译家对西方思想的翻译则让中国的知识精英意识到了闭关锁国的可怕,那才是落后挨打的根本原因。这就是启蒙的作用。于是,一批政治精英与翻译联手,对我们那行将干涸的"中国文化长河"展开了一个又一个"救亡保种"的行动:洋务运动——戊戌变法——五四运动……,直至"十月革命一声炮响,给中国送来了马克思列宁主义"……再到改革开放让中国走上了富强的快车道。中华民族终于由翻译而被启蒙,睁开了沉睡千年的眼睛,告别闭关锁国、蒙昧无知,开始走上了现代征程。

张德让以徐光启所说的"会通"为切入点,准确地找到了最佳的历史观测点,以"会通"为关键词,将徐光启、李之藻、王徵、严复、林纾等一系列翻译家的翻译行为和翻译思想串联了起来,找到了他们翻译理念中的共识,这也是这批知识精英在放眼看到外面的世界之后,立志启蒙国民所采取的最有效的手段:即用翻译让中西文化实现会通;用会通实现启蒙;而启蒙之后的知耻后勇才会让我们的民族实现超胜。

张德让这部著作凝聚了他十多年的心血。他作为一个外语学者,能以一个史学家的坚韧在尘封的故纸堆里找寻出那么多珍贵的历史文献已属不易,而又能以一个思想家的敏锐在那堆散乱的历史文献中找出一条"会通"的思想衔接链,更是令人叹为观止。相信读者一定会从这部著作中了解到翻译那改天换地的能量,意识到翻译家那左右文化长河走向的神奇。

是为序。

2017 年 1 月 6 日于广州

目　录

第一章　绪　论

　　中国文化源远流长,对外来文化具有很强的开放性、融合性和会通性。最为突出者,正如季羡林(1911—2009)先生所云的两次大注水:"一次是从印度来的水,一次是从西方来的水。"①这两次大注水通过翻译撞击出了中西文化会通的两大高潮:一是由汉魏至唐宋佛经翻译所促成的儒释道"三教融合",二是由明末以降西学翻译所引发的近现代中西学会通。其中明清儒家士大夫对西学的翻译会通是传统儒家"文化自觉"②与近代新文化构建的关键时期,值得专题研究。

　　明清中西会通思想形成的标志有二:一是明末来华的意大利耶稣会士利玛窦(Matteo Ricci,1552—1610)践行的"利玛窦规矩"③,二是徐光启(1562—1633)在"历书总目表"中提出的"欲求超胜,必须会通;会通之前,

---

　　① 季羡林,"翻译对中国文化的重要意义",《季羡林谈翻译》,北京:当代中国出版社,2007年,第10页。
　　② 按照费孝通先生的解释,"文化自觉只是指生活在一定文化中的人对其文化有'自知之明',明白它的来历,形成过程,所具的特色和它发展的趋向,不带任何'文化回归'的意思。不是要'复旧',同时也不主张'全盘西化'或'全盘他化'。自知之明是为了加强对文化转型的自主能力,取得决定适应新环境、新时代时文化选择的自主地位。"见费孝通,《费孝通论文化与文化自觉》,北京:群言出版社,2007年,第190页。
　　③ 其核心是采取耶儒会通式的适应性传教策略。沙勿略(Francis Xavier,1506—1552)是耶稣会士在华适应性传教策略的奠基者,范礼安(Alessandro Valignano,1539—1606)是其组织者和策划者,而利玛窦则是其集大成者,经过几代人的艰辛探索,终于形成了行之有效的"利玛窦规矩"。详见利玛窦、金尼阁著,何高济、王遵仲、李申译,何兆武校,《利玛窦中国札记》,北京:中华书局,2005年,第2—5卷。

1

先须翻译"①的思想。此后,中西会通在中国翻译史、文化史、思想史、学术史上源源不绝,如明末"圣教三柱石"②的翻译会通,近现代传教士的翻译会通,清初薛凤祚(1600－1680)、王锡阐(1628－1682)、梅文鼎(1633－1721)等的中西天文历算翻译会通,晚清洋务派张之洞(1837－1909)的中西文化会通,清末维新派严复(1854－1921)、林纾(1852－1924)的西学及文学翻译会通,新文化运动中贺麟(1902－1992)的中西哲学翻译会通,学衡派的中西文化会通,20世纪30年代起钱钟书(1910－1998)的学术打通,等等。由于明清儒家士大夫对西学的翻译会通是传统儒家"文化自觉"与近代新文化构建的关键时期,本课题研究范围也因此限定在明清阶段,重点梳理和评述从徐光启到林纾的有关翻译会通思想及其文化、文学、语言等层面具有代表性的翻译会通模式及策略,试图确立"会通"思想在中国翻译史上的学术地位,探讨"文化自觉"、翻译会通与文化建构的关系,深化中国传统译论研究、近代翻译史研究和翻译批评研究。

第一节　研究述评

翻译会通在明清时期主要经历了两个重要历史阶段:明清之际和晚清,期间的清朝中叶,由于长期的"礼仪之争",中西会通几于停滞。目前的相关研究也大体分为相应的两个方面:明清之际翻译会通研究及晚清翻译会通研究。此外,"会通"作为传统学术方法的研究与本课题密切相关,也一并稍作述评。

一、明清之际翻译会通研究述评

明清之际翻译的基本方式是合译,由耶稣会士口授、儒家士大夫笔录润色。相关的翻译会通研究始于20世纪20年代,散见于丰富的中西

---

① 徐光启崇祯四年(1631年)上疏"历书总目表"中论及《大统历》和西洋历法时说:"《大统》既不能自异于前,西法又未能必为我用,亦犹二百年来分科推步而已。臣等愚心,以为欲求超胜,必须会通;会通之前,先须翻译。"见王重民辑校,《徐光启集》(下册),北京:中华书局,2014年,第374页。

② 指明末来华耶稣会士利玛窦在中国传教期间训练出的第一代基督教徒里最有成就的三个人:徐光启、李之藻和杨廷筠。

文化交流论著之中,代表性成果一是陈垣(1880—1971)归纳的中西会通的"利玛窦范式",其要点有六:"奋志汉学""结交名士""介绍西学""译著汉书""尊重儒教""排斥佛教"[①];二是梁启超(1873—1929)的《中国近三百年学术史》(上海民志书店 1926 年)对晚明王学会通西方天文历算、清代实用主义会通西方历算学及史地学所作的诸多间接概述。40 年代向达(1900—1966)的《中西交通史》(上海中华书局 1943 年)第七章《明清之际之天主教士与西学》、徐宗泽(1886—1947)的《明清间耶稣会士译著提要》(上海中华书局 1949 年)多处论及耶儒会通以及"心同理同"的中西认知基础。刘仙洲(1890—1975)的"王徵与我国第一部机械工程学"(《真理杂志》1944 年第 2 期)、惠泽霖(Hubert Germain Verhaeren,生卒年不详)的"王徵与所译《奇器图说》"(景明译,《上智编译馆馆刊》1947 年第 1 期)两篇论文则从微观上研究了《奇器图说》的翻译及王徵的中西机械工程学会通。

20 世纪 50 年代至 70 年代末,大陆学者鲜有相关研究,而台湾和国外学者则成果不断。著作方面有方豪(1910—1980)的《中西交通史》第四篇《明清之际中西文化交流史》(台北中华文化出版事业社 1955 年)、方豪60 年代的《李之藻研究》(台湾商务印书馆 1966 年)和《方豪六十自定稿》(台湾学生书局 1969 年)[②]、李杜的《中西哲学思想中的天道与上帝》(台北联经出版事业公司 1978 年)等。代表性论文有 Pasquale M. d'Elia 的"Further Notes on Matteo Ricci's De Amicitia"(*Monumenta Serica* 1956年第 15 期)、方豪的"明末清初天主教比附儒家学说之研究"(《文史哲学报》1962 年第 11 期)、John L. Mish 的"Creating an Image of Europe for China:Aleni's *His-Fang Ta-Wen*"(*Monumenta Serica* 1964 年第 23期)。其中方豪对明清之际天主教适应儒家学说及其比附、会通策略研究最为系统深入,而对儒家士大夫的翻译会通研究仅限于王徵和李之藻。

---

① 陈垣,"基督教入华史",《陈垣学术论文集》(第一集),北京:中华书局,1982 年,第一〇四页。

② 其中多篇论文论及翻译会通,如"十七八世纪来华西人对我国经籍之研究""明清间译著底本的发现和研究""明末清初天主教适应儒家学说之研究""明清之际中西血统之混合""明清间西洋机械工程学物理学与火器入华考略""王徵之事迹及其输入西洋学术之贡献""《天主实义》之改窜""利玛窦《交友论》新研""《遵主圣范》之中文译本及其注疏""《名理探》译刻卷数考",等等。

　　80 年代后，大陆研究迅速发展，徐海松辑录了《耶稣会士与中西文化交流论著目录（1980－1999）》[①]，包括论著 150 多种，论文 1000 余篇。同时，台湾、国外的研究也多有发展，其中涉及明清之际中西翻译会通的论述较多，为这方面的研究提供了丰富的文献资料。代表性成果如孙尚扬的《基督教与明末儒学》（东方出版社 1994 年）、陈卫平的《第一页——明清之际的中西文化比较》（上海人民出版社 1999 年）等。最近三十年，大陆、台湾、国外有关耶儒碰撞、对话和翻译会通的新论迭出[②]。但这些研究的重点是耶稣会士的中西会通策略，忽视了儒家士大夫的翻译会通研究。除王青建的《科学译著先师——徐光启》（科学出版社 2000 年）外，这种现象直到最近十年才有所改变，宋浩杰主编的《中西文化会通第一人——徐光启学术研讨会论文集》（上海古籍出版社 2006 年）、邱春林的《会通中西——晚明实学家王徵的设计与思想》（重庆大学出版社 2007 年）、张柏春等的《传播与会通——〈奇器图说〉研究与校释》（江苏科学技术出版社 2008 年）、毛瑞方的《王徵与晚明西学东渐》（华东师范大学出版社 2011 年）、李奭学的《译述：明末耶稣会翻译文学论》（香港中文大学出版 2012 年）等是这方面的力作，涉及徐光启的翻译会通思想及其天文

_____

　　① 收入黄时鉴主编，《东西交流论谭》（第二集），上海：上海文艺出版社，2001 年，第 455－494 页。

　　② 如 D. E. Mungello, *Curious Land：Jesuit Accommodation and the Origins of Sinology*. Stuttgart：Steiner-Verlag-Wiesbaden-Gmbh, 1985 年；Rule, Paul, *K'ung-tzu or Confucius? The Jesuit Interpretation of Confucianism*. Australia：Allen & Unwin, 1986 年；汤一介，"论利玛窦会合东西文化的尝试"，《宗教》，1988 年，第 2 期；Tang Yijie, "Inculturation and Chinese-Christian Contacts in the Late Ming and Early Qing", *Ching Feng*, 1991 年，第 4 期；柯毅霖，"本土化：晚明来华耶稣会士的传教方法"，《浙江大学学报》，1999 年，第 1 期；John H. Berthrong, *All Under Heaven：Transforming Paradigms In Confucian-Christian Dialogue*. Albany：State University of New York Press, 1994 年；古伟瀛，"明末清初耶稣会士对中国经典的诠释及其演变"，《台大历史学报》，2000 年，第 25 期；古伟瀛，"谈'耶儒交流'的诠释"，《台湾东亚文明研究学刊》，2004 年，第 2 期；徐海松，《清初士人与西学》，北京：东方出版社，2000 年；沈定平，《明清之际中西文化交流史——明代：调适与会通》，北京：商务印书馆，2001 年；陈义海，《对明清之际中西异质文化碰撞的文化思考》，苏州大学博士论文，2002 年；吴伯娅，《康雍乾三帝与西学东渐》，北京：宗教文化出版社，2002 年；戚印平，"'Deus'的汉语译词以及相关问题的考察"，《世界宗教研究》，2003 年，第 2 期；张国刚，《从中西初识到礼仪之争——明清传教士与中西文化交流》，北京：人民出版社，2003 年；卓新平，《相遇与对话：明末清初中西文化交流国际学术研讨会文集》，北京：宗教出版社，2003 年；李志军，《西学东渐与明清实学》，成都：巴蜀书社，2004 年；刘耘华，《诠释的圆环——明末清初传教士对儒家经典的解释及其本土回应》，北京：北京大学出版社，2005 年；李天纲，《跨文化的诠释：经学和神学的相遇》，北京：新星出版社，2007 年。

历算翻译研究、王徵对西方机械力学的翻译会通研究等。最近几年,薛凤祚中西会通研究最受关注①,其他还如李之藻②、王宏翰③(1648－1700)等的中西会通研究。但目前明清之际由徐光启开创的翻译会通思想及士大夫不同领域的翻译会通仍然缺乏专题研究。

二、晚清翻译会通研究述评

同明清之际相比,晚清翻译的主体由新传教士逐渐转为儒家士大夫,相关的宏观、微观翻译会通研究都比较零散。

宏观层面,熊月之的《西学东渐与晚清社会》(上海人民出版社 1994年)从文化交流的视角梳理了西学翻译对近代社会的影响,中西翻译会通散见其中。邹振环的《晚清西方地理学在中国》(上海古籍出版社 2000年)及《西方传教士与晚清西史东渐》(上海古籍出版社 2007 年)、王健的《沟通两个世界的法律意义——晚清西方法的输入与法律新词初探》(中国政法大学出版社 2001 年)、王文兵的《丁韪良与中国》(外语教学与研究出版社 2008 年)等,侧重于传教士的翻译及其中西文化会通研究,尤其是史地、法律、科技、政治术语译名会通以及译文通过添加注释、按语等方式所进行的中西文化会通。但这些会通不完全是传教士之功,作为传教士合译者的士大夫之会通意识、会通策略、会通心理、会通效果等方面所作出的成就,没有受到足够的重视,从而没有得以进行正面研究。郭延礼的《中国近代翻译文学概论》(湖北教育出版社 1998 年)、王宏志主编的《翻译与创作》(北京大学出版社 2000 年)、David Pollard 主编的 *Translation and Creation,Readings of Western Literature in Early*

---

① 如马来平主编,《中西文化会通的先驱:"全国首届薛凤祚学术思想研讨会"论文集》,济南:齐鲁书社,2011 年;郑强,"补空谈之虚空 破株守之迂滞——薛凤祚'会通'的科学思想探微",《山东科技大学学报》,2010 年,第 2 期;乔宗方、宋芝业,"术数思想:薛凤祚中西会通模式的重要案例",《山东科技大学学报》,2010 年,第 2 期;肖德武,"薛凤祚会通中西的努力及失败原因分析",《山东师范大学学报》,2010 年,第 2 期;宋芝业,"薛凤祚中西占验会通与历法改革",《山东社会科学》,2011 年,第 6 期;刘海霞,"对薛凤祚会通成就的发生学考察",《自然辩证法研究》,2011 年,第 8 期;褚龙飞、石云里,"独特的会通方式:薛凤祚《历学会通·正集》新探",《上海交通大学学报》,2014 年,第 2 期。
② 如刘星,"从《名理探》看西方科学理性思想与中国传统文化思想的初次会通",西南大学硕士论文,2010 年;刘星、吕晓钰,"从《名理探》看西方科学理性思想与儒学的早期会通",《甘肃社会科学》,2014 年,第 5 期。
③ 马智慧,《王宏翰中西会通研究》,浙江大学博士论文,2013 年;马智慧,"格致与调适:王宏翰中西会通研究",《浙江学刊》,2013 年,第 5 期。

Modern China, *1840 - 1918* (John Benjamins Publishing Co. 1998)、胡翠娥的《文学翻译与文化参与——晚清小说翻译的文化研究》(上海外语教育出版社 2007 年)等,多处论及晚清文学翻译的中西碰撞与会通,尤其传统诗学资源包括传统诗体、传统章回体小说及其写人状物叙事手法、传统文艺美学、传统伦理观念等对西洋文学的文化过滤、比附与会通。但这些研究或偏重于史料梳理,或多借用西方当代翻译理论对晚清意译和本土化、中西会通策略等加以诠释,如意识形态、政治话语、多元体系、目的论、改写理论等,缺少翻译会通的本土话语、文献梳理和译本细读研究。目前的翻译史或西学东渐论著也没有梳理出明清翻译会通思想之来龙去脉。

微观层面以严复、林纾翻译会通研究为主。吴汝纶(1840 - 1903)《天演论序》、1896 年后和严复的多次翻译通信论及翻译与中西会通问题,此后章太炎(1869 - 1936)、贺麟、陈子展(1898 - 1990)等较早零散地评价了严复翻译中比附与会通之功过。其中吴汝纶作为严复翻译的一大"赞助人",对其翻译之中西比附与会通的褒贬,持论比较公允:一方面高度评价严复之中西会通使其译文"骎骎与晚周诸子相上下"[1];另一方面,又明确地指出翻译"似不必改用中国人语。以中事中人,固非赫氏所及知"[2]。章太炎和陈子展对严复"喜欢拿中学傅会西学"[3]的现象倾向于持批评态度:"观其所译泰西群籍,于中国事状有毫毛之合者,则矜喜而标识其下;乃若彼方孤证,于中土或有牴牾,则不敢容喙焉。"[4]贺麟则认为严复"究竟有无附会之处,姑且勿论,但至少可知其并无数典忘祖之弊。一面介绍西学,一面仍不忘发挥国故。这也是严氏译书的特点。"[5]

---

① 吴汝纶,"吴汝纶序",见严复,《天演论》,北京:商务印书馆,1981 年,第 vii 页。
② 吴汝纶,"吴汝纶致严复书"(第 2 函),见牛仰山、孙鸿霓编,《严复研究资料》,福州:海峡文艺出版社,1990 年,第 250 页。
③ 陈子展,《中国近代文学之变迁》第八节"翻译文学",中华书局 1929 年,见牛仰山、孙鸿霓编,《严复研究资料》,福州:海峡文艺出版社,1990 年,第 279 页。
④ 章太炎,"《社会通诠》商兑",见朱修春主编,《严复学术档案》,武汉:武汉大学出版社,2015 年,第 34 页。
⑤ 贺麟,"严复的翻译",原载于《东方杂志》1925 年,第 22 卷第 21 号,见牛仰山、孙鸿霓编,《严复研究资料》,福州:海峡文艺出版社,1990 年,第 236 页。

20 世纪 30 至 80 年代,学界囿于"信达雅"。90 年代后,除"达旨"术研究[①]外,严译中西会通受到关注。李承贵的《中西文化之会通——严复中西文化比较与结合思想研究》(江西人民出版社 1997 年)系统地论述了严译中西哲学、道德风俗、政治法律思想、经济思想、教育思想、宗教观念等的比较与会通,并对严复中西文化会通的理论与方法进行了概括和评价。胡伟希的"'格义'与'会通':论严复的诠释学"(《学术月刊》2002 年第 11 期第 19 页)分析了严译中的"格义"与"会通",认为"格义"以对异域文化的理解为指向,强调诠释者的主体性与本土文化意识;"会通"则重在新意的产生和创造,要求超越诠释者的主体性,从超越的立场实现不同文化传统之间的视界融合,对"会通"内涵提出新的认识。俞政的《严复著译研究》(苏州大学出版社 2003 年)重点论述了严译之改写、掺杂己意等,严复中西文化比较与会通是其中重要方面。王宪明的"混杂的译本——读严复译《社会通诠》"(《中国翻译》2004 年第 2 期)及《语言、翻译与政治——严复译〈社会通诠〉研究》(北京大学出版社 2005 年)探讨了《社会通诠》中严复与原作者甄克斯思想的混杂与交融、中西社会学术语的翻译会通。皮后锋的《严复评传》(南京大学出版社 2006 年)第六章至第十二章通过对《支那教案论》、《天演论》、《原富》、《群学肄言》、《群己权界论》的实证性研究,揭示严译名著的特色与价值,其中多处论述了严译的会通思想与策略。韩江洪的《严复话语系统与近代中国文化转型》(上海译文出版社 2006 年)探讨了严复翻译会通话语系统,包括传统文言、文体、文化等用以会通西学的资源和格义、比附、会通式的误读等。此外,台湾黄克武论述了"西方自由观念与儒家、墨家理想的会通"[②]。以上成果为严复翻译会通的进一步研究打下了良好基础,但这些成果多以严复的思想研究为主。2011 年以来,严复的翻译会通策略研究有了一些

---

① 如陈福康充分肯定了严复的"达旨"译法,见陈福康,《中国译学理论史稿》,上海:上海外语教育出版社,1992 年,第 128 页;王克非分析了严复采用"达旨"译法的深刻原因,归纳出增添、删减、替换、案语、改写等多种达旨方法,见王克非,《翻译文化史论》,上海:上海外语教育出版社,1997 年,第 117-133 页;黄忠廉更通过深入研究严复诸如摘译、编译、译述、译评、综述、译写等十多种"达旨"方法,提出了富有创见的翻译变体论,见黄忠廉,"重识严复的翻译思想",《中国翻译》,1998 年,第 2 期;黄忠廉,《严复变译思想考》,北京:商务印书馆,2016 年。

② 黄克武,《自由的所以然:严复对约翰弥尔自由思想的认识与批判》,上海:上海书店出版社,2000 年,第 213 页。

新进展①,而严复"统新故""苞中外"②、治异国语言之"至乐"③的翻译会通精神缺乏学理性梳理和阐释,严译种种具体耐人寻味的会通策略也有待结合译本细读和译者的文化观、学术观、语言观、文艺观等加以剖析。

　　林纾的翻译会通研究集中于其"以华文之典料,写欧人之性情"④,如鲁迅认为林译的"文章确实很好"⑤,而钱钟书的《林纾的翻译》(人民文学出版社《文学研究集刊》第一册1964年)、Leo Ou-fan Lee 的 *Lin Shu and His Translations*:*Western Fiction in Chinese Perspective* (Harvard University 1965)、Robert William Compton 的 *A Study of the Translations of Lin Shu* (Stanford University 1971)等对林纾中西文学观念、小说技巧、文心会通多有零散评价。90 年代起,林纾的翻译会通研究成为重要内容,国外如 Li Lu 的 *Translation and Nation*:*Negotiating "China" in the Translations of Lin Shu*,*Yan Fu and Liang Qichao* (University of Miami 2007)、Michael Gibbs Hill 的 *Lin Shu Inc.*:*Translation and the Making of Modern Chinese Culture* (Oxford University 2013),等等。国内主要有韩洪举的《林译小说研究——兼论林纾自撰小说与传奇》(中国社会科学出版社2005年)、张俊才的《林纾评传》(中华书局2007年)及《顽固非尽守旧也:晚年林纾的困惑与坚守》(山西人民出版社2012年)、刘宏照的《林纾小说翻译研究》(上海译文出版社2011年),等等。这些研究零散地论及林译以孝道伦理会通西方伦理、以西人侦探小说会通中国司法制度、以司马迁比附狄

---

　　① 如张德让,"清代的翻译会通思想",《安徽师范大学学报》,2011年,第2期;张德让,"严复治异国语言之'至乐'及其《天演论》翻译会通策略",《天津外国语大学学报》,2011年,第4期;李安泽,"严复对基督教的'格义'与文化会通",《求是学刊》,2012年,第3期;周雯雯,《会通翻译与群学思想——严译〈群学肆言〉研究》,合肥工业大学硕士论文,2013年;张景华,"论严复的译名思想与翻译会通",《湖南科技大学学报》,2013年,第5期;熊辛格,"严复翻译会通研究——以《社会通诠》为例",《长沙大学学报》,2013年,第1期。

　　② 严复,"与《外交报》主人书",见王宪明编,《严复学术文化随笔》,北京:中国青年出版社,1999年,第127页。

　　③ 严复,《天演论·自序》,北京:商务印书馆,1981年,第viii页。

　　④ 邱炜萲,《客云庐小说话·挥尘拾遗》,见阿英编,《晚清文学丛钞·小说戏曲研究卷》,北京:中华书局,1960年,第408页。

　　⑤ 1932年鲁迅给日本学者增田涉的信中谈及《域外小说集》时说:"《域外小说集》发行于一九〇七或一九〇八年,我与周作人还在日本东京。当时中国流行林琴南用古文翻译的外国小说,文章确实很好,但误译很多。"见鲁迅,"致增田涉",《鲁迅全集》(第13卷),北京:人民文学出版社,1981年,第473页。

更斯（Charles Dickens，1812－1870）和司各特（Watter Scott，1771－1832）、以《楞严》之旨会通《洪罕女郎传》、借宋代邢居实的同名作品《拊掌录》来比附中国古代笑话等。林元彪的《文章学视野下的林纾翻译研究》（华东师范大学博士论文 2012 年）从意境、识度、气势、声调、筋脉、风趣、情韵、神味等方面，对林纾以传统古文笔法会通西洋小说的研究多有突破。但林纾中西文化会通、西洋小说与传统经典会通、林纾绘画与译景会通等有待进一步研究。

　　另外，以上严、林翻译会通研究偏重策略层面，且多借用西方理论如多元系统论、接受美学、规范论、意识形态、翻译伦理、权力话语、目的论、操控论、适应选择论、生态学、解释学、改写论、巴西食人主义等加以诠释，缺乏与严复、林纾的文化观、西学观、学术观及绘画观等相结合。

　　此外，涉及明清翻译会通的总体研究散见于翻译史或西学东渐专著及论文，如马祖毅的《中国翻译简史——五四以前部分》（中国对外翻译出版公司 1984 年）及其主编的《中国翻译通史》（湖北教育出版社 2006 年）、陈玉刚主编的《中国翻译文学史稿》（中国对外翻译出版公司 1989 年）、王克非编著的《翻译文化史论》（上海外语教育出版社 1997 年）、杜石然等的《洋务运动与中国近代科技》（辽宁教育出版社 1991 年）、陈福康的《中国译学理论史稿》（上海外语教育出版社 1992 年）、李亚舒和黎难秋主编的《中国科学翻译史》（湖南教育出版社 2000 年）、邹振环的《影响中国近代社会的一百种译作》（中国对外翻译出版公司 1996 年）、周发祥和李岫的《中外文学交流史》（湖南教育出版社 1999 年）、李伟的《中国近代翻译史》（齐鲁书社 2005 年）、黄见德的《西方哲学东渐史》（人民出版社 2006 年）、曾文雄的"文化资本与文化会通——对明末至五四时期文化翻译观的考察"（《民族翻译》2011 年第 1 期）、刘玉芹和王隽的"明清时期农学文献翻译中神学与儒学的会通"（《民族翻译》2013 年第 3 期）等。但这些著作、论文只是零星地涉及中西会通，没有专门论述，也没有从宏观上梳理出会通这一翻译思想及策略的来龙去脉。

三、会通作为学术方式的研究述评

　　会通自古就是我国文化融合创新的一种学术方式。秦汉学术兼收并蓄，魏晋南北朝直至隋唐儒释道三教继续兼容并蓄，在冲突中会通融合,其结果就是宋明理学的产生,达到了我国学术的顶峰,主张"学贵于通"①,而陆九渊(1139—1193)的"东海西海,心同理同"成了会通融合的普遍认知基础。明末伴随着科技翻译,天主教"会通儒学"首当其冲,以迎合时势,适应中国传统习俗。晚清中西会通更推进至制度层面。随后的新文化运动最终走出经学时代,颠覆儒学中心,标举启蒙主义,提倡中西融合创新。

国内有关会通作为学术方式的研究成果十分丰富,主要涉及会通研究的两个方面:一是会通的内涵及会通作为传统学术方法的研究,包括会通的来源及内涵研究②,古代自孔子(公元前551—公元前479)、司马迁(公元前145—?)、郑樵(1104—1162)、朱熹(1130—1200)以来的史学会通方法及儒家经典注疏方法研究③,近世中西文化的会通研究④,20世纪具有强烈的批判意识和超越姿态的新会通研究等⑤。这类研究不直接涉及翻译会通思想,但所揭示的会通内涵、会通作为注疏诠释的方法等可以应用于翻译会通研究。

二是会通作为中西文化交流方式和手段的研究。这类研究首先是

---

① 张立文主编,《中国学术通史》(宋元明卷),北京:人民出版社,2004年,第232页。
② 如杨义,"会通的核心与'现代的苦恼'中的新会通——会通效应通论之一",《甘肃社会科学》,2005年,第5期,第244页。
③ 如王盛恩,"郑樵的会通思想和求实创新精神",《洛阳师专学报》,1998年,第1期;金仁义,"从《论语》看孔子的会通思想",《史学史研究》,2008年,第1期;吕玉霞,"王弼儒道会通思想探析",《齐鲁学刊》,2011年,第2期;朱汉民,"玄学的《论语》诠释与儒道会通",《天津社会科学》,2010年,第3期。
④ 如陈庆坤,"中国近代哲学与佛学的会通",《吉林大学社会科学学报》,1994年,第4期;刘仲林,"欲求超胜,必须会通——谈科学哲学与中国哲学的会通",《科学技术与辩证法》,1997年,第5期;李祥俊,"北宋时期的儒、道学术会通论",《南京社会科学》,2006年,第12期。
⑤ 如黄政新,"中西哲学会通的可能与途径",《人文杂志》,1999年,第1期;杨君游,"贺麟与中西文化的会通",《清华大学学报》,2003年,第4期;杨义系列会通论文:"会通的核心与'现代的苦恼'中的新会通——会通效应通论之一"、"精思博识、时代智慧及其他——会通效应通论之二"、"'管锥'之功与会通的'钱串'——会通效应通论之三",分别见《甘肃社会科学》,2005年,第5、6期及2006年,第1期;吴根元,"'合而观之,求其会通'——21世纪明清学术思想研究方法",《中国社会科学报》,2011年1月4日,第009版;张培富,"110年的中西会通与纪念",《山西大学学报》,2012年,第3期;徐扬尚,"会通研究:比较文学的研究方法",《甘肃社会科学》,2011年,第4期;漆思,"文史哲会通的人性自觉与中国哲学史的重写",《江西社会科学》,2012年,第12期;王岳川,"新世纪文论应会通中西守正创新",《山东师范大学学报》,2012年,第5期;袁宏禹,"中国近现代唯识学思潮与马克思主义哲学的会通研究",《延边大学学报》,2012年,第2期;周波,"中国文论古今'会通'刍议",《山东师范大学学报》,2012年,第6期;宋志明,"论三种资源的会通与创新",《东岳论丛》,2013年,第1期;杜雪琴,"文学地理学研究的会通之境——读《文学地理学会通》偶得",《世界文学评论》,2014年,第2辑。

对会通的结合点、相似性问题的探讨。如西方传教士极力在"天主""上帝"与"天"、"人性论"与"仁义道德"等诸方面寻求天主教与儒学的结合点和相似点,将天主教与儒学进行糅合会通①;而中国士大夫则以格物穷理会通西方演绎推理方法,以求中西认识论观念的会通②。研究表明,中西文化会通的焦点是两种不同价值体系的冲突和融合③。其次是探寻合适的会通模式,包括以西会中、以中会西、中西会通、综合创造等。如传教士在比较和批判的基础上,倾向于以西会中的方式,目的是用基督教文化改造中国文化。④ 中国士大夫徐光启则提出"镕彼方之材质,入《大统》之型模"⑤,其动机是以实用为旨归,以西学之长弥补儒学之弊,裨益民用,但清初逐渐滑入"西学中源说"。⑥ 维新派在批判继承早期洋务派与改良派教育思想的基础上,倡导"中西会通",一方面用"中学"阐释接受"西学",另一方面用所理解的西学来充实、改造中学。⑦

这类研究涉及翻译与文化交流、文化翻译、中西文化比较、译名、文化通人研究等多个方面,但重点是哲学、文化学、文学等领域的研究,对翻译中如何会通中西文化这个核心问题没有给予明确的回答,对翻译会通的基础——类比联想、会通的超胜目的都没有结合具体翻译文本进行专门研究,没有把中国科技翻译以来的翻译会通与文化构建紧密地结合起来。然而这些成果对本研究多有借鉴之处。

四、目前研究存在的问题

总体来说,目前翻译会通研究不成体系,视角多为西方当代翻译理论,缺少本土话语和译本细读。另外,道咸经世派、洋务派士大夫等的翻

---

① 如疏华仁,"利玛窦与儒学的会通和冲突",《山东科技大学学报》,2006年,第2期。
② 如尚智丛,"明末中西认识论观念的会通",《自然辩证法通讯》,2003年,第6期。
③ 如陈俊民,"中国近世'三教融合'与'中西会通'",《北京社会科学》,1994年,第1期;陈俊民,"'理学'、'天学'之间——论晚明士大夫与传教士'会通中西'之哲学深意"(上/下),《中国哲学史》,2004年,第1、4期。
④ 王立新,"英美传教士与近代中西文化会通",《世界宗教研究》,1997年,第2期。
⑤ 徐光启,"历书总目表",见王重民辑校,《徐光启集》(下册),北京:中华书局,2014年,第374—375页。
⑥ 葛荣晋,"'西学东渐'与清初'中西会通'的科学观",《北京行政学院学报》,2004年,第5期。
⑦ 如胡伟希,"'格义'与'会通':论严复的诠释学",《学术月刊》,2002年,第11期;俞宣孟,"论中西哲学的会通",《社会科学》,2005年,第5期;王冬、李军松,"薛福成与近代中西文化的交融会通",《北方论丛》,2011年,第2期。

译会通思想鲜有论述。明清儒家士大夫翻译会通的不同文化心理、认知基础、理解资源、会通策略及超胜目的等也有待专题研究。具体来说,目前的研究主要存在如下四个方面问题:

一、徐光启被视为中西文化会通第一人,他所提出的翻译会通思想的内涵及其来龙去脉,没有结合中国翻译史、文化史、思想史、学术史等加以系统梳理和阐述,没有在译学研究中使之形成为广泛认可的翻译思想。

二、明清实学、新学思潮与翻译会通关系密切,儒家士大夫实学、新学翻译以济世图强这一学术实践没有得到系统研究,尤其晚明科学家的实学会通思想与实践、晚清桐城派曾国藩在"义理、考据、辞章"基础上开创的"经济"之学、严复治异国语言之"至乐"等与翻译会通、林纾以传统古文及绘画会通西洋文学等,没有得到系统梳理和研究。

三、会通的认知基础是寻求中西文化、语言之相似性和结合点,从而在翻译上产生了比较、比附、格义、嫁接、误读、创造、改写、归化、异化等现象。目前的会通研究没有关注翻译研究中类比联想的学术价值、文化传播功能及其文化价值观念对翻译会通的影响等。

四、就具体实践而言,会通又是翻译中一种理解和解释的策略。目前的解释学翻译研究基本上囿于西方理论框架,忽视了会通作为中国经典注疏的悠久学术传统的丰富内涵及其方法论意义,没有揭示出翻译会通立足于中国传统文化发展所追求的解释学真理。

第二节　研究目标、意义、思路与方法

一、目标和意义

本书试图对翻译会通思想及其发展与明清士大夫的翻译会通实践进行专题研究,同时加强对翻译会通思想、译著及相关资料的收集与整理,为今后相关研究奠定基础。本课题理论上有助于推动中国近现代翻译思想研究、近代翻译史研究、翻译与思想史关系研究,有助于认识翻译会通的不同模式、认知基础,有助于揭示近代西学会通的超胜目的、实践智慧及其背后的翻译伦理等;实践上有助于针对当前语言文化会通缺失

的现状,探寻中西文化交流中可资借鉴的翻译人才培养模式和翻译批评的新视角。

本课题属于翻译会通专题研究,重点阐述儒家士大夫从徐光启到林纾的翻译会通思想与实践,具体目标和意义有三:

(一)首先梳理翻译会通的有关文献及具体论述,理清其发展脉络,阐明其内涵,试图确立"会通"作为重要译学思想的学术地位,深化中国传统译论研究。

(二)立足于中国翻译史、文化史、思想史、学术史,结合译本细读,把会通视为儒家文化自觉和文化发展的战略,宏观上有助于拓宽中国近现代翻译史研究的视野,微观上有助于认识从徐光启到林纾等诸多中西会通模式,探讨会通对于中国传统文化反思与新文化构建的历史意义及现实价值。

(三)明清士大夫西学会通的文化自信、本土化策略、类比联想有助于反思当前语言、文化会通缺失所致的"技术化翻译"倾向,对如何运用传统资源、打造译文的可读性等有现实价值。

二、思路与方法

本研究以历史文化描述和翻译文本细读为两条主线,依据"梳理、反思、会通、创新"的研究思路,对明清翻译会通思想进行较全面的梳理和综合性研究。具体采用的主要方法有:(1)文献分析法。大量研读明清翻译史、文化史、思想史、学术史等方面的重要文献,旨在梳理出翻译会通思想的发展脉络;(2)描写法。通过译本细读,对明清儒家士大夫西学会通的典型个案进行具体描写、归纳和分析,剖析其背后的社会文化影响因素;(3)理论抽象法。理清明清儒家士大夫翻译会通的代表性思想、领域、手段、方式、目的、心理等,通过抽象分析,总结出其不同的翻译会通模式;(4)理论阐释法。综合文化学、翻译学、历史学和解释学等方法,对翻译会通进行跨学科、多角度的理论阐释,提出翻译会通论,揭示其实践智慧。

第三节 基本观点、重点难点及研究内容

一、基本观点

（一）翻译是明清儒家士大夫经世实学的一种学术方式,西学会通是其反思传统、引进西学的文化战略,其目的是补儒超胜。

（二）翻译是译者"此在"的解释,传统文化、文言经典是明清儒家士大夫会通西学的主要资源,其译文本土化特征明显。

（三）"心同理同"与类比联想是翻译会通的认知基础,折射了明清儒家士大夫中西会通背后多种复杂的文化心理。

（四）明清儒家士大夫翻译会通具有共同的经世化特征,进而影响甚至决定了其会通的情感化、文学化特征。

二、重点难点

（一）系统地考察明清儒家士大夫翻译会通的不同模式和策略之得失,评价其历史价值和现实意义。

（二）立足于中国翻译史、文化史、思想史、学术史,结合译本细读,综合考察明清儒家士大夫西学会通背后的文化心理、认知基础及诠释资源。

（三）梳理、总结明清儒家士大夫翻译会通的特征,界定和阐明会通及翻译会通的学术内涵。

（四）加强对明清儒家士大夫会通思想、译著及相关资料的收集与整理,为今后相关研究奠定基础。

三、研究内容

第一章绪论,重点评述相关研究现状,并在此基础上提出本课题的研究问题和总体设计,包括研究目标和意义、思路与方法、基本观点、重点难点、主要内容等。第二章明末实学翻译会通,首先梳理徐光启翻译会通思想的形成,进而阐述徐光启的"译""考""镕"会通模式、李之藻"理"与"器"两个层面的耶儒会通、王徵西学会通伦理及其翻译笔法。第

三章晚清实学翻译会通,宏观上阐述晚清经世实学、语言障碍与翻译会通;微观上聚焦中外合译与中西会通,包括文化的、诗学的、语言的。第四、五两章探讨晚清新学翻译会通,其中第四章严复翻译会通,分别从学术层面、语言层面及方法层面论述严复中西会通,包括严复翻译会通的义理"反证"说、"敦崇朴学"说和"文章正轨"说,严复"问对"体会通研究、按语会通研究、换例译法研究等。第五章林纾翻译会通,主要探讨林纾的"译读"会通、"译写"会通及"译画"会通。第六章明清儒家士大夫翻译会通的特征,揭示其经世化、情感化及文学化倾向。第七章提出翻译会通论,并剖析明清儒家士大夫翻译会通中理解的历史性特征、解释学真理追求及其实践智慧。

第二章　明末实学翻译会通

　　翻译作为一种文化政治实践活动①,往往是社会精英层的一种文化构建方式。明末的中西会通可谓儒家士大夫站在本土文化的立场上,通过翻译引进西学、以耶补儒的文化政治实践活动。对此,梁启超曾赞誉有加:"明末有一场大公案,为中国学术史上应该大笔特书者,曰:欧洲历算学之输入。"②这一场公案的中西文化背景是什么? 欧洲天文历算之学是如何被接受并输入中国的? 中西文化产生了哪些冲突和碰撞? 中国学者徐光启、李之藻、王徵等为何要参与西学引进? 他们在其中所起的作用是什么? 给清代士人产生了什么影响? 等等。这些问题折射了晚明的重重危机和儒家经世实学的困境,其中之一就是儒家对待科学的矛盾态度和晚明士人的不同学术追求。儒家一方面重理性,反对任何迷信以至超自然形式的宗教,从而助长了科学的萌芽;另一方面,儒家思想把注意力倾注于人类社会生活,只研究"事"(affairs),而很少研究"物"(things),从而又损害了科学的发展。③ 这种矛盾到了内忧外患的晚明,给徐光启、李之藻、王徵等儒家士大夫带来了会通西方科技和科学思维的良机。

　　本章首先从宏观上梳理徐光启实学翻译会通思想的形成及其"译""考""镕"会通模式。第二节重点分析李之藻西学会通的认知心理、文化策略及其诗学手段。第三节通过文本细读,描述王徵翻译《奇器图说》的

---

① Venuti,Lawrence. *The Translator's Invisibility*. London and New York: Routledge, 1995,19.

② 梁启超,《中国近三百年学术史》,上海:上海三联书店,2006 年,第 7 页。

③ 李约瑟,《中国科学技术史》(第二卷 科学思想史),北京:科学出版社,上海:上海古籍出版社,1990 年,第 12 页。

经世动机、情感化策略和译写特征等中西会通。本章旨在揭示明末西学会通的文化构建意义和现实价值、明末西学会通与传统学术之间的关系。而徐光启、李之藻、王徵的儒士兼洋教徒的特殊身份,深深地影响了他们的翻译会通思想与实践。

第一节 徐光启实学翻译会通

徐光启(1562—1633),明代松江(今属上海)人,字子先,号玄扈,洗名保禄(Paul)。中国明末科学家、农学家、政治家、翻译家,中西文化交流的先驱之一,明末"圣教三柱石"之首,万历进士,官至内阁大学士,朝谥"文定"。"其生平所学,博究天人,而皆主于实用"[①],通天文、历算,重农学,习火器。著有《毛诗六帖讲意》、《诗经传稿》、《徐氏庖言》、《灵言蠡勺》、《〈考工记〉解》、《甘薯疏》、《兵法要诀》、《农政全书》等,并与耶稣会士利玛窦等合作译介了《几何原本》、《测量法义》、《句股义》、《崇祯历书》、《泰西水法》等。

徐光启研究一直是国内热门话题,包括其宗教思想、科技成就、文化贡献、翻译成果等,甚至"中文典籍的有关史料差不多已经发掘殆尽"[②]。但自 20 世纪 80 年代马祖毅发表《徐光启与科学翻译》(《翻译通讯》1980 年第 5 期)以来,正面研究徐光启翻译的专论并不多,包括几本纪念徐光启的学术研讨会论文集[③],或侧重于其翻译的宏观介绍,或聚焦于《几何原本》翻译的科学史意义,而对其实学翻译会通的宏观梳理不够。本节首先梳理徐光启"欲求超胜,必须会通;会通之前,先须翻译"思想的形成,进而重点讨论徐光启实学翻译会通的三个代表性观点,即"此书未

---

① 这是明末文学家、编辑陈子龙对徐光启一生治学的概括,见徐光启著,陈焕良、罗文华校注,《农政全书·凡例》,长沙:岳麓书社,2002 年,第 17 页。
② 周振鹤,"朝鲜史料中的徐光启与《几何原本》",见徐汇区文化局编,《徐光启与〈几何原本〉》,上海:上海交通大学出版社,2011 年,第 99 页。
③ 如席泽宗、吴德铎主编,《徐光启研究论文集》,上海:学林出版社,1986 年;宋浩杰主编,《中西文化会通第一人——徐光启学术研讨会论文集》,上海:上海古籍出版社,2006 年;徐汇区文化局编,《徐光启与〈几何原本〉》,上海:上海交通大学出版社,2011 年。

译,则他书俱不可得论"①、"既具新论,以考旧文"②、"镕彼方之材质,入《大统》之型模"③,试图剖析徐光启"译""考""镕"的科技史、思想史、文化史及翻译史意义。

一、徐光启翻译会通思想之形成

就中西文化交流而言,徐光启被誉为"会通中西文化的先驱者"④,甚至是"中西文化会通第一人"⑤。徐光启的翻译被视为"'救民族于危难'的文化战略武器"⑥,其翻译会通思想是在明末内忧外患、西学东渐大背景下儒家文化自觉反省的结果。其中晚明王学开启的会通思潮是其内部原因,利玛窦的合儒策略是其外部原因,而徐光启本人治学追求经世致用,通过大量著译会通中西、以耶补儒是其个人原因,它们共同促成了徐光启翻译会通思想的形成。

晚明王学会通思潮的兴起与儒家"文化自觉"密切相关。"中国是儒家的天下"⑦。从春秋"百家"时期与各家并立的儒家到西汉"罢黜百家,独尊儒术"时期的儒家,再从为佛道所掩盖时的儒家到新儒家,⑧凡是儒家文化"自知之明"强烈之际,便是其积极地吸收、调适和融合创新之时。如东汉以降,儒家的光彩几为佛道二家所掩没,尤其佛教,以至"礼乐崩坏,三纲五常之道绝,而先王之制度文章扫地而尽于是矣!"⑨对此,儒家士大夫不得不对每况愈下的儒学传统进行深刻反省,以唐代的韩愈(768-824)和两宋的理学家为代表,最终形成了程朱理学和象山心学,其中朱学影响最大。

---

①　徐光启,"刻几何原本序",见王重民辑校,《徐光启集》(上册),北京:中华书局,2014年,第75页。

②　徐光启,"测量异同绪言",见王重民辑校,《徐光启集》(上册),北京:中华书局,2014年,第86页。

③　徐光启,"历书总目表",见王重民辑校,《徐光启集》(下册),北京:中华书局,2014年,第374-375页。

④　卢晓容,"会通中西文化的先驱者徐光启",《中国宗教》,2012年,第9期。

⑤　宋浩杰主编,《中西文化会通第一人——徐光启学术研讨会论文集》,上海:上海古籍出版社,2006年。

⑥　刘宓庆,《中西翻译思想比较研究·翻译十答》,北京:中国对外翻译出版公司,2005年,第i页。

⑦　张君劢,《新儒家思想史》,北京:中国人民大学出版社,2006年,第1页。

⑧　张君劢,《新儒家思想史》,北京:中国人民大学出版社,2006年,第3页。

⑨　欧阳修,"晋家人传第五",《新五代史》,北京:中华书局,1999年,第123页。

　　然而,自明代中叶起,朱学日益官化、教条化,沦为生活中的伦常纲纪,文化自觉、自我批评意识淡化,于是王阳明(1472－1529)的心学举起了道学革命的旗帜,摈弃正统儒家束缚,破除常规,以致良知宽容异学新学,为文化自觉提供了思想利器,最终成为西学的本土接应者。① 其中,王门后学泰州学派更几近狂禅,欲超脱生死,会通入世出世,会通精神卓然,被称为王学之"会通派"②,公开倡导会通儒释道。就西学、实学领域而言,晚明王学会通思潮既催生了西学和实学的兴起,又催生了在王学末流三教会通基础上的第四教——天主教会通实践,以至影响了徐光启的"会通以求超胜"思想的形成。③ 所以,晚明传统文化自觉和反思所产生的王学会通思潮,是徐光启翻译会通思想酝酿的文化内因。而传教士在会通思潮背景下所采取的本土化适应性合儒传教策略,则是促成翻译会通思想形成的外因。

　　15世纪随着地理大发现,西方世界性、普遍性观念盛行。同时欧洲宗教改革运动风起云涌,葡萄牙、西班牙两国更率先企图从军事上征服世界,并狂热地传播基督教,耶稣会应运而生,积极向东方传教,中西文化进入实质性的冲突和融合阶段。利玛窦通过多年对沙勿略、范礼安适应策略的继承、摸索和创新④,最终在文化会通上被迫选择了适应性的本土化策略和"慢慢来"的上层学术传教路线,通过以文会友的"哑式"著书传教方式,形成了一个文化自觉强烈的"会通中西"的利玛窦范式,其核心是在生活方式、思想观念转译、道德规范、仪式等四个方面采用本土化的合儒策略⑤,而术语背后的义理如何附会、适应、会通儒家经典更可谓核心之核心。如利玛窦所著的《天主实义》频繁地援引中国古代经典尤

---

　　① 陈卫平,"明清之际西学流播与中国本土思想的接应",《南京大学学报》,2009年,第6期,第82页。

　　② 邓志峰将王门弟子分成修证、师道、会通三派,首次使用"会通派",见邓志峰,《王学与晚明的师道复兴运动》,北京:社会科学文献出版社,2004年,第17页。刘海滨在"王学会通派""会通思潮"中对会通的相关背景和概念多有论述,见刘海滨,《焦竑与晚明会通思潮》,复旦大学博士论文,2005年,第3－8页。

　　③ 邓志峰,《王学与晚明的师道复兴运动》,北京:社会科学文献出版社,2004年,第18页;刘海滨,《焦竑与晚明会通思潮》,复旦大学博士论文,2005年,第6页。

　　④ 有关论述详见利玛窦、金尼阁著,何高济、王遵仲、李申译,何兆武校,《利玛窦中国札记》,北京:中华书局,2005年。

　　⑤ 柯毅霖,"本土化:晚明来华耶稣会士的传教方法",《浙江大学学报》,1999年,第1期,第22页。

其儒家经典会通天主教义,从《中庸》《周颂》《商颂》《雅》《易》《礼》、《汤誓》《金縢》等中国古书中寻章摘句,多方引证天主教之"天主"即华言之"上帝",认为两者名异而实同。利玛窦这种合儒策略反过来对中国学者也产生了用儒学附会、会通天学的影响,他们甚至习惯地将源自陆九渊的那句"东海西海,心同理同"的名言信手拈来①。徐光启也在这种会通环境和会通心理影响下,通过与传教士的交往和对儒家文化的反思,认为传教士"诸陪臣之言与儒家相合"②。

如果说晚明王学开启的会通思潮、利玛窦的合儒策略分别是徐光启翻译会通思想形成的内外原因,那么徐光启本人治学追求经世致用,通过大量著译会通中西、以耶补儒则是其个人原因,它们共同促成了其翻译会通思想的形成。徐光启作为晚明士人,早年究心王学,深受王学会通派"善疑"精神和会通思想的影响。他自谓"生平善疑"③,但与王学不同的是,徐光启以天下为己任,一生治学崇尚实用,主张裨益于世,其子徐骥所著的"文定公行实"就是这方面的真实写照④。对于八股取士,徐光启深知其弊,自嘲"我辈爬了一生的烂路,甚可笑也"⑤,所以自觉抵制空谈性理,认为"方今事势,实须真才;真才必须实学"⑥,于是转而主张为文要"益于德、利于行、济于事"⑦,为学讲求务实,经世致用,志在改革弊政,富国强兵。然而,明末党争云起,徐光启凤昔"生无媚人之骨,求人之口"⑧,政治上一直郁郁不得志,面对明末种种危机,空怀忧天之志,恨无

---

① 如李之藻《〈天主实义〉重刻序》说"信哉东海、西海心同理同,所不同者特言语文字之际";冯应京《刻〈交友论〉序》云:"而益信东海、西海,此心、此理同也。"分别见徐宗泽,《明清间耶稣会士译著提要》,上海:上海书店出版社,2006年,第113、271页。

② 徐光启,"辨学章疏",见王重民辑校,《徐光启集》(下册),北京:中华书局,2014年,第434页。

③ 徐光启,"跋二十五言",见王重民辑校,《徐光启集》(上册),北京:中华书局,2014年,第87页。

④ 徐骥,"文定公行实",见王重民辑校,《徐光启集》(下册),北京:中华书局,2014年,第551—563页。

⑤ 徐光启,"家书"(十五),见王重民辑校,《徐光启集》(下册),北京:中华书局,2014年,第496页。

⑥ 徐光启,"与胡季仍比部",见王重民辑校,《徐光启集》(下册),北京:中华书局,2014年,第473页。

⑦ 徐光启,"焦氏澹园续集序",见王重民辑校,《徐光启集》(上册),北京:中华书局,2014年,第90页。

⑧ 徐光启,"与王无近端尹",见王重民辑校,《徐光启集》(下册),北京:中华书局,2014年,第475页。

匡时之术,富国强兵的社会改革思想屡遭挫折,难以实施。于是他把多年的失意化为惆怅的诗句,慨叹"谁使神州陆沉者? 空复新亭泪成血。"①"搏手叩天天不闻,小臣目睆心如焚。意惧情伤怀赤忠,托志盘薄经营中……掩书太息涕泪俱,千古人情谅未殊。"②满腔忧愤之余,徐光启逐渐把精力和志趣转向"富国必以本业,强国必以正兵"③为宗旨的实学追求和科学研究,摒除应酬文墨,摒弃声律、书法、诗文,改习天文、兵法、农学、水利、火器等,最终皈依基督,另辟"西"径,试图跳出儒学视域,幻想以天主教义"补儒易佛",通过会通西方实学来改革传统农业、手工业、军事、历法等,以求达到经世致用的目的。

徐光启一生会通西方多种天文历算之学,代表著译作品有《几何原本》(1607)、《测量法义》(1607)、《测量异同》(1608)、《句股义》(1609)、《泰西水法》(1612)、《崇祯历书》(1631)、《农政全书》(1639④)等。但是徐光启以耶补儒的目的十分明确,他的翻译不是单纯的语言转换,也不是一味地盲崇西学、照搬照套,而是小心验证,并结合传统科技加以创新,以求更适合于中国本土的需要,会通精神卓然,贯穿于他的西学生涯。徐光启"既是在科举'烂路'上屡败屡战的传统儒生,又是倡导近代科学思维的前驱人物;他既是浸润于尧舜孔孟程朱陆王的士大夫,又是试图以天学'补儒易佛'的洋教徒"⑤。这种复杂的身份,使得他在从事天文历算的翻译中,更强调在翻译基础上会通中西以求超胜,如《几何原本》、《测量法义》的翻译中渗透着与中国传统数学《周髀算经》、《九章算术》的比较,以西学之长补中学之短,指出中国数学重方法而忽略了背后的义理。徐光启撰写的《测量异同》、《句股义》等更是在翻译《几何原本》基础上的中西会通、追求超胜的力作。而他主持编译的《崇祯历书》则是他翻译会通思想与实践成熟的标志,终于在 1631 年《历书总目表》中提出了

---

① 徐光启,"题陶士行运甓图歌",见王重民辑校,《徐光启集》(下册),北京:中华书局,2014 年,第 536 页。

② 徐光启,"阅宋史监门郑侠上流民图有感",见王重民辑校,《徐光启集》(下册),北京:中华书局,2014 年,第 537 页。

③ 徐光启,"复太史焦座师",见王重民辑校,《徐光启集》(下册),北京:中华书局,2014 年,第 454 页。

④ 徐光启生前该书已初具规模,但无暇定稿。1633 年徐光启死后,这部农书便由他的门人陈子龙等人负责修订,于崇祯十二年(1639 年),亦即徐光启死后第 6 年,刻板付印,并定名为《农政全书》。

⑤ 陈卫平、李春勇,《徐光启评传·内容简介》,南京:南京大学出版社,2006 年。

具有划时代意义的"欲求超胜,必须会通;会通之前,先须翻译"①的思想,其核心是"译""考""熔"。

二、"此书未译,则他书俱不可得论"

中国几千年的思想精华主要停留在伦理和修身层面,连钻研数学和医学都不受人尊敬②,自古就没有西方意义上的"实学"。中国传统所谓的"实学"更多指精神之实、方法之实。如古人注重伦理层面之实,重修身养性之道,追求人格完善,历代学术都有相关的学理研究和方法探讨,即使谈经世致用也往往停留在国家政治学的层面,仍然比较"虚"。③ 而明末传教士带来的天学,既有西方的实用科学,如天文、历算、水法、机械制造、医学、火器等,又有西方先进的科学观念、实证方法等。这些与中国原有的经学、史学、子学等相比,更显出其浓厚的"实学"特征:"一一皆精实典要,洞无可疑,其分解擘析,亦能使人无疑"④,吸引了以徐光启为首的明末科学家积极从事实学翻译,以西学之"实"补中学之"虚"。其中《几何原本》作为明末引进的实学,译介最早,影响最大,其"实"主要是与中国传统数学重计算相比而言的"实",重形式逻辑体系,讲究推理证明,由数达理,所以堪称度数之宗,能旁通众务,具有重要的思想史、文化史意义。其翻译动机、译者责任、中西合译方式等,在中国翻译史上占有一席之地,值得后学景仰和借鉴。

"'原本'者,明几何之所以然,凡为其说者无不由此出也"⑤。徐光启更"独谓此书未译,则他书俱不可得论"⑥,主要原因就在于《几何原本》重所以然之理,与中国传统数学重计算迥然不同。徐光启和利玛窦仅合译了前6卷,"每卷有界说、有公论、有设题……每题有法、有解、有论、有

---

① 徐光启,"历书总目表",见王重民辑校,《徐光启集》(下册),北京:中华书局,2014年,第374页。
② 利玛窦、金尼阁著,何高济、王遵仲、李申译,何兆武校,《利玛窦中国札记》,北京:中华书局,2005年,第34页。
③ 参见陈义海的《对明清之际中西异质文化碰撞的文化思考》第四章第一节"中西'实学'之辩",苏州大学博士论文,2002年,第69页。
④ 徐光启,"刻几何原本序",见王重民辑校,《徐光启集》(上册),北京:中华书局,2014年,第75页。
⑤ 徐宗泽,《明清间耶稣会士译著提要》,上海:上海书店出版社,2006年,第200页。
⑥ 徐光启,"刻几何原本序",见王重民辑校,《徐光启集》(上册),北京:中华书局,2014年,第75页。

系,法言题用,解述题意,论则发明其所以然之理,系则又有旁通者焉。"①
从界说到推论非常缜密:

> 先之所征必后之所恃,十三卷中五百余题一脉贯通,卷
> 与卷、题与题相结倚,一先不可后,一后不可先,累累交承,
> 至终不绝也。初言实理,至易至明,渐次积累,终竟乃发奥
> 微之义,若暂观后来一二题旨,即其所言,人所难测,亦所难
> 信,及以前题为据,层层印证、重重开发,则义如列眉,往往
> 释然而失笑矣。②

这种新奇的逻辑推理"由明达物理""因既明累推其未明",③层层推进,环
环相扣,次第有序,一脉贯通。正如徐光启所言:"几何原本者度数之宗,
所以穷方圆平直之情,尽规矩准绳之用也",是"不用为用,众用所基……
万象之形囿,百家之学海"。④ 他还进一步把数学比作金针:"金针度去从
君用,未把鸳鸯绣与人"⑤,也即数学这枚小小的金针可以绣出鸳鸯般的
科学殿堂。徐光启的数学观从"宗""基"到"金针",形象而鲜明地揭示出
数学非中国传统六艺之末,而是"万学之基"⑥。

徐光启继续从王阳明心学的视角高度评价《几何原本》有"三至、三
能"之功效:"似至晦实至明,故能以其明明他物之至晦;似至繁实至简,
故能以其简简他物之至繁;似至难实至易,故能以其易易他物之至难。
易生于简,简生于明,综其妙在明而已。"⑦这里的"三至""三能"道出了

---

① 徐宗泽,《明清间耶稣会士译著提要》,上海:上海书店出版社,2006 年,第 196—197 页。
② 利玛窦,"译《几何原本》引",见徐宗泽,《明清间耶稣会士译著提要》,上海:上海书店出版社,2006 年,第 200 页。
③ 利玛窦,"译《几何原本》引",见徐宗泽,《明清间耶稣会士译著提要》,上海:上海书店出版社,2006 年,第 198 页。
④ 徐光启,"刻几何原本序",见王重民辑校,《徐光启集》(上册),北京:中华书局,2014 年,第 75 页。
⑤ 徐光启,"几何原本杂议",见王重民辑校,《徐光启集》(上册),北京:中华书局,2014 年,第 78 页。
⑥ 袁缘,《数学文明与人类文明——数学文化与数学教育的研究与思考》,吉林大学博士论文,2013 年,第 8 页。
⑦ 徐光启,"几何原本杂议",见王重民辑校,《徐光启集》(上册),北京:中华书局,2014 年,第 77 页。

《几何原本》不但是度数之宗，而且"其妙在明"，"明"是关键，要义有二：一是把看起来"至晦""至繁""至难"的数理通过逻辑推理讲得"至易""至简""至明"。为此，徐光启翻译特别注重"显明"，同时也要求读者耐心地"拨开云雾见青天"：

> 有初览此书者，疑奥深难通，仍谓余当显其文句。余对之：度数之理，本无隐奥，至于文句，则尔日推敲再四，显明极矣。倘未及留意，望之似奥深焉，譬行重山中，四望无路，及行到彼，蹊径历然。请假旬日之功，一究其旨，即知诸篇自首迄尾，悉皆显明文句。[1]

二是运用这些至易、至简、至明之实理去旁通众务，所谓"能精此书者，无一事不可精；好学此书者，无一事不可学……几何之学，通即全通"[2]。正因为如此，徐光启试图把天文、气象、水利、测算、音乐、军工、会计、建筑、机械、力学等诸多科学技术知识，都植根于数学之上，然后渐次推广，由"明"到"通"，再到济时致用。

　　徐光启引进西方象数之学，是对新儒家学说的文化自觉、反思和构建。虽然宋明理学把中国思想推向了一个新的学术高度，但关注"人心"有余，触及"自然界"不足，[3]所以不是真正的"实学"和"实理"。《几何原本》的译介，从实学的角度来看，与传统儒学经世致用、开物成务思想相会通，给儒学增添了科学活力；从数学的角度来看，在中国开辟了演绎推理的思维方式，改变了中国传统数学重计算、轻逻辑证明的不足，为中国科技发展找到了新钥匙；从翻译史来看，利、徐合译给后人留下了一段中西翻译会通的佳话：

---

　　① 徐光启，"几何原本杂议"，见王重民辑校，《徐光启集》（上册），北京：中华书局，2014 年，第 77 页。
　　② 徐光启，"几何原本杂议"，见王重民辑校，《徐光启集》（上册），北京：中华书局，2014 年，第 76 页。
　　③ 李天纲，"徐光启：中西文化会通第一人"，见宋浩杰主编，《中西文化会通第一人——徐光启学术研讨会论文集》，上海：上海古籍出版社，2006 年，第 43 页。

窦自入中国，窃见为几何之学者，其人与书信自不乏，独未睹有原本之论。既阙根基，遂难创造，即有斐然述作者，亦不能推明所以然之故。其是者，己亦无从别白；有谬者，人亦无从辨正。当此之时，遽有志翻译此书，质之当世贤人君子，用酬其嘉信旅人之意也。而才既菲薄，且东西文理又自绝殊，字义相求，仍多阙略，了然于口，尚可勉图，肆笔为文，便成艰涩矣。嗣是以来，屡逢志士，左提右挈，而每患作辍，三进三止。呜呼！此游艺之学，言象之粗，而龃龉若是。允哉，始事之难也！有志竟成，以需今日。

岁庚子，窦因贡献，侨邸燕台。癸卯冬，则吴下徐太史先生来。太史既自精心，长于文笔，与旅人辈交游颇久，私计得与对译，成书不难，于时以计偕至。及春荐南宫，选为庶常，然方读中秘书，时得晤言，多咨论天主大道，以修身昭事为急，未遑此土苴之业也。客秋，乃询西庠举业，余以格物实义应。及谭几何家之说，余为述此书之精，且陈翻译之难，及向来中辍状。先生曰："吾先正有言，一物不知，儒者之耻。今此一家已失传，为其学者，皆暗中摸索耳。既遇此书，又遇子不骄不吝，欲相指授，岂可畏劳玩日，当吾世而失之？呜呼！吾避难，难自长大；吾迎难，难自消微。必成之。"先生就功，命余口传，自以笔受焉。反复展转，求合本书之意，以中夏之文重复订政，凡三易稿。①

利玛窦汉学功底和汉语能力在当时可谓佼佼者，即便如此他也无力独译，因为"才既菲薄，且东西文理又自绝殊，字义相求，仍多阙略，了然于口，尚可勉图，肆笔为文，便成艰涩矣。"在这种情况下，也不是随意找一个本土华士参与合译就能解决根本问题，利玛窦几次合译失败的事实也证明的确如此："屡逢志士，左提右挈，而每患作辍，三进三止。"正因为如此，利玛窦才切实感受到译事之难。而这一任务最终才由徐光启与利玛窦合作完成，可见徐光启在合译《几何原本》中的作用至关重要，如果他

① 利玛窦，"译几何原本引"，利玛窦述，徐光启译，王红霞点校，《几何原本》，见朱维铮、李天纲主编，《徐光启全集》(肆)，上海：上海古籍出版社，2010年，第10—11页。

没有相应的知识结构、没有深厚的汉语修养、没有会通西学的献身精神，就不会产生中西几何学的会通。纵观《几何原本》的翻译，徐光启"一物不知，儒者之耻"的追求、认知西学义理的眼光、解决难题的毅力、反复"求合"的精神、长于文笔的辞才、三易其稿的态度等，成就了中外合译、会通西学的新典范，致使译文"字字精金美玉，为千古不朽之作"[①]。此后徐氏著译的《测量法义》、《测量异同》、《句股义》，"皆以明《几何原本》之用"[②]，是典型的在"既具新论"基础上的"以考旧文"[③]，旨在以耶补儒，会通超胜。

三、"既具新论，以考旧文"

徐光启通过翻译"既具新论"之后，即用以明《几何原本》之用，"以考旧文"，反观传统，聚焦中西"法""义"的对比与会通。这里的"法"指方法，停留在经验层面，尤指数据推算之法；反之，"义"则指数学原理，上升到哲理层面，注重揭示自然现象背后的科学原理和法则，推求"法"背后的所以然之故。[④] 最能体现中西"法""义"会通的，是利玛窦、徐光启合译的《测量法义》，以及徐光启在此基础上以西"义"补中"法"为导向而撰写的《测量异同》、《句股义》。徐光启这种译介、会通的方式可谓"译考""译补""译撰""演义"[⑤]，比"译述""笔录""笔受"等更具有文化自觉性、反思性和构建性，在中国文化史、思想史、翻译史上均具有重要的会通意义。

《测量法义》由徐光启和利玛窦于 1607 年合译而成，是一部明《几何原本》之用于陆地测量的重要译作，包括造器、论景（"景"即"影"）和设题十五首，既讲解测量之"法"，又阐述诸"法"背后之"义"，这正是《周髀算经》、《九章算术》所缺乏的：

　　　　西泰子之译测量诸法也，十年矣。法而系之义也，自岁

---

　①　梁启超，《中国近三百年学术史》，上海：上海三联书店，2006 年，第 7 页。
　②　徐宗泽，《明清间耶稣会士译著提要》，上海：上海书店出版社，2006 年，第 206 页。
　③　徐光启，"测量异同绪言"，见王重民辑校《徐光启集》（上册），北京：中华书局，2014 年，第 86 页。
　④　何兆武，《中西文化交流史论》，武汉：湖北人民出版社，2007 年，第 162 页。
　⑤　李天纲，"《测量法义》点校说明"，见朱维铮、李天纲主编，《徐光启全集》（伍），上海：上海古籍出版社，2010 年，第 2 页。

丁未始也。曷待乎？于时《几何原本》之六卷始卒业矣，至
是而后能传其义。是法也、与《周髀》《九章》之句股测望、
异乎？不异也。不异、何贵焉？亦贵其义也。刘徽沈存中
之流皆尝言测望矣，能说一表不能说重表也。言大小句股
能相求者，以小股大句，小句大股，两容积等，不言何以必等
能相求也。犹之乎丁未以前之西泰子也，曷故乎？无以为
之籍也。①

徐光启认为我国古代典籍所记载的测量方法与《测量法义》大同小异，
《测量法义》"首造器，器即《周髀》所谓矩也；次论景，景有倒正，即《周髀》
所谓仰矩、覆矩、卧矩也；次设问十五题，以明测望高深广远之法，即《周
髀》所谓知高、知远、知深也"②。但中国传统测算过程中所应用的某些假
设、法则、定律没有给以必要的论证说明，想当然地直接作为正确无误的
测算依据加以运用，所谓"非籍也，籍之中又有籍焉"③。而《测量法义》开
篇"造器"即引进了西方的测望之器"矩度"，并且应用《几何原本》中相似
三角形的原理以及三率法④，来说明"法之义"，在证明中应用到某一"义"
与《几何原本》原理相同，就一一注明相应的某卷某节，使测量法、义相
系。《测量法义》不仅仅《几何》之用，更可谓以西学新论会通传统典
籍，即融通"汉学"和"希腊学"测量之学理⑤。所以，徐光启的翻译并非仅
仅停留在引进西学层面，而能更进一步，"以考旧文"，力求中西会通。徐
光启具体的"考"是以《测量法义》之"义"来"考"传统测量之"法"，"演义"
出《测量异同》和《句股义》。

　　《测量异同》旨在对比新旧测量方法，徐光启在序言中言简意赅地讨

---

　　① 徐光启，"题测量法义"，见王重民辑校，《徐光启集》（上册），北京：中华书局，2014年，第
82页。

　　② 徐宗泽，《明清间耶稣会士译著提要》，上海：上海书店出版社，2006年，第206页。

　　③ 徐光启，"题测量法义"，见王重民辑校，《徐光启集》（上册），北京：中华书局，2014年，第
82页。

　　④ "三率者：其一，直景或倒景；其二，所立处至所测之底（若不能至者，则景较或两侧较）；
其三，表或距较也。"利玛窦述，徐光启译，《测量法义》，见朱维铮、李天纲主编，《徐光启全集》
（伍），上海：上海古籍出版社，2010年，第35页。

　　⑤ 李天纲，"《测量法义》点校说明"，见朱维铮、李天纲主编，《徐光启全集》（伍），上海：上
海古籍出版社，2010年，第2页。

论了他的"考":

> 《九章算法·勾股篇》中，故有"用表"、"用矩尺"、"测
> 量"数条，与今译《测量法义》相较，其法略同，其义全阙，学
> 者不能识其所由。既具新论，以考旧文，如视掌矣。今悉存
> 诸法，对题胪列，推求同异，以竢讨论。其旧篇所有，今译所
> 无者，仍补论一则，共为《测量异同》六首，……①

该书共列举六题：以景测高、以表测高、以表测深、以重表兼测无远之高
无高之远、以四表测远、以重矩兼测无广之深无深之广。徐光启全部征
引明代数学家吴敬《九章算法比类大全》的"勾股卷"，②再分别与《测量法
义》同题进行细致对比，认为《测量异同》以上六题分别与《测量法义》的
第四、八、十、十四这四题"同法同论"③。对此，徐光启以"何者"发问，并
以《几何原本》中相关原理一一为证，以突显传统测量法所缺之"义"，即
数学原理。此外，《测量法义》仅有重表测高，而无重表测远，所以，《测量
异同》第四题后增加"补论"，这是徐光启"旧篇所有，今译所无"的具体会
通之例。

《句股义》指三角法，共十五题，徐光启撰写该书，旨在"借'西学'之
'几何'，推动'汉学'之'勾股'复兴，达成明代学术的新高度……引《几何
原本》之'义'，诠释古代'勾股'之'法'。"④"勾股"之"法"《九章》有之，但
《九章》"第能言其法，不能言其义"⑤。因此"自余从泰西子译得《测量法
义》，不揣复作句股诸义，即此法底里洞然，于以通变施用，如伐材于林，

---

　　①　徐光启，《测量异同》，见朱维铮、李天纲主编，《徐光启全集》(伍)，上海：上海古籍出版
社，2010年，第43页。

　　②　梅荣照、王渝生、刘钝，"欧几里德《原本》的传入和对我国明清数学发展的影响"，见席
泽宗、吴德铎主编，《徐光启研究论文集》，上海：学林出版社，1986年，第53页。

　　③　徐光启，《测量异同》，见朱维铮、李天纲主编，《徐光启全集》(伍)，上海：上海古籍出版
社，2010年，第45页。

　　④　李天纲，"《句股义》点校说明"，见朱维铮、李天纲主编，《徐光启全集》(伍)，上海：上海
古籍出版社，2010年，第52页。

　　⑤　徐光启，《句股义》，见朱维铮、李天纲主编，《徐光启全集》(伍)，上海：上海古籍出版社，
2010年，第57页。

挹水于泽,若思而在,当为之抚掌一快已。"①徐光启在《句股义》中还运用《几何原本》,创新了与我国古代不同的证明方法,如第七题"勾股求容圆"就是一例②。徐光启对"义"的追求,更在"简平仪说序"中提出了一套"革""故"论:

> 不知吾儒学宗传有一字历,能尽天地之道,穷宇极宙,言历者莫能舍旃! 孔子曰:"泽火革",孟子曰:"苟求其故",是已。革者、东西南北、岁月日时、靡所弗革,言法不言革,似法非法也。故者、二仪七政、参差往复、各有所以然之故,言理不言故,似理非理也。③

由观察"革"到探究其后之"故"与象数之学的有法有义道理相同:真正的科学研究要"一义一法,必深言所以然之故,从流溯源,因枝达干,不止集星历之大成,兼能为万务之根本。"④总之,科学研究要对具体的"数""革""法"进行客观观察和精确描写,最后通过归纳,总结出它们背后抽象的、普遍的"义""理",一种"确然不易之理"⑤,即规律、原理,体现了西方科学"由数达理"的形式逻辑思维方法。

徐光启主张回归汉学传统,试图从中发掘出与西方相会通的东西,其策略是在译介新论基础上的"译考""译补""译撰""演义",重点以西学"考"中学,进而"镕彼方之材质,入《大统》之型模"⑥,最终会通超胜。

---

① 徐光启,"《句股义》序",见朱维铮、李天纲主编,《徐光启全集》(伍),上海:上海古籍出版社,2010 年,第 56 页。
② 详见陈卫平,《第一页与胚胎——明清之际的中西文化比较》,上海:上海人民出版社,1992 年,第 122—123 页;王义成编著,《徐光启家世》,上海:上海大学出版社,2009 年,第 86 页。
③ 徐光启,"简平仪说序",见王重民辑校,《徐光启集》(上册),北京:中华书局,2014 年,第73 页。
④ 徐光启,"历书总目表",见王重民辑校,《徐光启集》(下册),北京:中华书局,2014 年,第377 页。
⑤ 徐光启,"修改历法请访用汤若望罗雅谷疏",见王重民辑校,《徐光启集》(下册),北京:中华书局,2014 年,第 344 页。
⑥ 徐光启,"历书总目表",见王重民辑校,《徐光启集》(下册),北京:中华书局,2014 年,第374—375 页。

四、"镕彼方之材质,入《大统》之型模"

徐光启的"镕""入"主要体现在三个方面:一是思想观念层面的接受,如上文接受西方形式逻辑思维、法而系之义;二是诗学、语言层面,以旧瓶装新酒;三是注重实证、实验,把经过考证的西学"镕""入"中学,旨在以耶补儒,会通超胜。徐光启的"镕""入",开创了翻译史、文化史、思想史上中西会通的先河,为中国文化自觉、反思和构建提供了一个新模式,《泰西水法》和《崇祯历书》可谓这方面的翻译会通代表。

首先,徐光启思想观念的"镕""入"。《泰西水法》的译介,体现了徐光启"道器并重"的思想。该书由徐光启、熊三拔(Sabatino de Ursis,1575-1620)合译,1612 年成书,共六卷,是一部介绍西方水利科学的重要著作:"是书皆记取水、蓄水之法,一卷曰龙尾车,用挈江河之水;二卷曰玉衡车……用挈井泉之水;三卷曰水库记,用蓄雨雪之水;四卷曰水法附录,皆寻泉作井之法,而附以疗病之水;五卷曰水法或问,备言水性;六卷则诸器之图式也。"[①]徐光启欲突破学界对"道"的沉迷,纠正把实用之"技"视为"奇器淫巧"的错误认识,在"《泰西水法》序"中,找出回归古儒重视"器"的传统,还把"器"提升到与"道"等量齐观:"道之精微,拯人之神;事理粗迹,拯人之形……先圣有言:'备物致用,立成器以为天下利,莫大乎圣人。'器虽形下,而切世用"[②]。《崇祯历书》的编译,更突破了"祖法不可变"的观念,以"西法不妨于兼收,诸家务取而参合"[③]的"镕""入"思想为指导,引进了西方数理,以圆球形地球概念破除天圆地方观念[④],等等。《泰西水法·水法或问》运用传统问答方式讲解"水理",以亚里士多德火、气、水、土四元素之说来拆解与五行有关的术数与占星,表面上"未展现任何讲求会通的企图"[⑤],其实则是理学与耶稣会士世界观的遭遇,力求以西批中,会通超胜。

---

① 徐宗泽,《明清间耶稣会士译著提要》,上海:上海书店出版社,2006 年,第 240-241 页。
② 徐光启,"泰西水法序",见王重民辑校,《徐光启集》(上册),北京:中华书局,2014 年,第 67 页。
③ 崇祯皇帝手谕,转引自"崇祯历书·前言",见徐光启编纂,潘鼐汇编,《崇祯历书》,上海:上海古籍出版社,2009 年,第 6 页。
④ 王义成编著,《徐光启家世》,上海:上海大学出版社,2009 年,第 154 页。
⑤ 徐光台,"徐光启演说《泰西水法·水法或问》的历史意义与影响",见徐汇区文化局编,《徐光启与〈几何原本〉》,上海:上海交通大学出版社,2011 年,第 294 页。

其次，诗学层面的会通。《泰西水法》涉及诸多传统典章制度，其"撰述"方法酷似《考工记》。徐光启曾著《〈考工记〉解》，对此撰述方式谙熟于心。更为突出的是译文经徐光启笔录，"尤遒古，读之恍然忘其为今之人也。"①翻译《崇祯历书》，徐光启等中国科学家与西方传教士"功力相倚"，在诗学、语言方面，华士"言与笔"之功效堪与林纾翻译西洋文学相仿，②把西学义理"镕""入"于中国的表达方式。

再次，考证西学，"镕""入"中学。徐光启早年究心王学，深受王学"善疑"精神和会通思想的影响，曾批评元代王祯《农桑通诀·地利篇》所论的"风土说"，认为"若谓土地所宜，一定不易，此则必无之理"，因此主张因地制宜，"通变用之"③，经过多方购种，亲手栽种试验，证明了自己的观点，其中试验甘薯种植尤为突出，徐光启"以为能相通者什九，不者什一"，经过多年亲身实践，"生且蕃，略无异彼土，庶几哉橘踰淮弗为枳矣。"④徐光启翻译《泰西水法》，虽然信服利玛窦等人的"实心、实行、实学"⑤，但不盲目照搬，而是结合我国原有的灌溉方法和水利工具，边翻译，边制器，边试验，边记述。徐光启翻译《崇祯历书》讲求悉心验证。《崇祯历书》是明代崇祯年间为改革旧历法，由徐光启主持编译的一部大型丛书，共137卷，其中大量吸收了欧洲的古典天文学知识，在我国天文学史上具有划时代的意义。明代所用的《大统历》由于颁行已久，长年失修，所积累的误差逐渐增大，推算多次失准。崇祯二年（1629）徐光启上谕修历获准，他认为：

> 第今改历一事，因差故改，必须究其所以差之故而改正之。前史改历之人皆不其然，不过截前至后，通计所差度分，立一加减乘除，均派各岁之下，谓之改矣，实未究其所以

① 彭惟成，"《泰西水法》圣德来远序"，见朱维铮、李天纲主编，《徐光启全集》（伍），上海：上海古籍出版社，2010年，第287页。
② 潘鼐，"前言"，见徐光启编纂，潘鼐汇编，《崇祯历书》，上海：上海古籍出版社，2009年，第31页。
③ 徐光启著，陈焕良、罗文华校注，《农政全书》，长沙：岳麓书社，2002年，第28页。
④ 徐光启，"甘薯疏序"，见王重民辑校，《徐光启集》（上册），北京：中华书局，2014年，第68－69页。
⑤ 徐光启，"泰西水法序"，见朱维铮、李天纲主编，《徐光启全集》（伍），上海：上海古籍出版社，2010年，第290页。

然也。臣等昔年曾遇西洋利玛窦,与之讲论天地原始,七政运行,并及其形体之大小远近,与夫度数之顺逆迟疾,一一从其所以然处,指示确然不易之理,较我中国往籍,多所未闻。臣等自后每闻交食,即以其法验之,与该监所推算,不无异同,而大率与天相合。故臣等窃以为今兹修改,必须参西法而用之,以彼条款,就我名义,从历法之大本大原,阐发明晰,而后可以言改耳。①

这段话中,"所以然"是关键词,前人不懂"所以然",谈不上真正修历。对此,徐光启从翻译西历开始,然后和中国古历如授时历、大统历悉心进行比较、对照、分析、研究,再融会贯通,吸收西法之长,补《大统历》之不足,坚持推、验:

今所求者,每遇一差,必寻其所以差之故;每用一法,必论其所以不差之故。上推远古,下验将来,必期一一无爽。日月交食,五星凌犯,必期事事密合。又须穷原极本,著为明白简易之说,使一览了然。百世之后,人人可以从事,遇有少差,因可随时随事,依法修改。②

这里,徐光启"一差""一法"都务必求证,力求"一一无爽""事事密合"。他一生治学注重调查,虚访勤求,求精责实,不但知之稔,而且行之笃,最终编制出了更为精确的新历法《崇祯历书》。这部巨著既是对我国传统天文学成果的一次挖掘、总结、扬弃,又大量吸收了欧洲天文学的先进成果,编译过程中力求验证、会通彼此之长。

徐光启进呈《崇祯历书》的奏疏里说:"《大统》既不能自异于前,西法又未能必为我用……臣等愚心,以为欲求超胜,必须会通;会通之前,先须翻译……翻译既有端绪,然后令甄明《大统》、深知法意者,参详考定,

---

① 徐光启,"修改历法请访用汤若望罗雅谷疏",见王重民辑校,《徐光启集》(下册),北京:中华书局,2014年,第344页。
② 徐光启,"条议历法修正岁差疏",见王重民辑校,《徐光启集》(下册),北京:中华书局,2014年,第333页。

镕彼方之材质,入《大统》之型模。"①译介"彼方"的科技著作的目的就是"超胜",所以,翻译不能仅仅停留在语言转换层面,而要"会通",只有中西做到真正"会通",才有可能"超胜",而会通的重要方式就是"镕""入":通过翻译,借鉴"彼方"之长,再根据中国实情加以融会贯通,以求超越"彼方"。徐光启的"镕""入"式会通,总体倾向于以西学反观中学,"既具新论,以考旧文",找出中学尤其是儒学的不足,进而以耶补儒。

当前,中西文化日益融合,中国文化要继续发展,必须学习徐光启发出"从华夷到万国的先声"②之勇气,弘扬其会通超胜精神,以兼容并蓄的开放胸怀,发现他者,拥抱他者,善于吸收、整合外来文化优质因素来丰富自己的文化体系,甚至包容与文化传统格格不入的东西,同时又不摈弃本土意识。同时代与徐光启相媲美,抱有同样崇高理想,一生会通西学取得丰硕成果的还有李之藻、王徵等。

第二节　李之藻翻译会通

李之藻(1565③-1630),字振之,又字我存,号凉庵。浙江仁和人,1598年进士,官至光禄寺少卿。1610年入教,洗名"良"(leon),和徐光启、杨廷筠(1562-1627)并称为晚明"圣教三柱石"。就译介西学而言,李之藻与利玛窦等传教士合作翻译了西方神学、科学和哲学著作多部,如《经天该》、《浑盖通宪图说》、《圜容较义》、《同文算指》、《乾坤体义》、《寰有诠》、《名理探》等。此外,他还写有《请译西洋历法等书疏》,高度重视翻译,并收集了二十部西学译著,编为《天学初函》,分为"理编"和"器编","理编"讲神学,"器编"讲科学,是最早的西学丛书。

---

① 徐光启,"历书总目表",见王重民辑校,《徐光启集》(下册),北京:中华书局,2014年,第374-375页。

② 初晓波,《从华夷到万国的先声——徐光启对外观念研究》,北京:北京大学出版社,2008年。该书对徐光启有关当时中西文化的碰撞及会通多有探讨。

③ 在中西文化交流史中,李之藻曾扮演了重要角色。但有关他的资料很少,致使许多史实不清,甚至他的生平也众说不一。根据新发现的一些史料,李之藻出生于1571年10月13日,而不是方豪所说的1565年或法国传教士裴化行(R. P. Henri Bernard,1897-1979)所说的1566年。详见龚缨晏、马琼,"关于李之藻生平事迹的新史料",《浙江大学学报》,2008年,第5期,第89-97页。

就文字成就而言,李之藻译介西学,"功不在徐光启之下"。[①] 但学界对李之藻的研究远不及对徐光启的研究,对其翻译研究也主要囿于他和傅汎际(Francois Furtado,1587—1653)合译《名理探》的影响及其术语翻译等。[②] 李之藻诸多译作儒化、诗学本土化策略明显,目前研究对其中西会通缺乏梳理。本节重点对李之藻会通西学的心同理同认知基础、耶儒"器""理"两个层面的"间亦出其鄙谚,会通一二"[③]及其"借我华言,翻出西义"[④]的会通策略进行综合研究。

一、心同理同:李之藻耶儒会通的心学认知基础

王阳明心学是晚明思想一柄双刃利剑,一方面其空谈误国之弊受到了经世实学家们的猛烈批判;另一方面它挑战正统理学,虽斥为"异端""邪说",但又可谓士大夫接受西学的一剂"解药",而王学前儒陆九渊的"心同理同"之说更成了会通西学的普遍主义真理观[⑤],即:

> 宇宙便是吾心,吾心便是宇宙。东海有圣人出焉,此心同也,此理同也。西海有圣人出焉,此心同也,此理同也。南海北海有圣人出焉,此心同也,此理同也。千百世之上至千百世之下,有圣人出焉,此心此理,亦莫不同也。[⑥]

陆九渊的"东海西海,心同理同"上承孟子的内圣心学,下经王阳明大力

---

① 李天纲,《跨文化的诠释:经学与神学的相遇》,北京:新星出版社,2007 年,第 13 页。

② 如曹杰生,"略论《名理探》的翻译及其影响",见中国逻辑史研究编辑小组,《中国逻辑史研究》,北京:中国社会科学出版社,1982,第 293 页;邹振环,"《名理探》及其续篇《穷理学》",《影响中国近代社会的一百种译作》,北京:中国对外翻译出版公司,1996 年,第 21—25 页;张西平,《中国与欧洲早期宗教和哲学交流史》,北京:东方出版社,2001 年,第 20—26 页;黄见德,《西方哲学东渐史》,北京:人民出版社,2006 年,第 86—92 页;赵晖,《耶儒柱石——李之藻 杨廷筠传》,杭州:浙江人民出版社,2007 年,第 98—109 页;李天纲,《跨文化的诠释:经学与神学的相遇》,北京:新星出版社,2007 年,第 164—172 页。

③ 李之藻编,黄曙辉点校,《天学初函·浑盖通宪图说自序》器编(上),上海:上海交通大学出版社,2013 年,第 106 页。

④ 李之藻,"译《寰有诠》序",见罗新璋、陈应年编,《翻译论集》(修订本),北京:商务印书馆,2009 年,第 160 页。

⑤ 葛兆光,《中国思想史》(第二卷),上海:复旦大学出版社,2007 年,第 324 页。

⑥ 钟哲点校,《陆九渊集》,北京:中华书局,1980 年,第 483 页。

弘扬,给晚明会通者接受西学铺平了道路,"曾经成了中国人晚近普遍主义或者叫做世界主义思想的经典依据或古老资源。"①明末最早使用这一说法的是冯应京(1555－1606)和瞿太素(1549－1612),他们在为利玛窦《交友论》所作的两篇序言中较早论及"心同理同",通过对比中西交友之道,"而益信东海西海、此心此理同也",利玛窦"以我华文,译彼师授,此心此理,若合契符"。②此后,"心同理同"之说成为晚明会通中西的重要认知基础,"即相信人性或理性的普遍性、共同性"③,如胡世安(1593－1663)为利类思(Ludovic Bugli,1606－1682)《超性学要》所作的序说:"今观《超性学要》译义,娓娓数千言,疏、引、驳、正不惮烦缕,旨各循伦,义期弊类,昌明天学,吃紧为人,撮其要领,与吾儒小心昭事、求福不回之指归,其揆未尝不一。第吾儒之言维皇者不可形埒,而西儒言天主者确有宗传,斯不无差别耳。语曰:'东西海有圣人出焉,此心、此理同也;南北海有圣人出焉,此心、此理同也。'"④形上之学如此,形下之学也不乏心同理同之论,如毕拱辰(?－1644)为邓玉函(Johannes Schreck,1576－1630)和他本人润定的《泰西人身说概》所作的序中道:"又论人记含之所悉在脑囊……且二东方言以不能记者谓'没脑子',此亦足征其持论不诬,而东海、西海理相符契者矣。"⑤三柱石原本也是王学中人,在晚明会通思潮的影响下,他们主动与传教士合作翻译,译介西方天文历算之学,"心同理同"也自然成为他们认知西学的重要基础,其中,求中西文化之同,李之藻论述最多⑥,既有"器"层面,也有"理"层面。

"器"层面以李之藻为利玛窦《坤舆万国全图》所作的序为代表。该序首先探讨了中西地理学的差异,充分肯定了西洋在绘图和经纬度计算等方面比中国《统志》、《省志》有很大优势,如万国全图东西南北的测算"皆千古未发之秘",该图"谓海水附地共作圆形,而周圆俱有生齿,颇为

①　葛兆光,"一个普遍真理观念的历史旅行——以陆九渊'心同理同'说为例谈观念史的研究方法",《东岳论丛》,2004年,第4期,第6页。
②　朱维铮主编,《利玛窦中文著译集》,上海:复旦大学出版社,2001年,第117－118页。
③　孙尚扬,《基督教与明末儒学》,北京:东方出版社,1994年,第143页。
④　徐宗泽,《明清间耶稣会士译著提要》,上海:上海书店出版社,2006年,第144－145页。
⑤　徐宗泽,《明清间耶稣会士译著提要》,上海:上海书店出版社,2006年,第238页。
⑥　李天纲,《跨文化的诠释:经学与神学的相遇》,北京:新星出版社,2007年,第63页。

创闻可骇",①然而他认为中西之学仍然多有互通之处:

> ……所言地是圆形,盖蔡邕释《周髀》已有天、地各中高外下之说;《浑天仪注》亦言地如鸡子中黄,孤居天内;其言各处昼夜长短不同,则元人测景二十七所亦已明载。……
>
> 别有南北半球之图,横割赤道,盖以极星所当为中,而以东西上下为边,附刻左方,其式亦所创见。然考皇帝《素问》已有其义,所言立于午而面子,立于子而面午,至于自卯望酉,自酉望卯,皆曰北面;立于卯而负酉,立于酉而负卯,至于自午望南,自子望北,皆曰南面。是皆以天中为北,而以对之者为南,南北取诸天中,正取极星中天之义,昔儒以为最善言天。今观此图,意与暗契,东海西海,心同理同,于兹不信然乎!②

《坤舆万国全图》打破了中国传统"天圆地方"之说,但李之藻却在中学里找到了多处与西学"地圆"之说"意与暗契",如《周髀》、《浑天仪注》、元人测景(影)、《素问》等中的诸多相似之论。这里,"心同理同"说勇于承认西方也有圣人,同时又发掘出了中国圣人,为接受西学、中西会通提供了心理认知依据。在《〈同文算指〉序》中,李之藻仍然信守这一观念:"心同、理同,天地自然之数同"③。

"理"层面以李之藻《〈天主实义〉重刻序》为代表,其中李之藻反复强调其中义理与儒学实出一源:

> 昔吾夫子语修身也,先事亲而推及乎知天;至孟氏存养事天之论,而义乃綦备。盖即知即事,事天事亲同一事,而天,其事之大原也。

---

① 李之藻,"李之藻序",见朱维铮主编,《利玛窦中文著译集》,上海:复旦大学出版社,2001年,第179页。

② 李之藻,"李之藻序",见朱维铮主编,《利玛窦中文著译集》,上海:复旦大学出版社,2001年,第179—180页。

③ 徐宗泽,《明清间耶稣会士译著提要》,上海:上海书店出版社,2006年,第205页。

　　说天莫辩乎《易》。《易》为文字祖，即言"乾元""统天"，"为君为父"，又言"帝出乎震"，而紫阳氏解之，以为帝者，天之主宰。然则天主之义，不自利先生创矣。

　　……

　　彼其梯航琛贽，自古不与中国相通，初不闻有所谓羲、文、周、孔之教，故其为说，亦初不袭吾濂、洛、关、闽之解，而特于知天事天大旨，乃与经传所纪，如券斯合。

　　……

　　尝读其书，往往不类近儒，而与上古《素问》、《周髀》、《考工》、漆园诸编，默相勘印，顾粹然不诡于正。至其检身事心，严翼匪懈，则世所谓皋比而儒者，未之或先。信哉！东海西海，心同理同。所不同者，特言语文字之际。①

"事天"是西学"理"层面的关键，其学"要于知天事天，不诡六经之旨"②，或"按其义理，与吾中国圣贤可互相发明"③。这种相似性联想在耶儒之间架起了会通的桥梁，是以耶稣会士传入的天学来观照儒学，进而发掘出了《易》、《素问》、《周髀》、《考工》、《漆园》等典籍中的"天""帝"。

　　以上中西"器""理"两个层面的"如券斯合"，不但跨越了中西空间，而且穿越了时间，避开宋明理学之"近儒"，直接追溯至"上古"以接续三代圣人，恰恰验证了东海西海皆有圣人，而且彼此心同理同。李之藻这种"古学"倾向④，使得他的西学译介非常注重与传统学术之长进行对比，以会通一二。

---

　　①　李之藻，"李之藻序"，见朱维铮主编，《利玛窦中文著译集》，上海：复旦大学出版社，2001年，第99—100页。

　　②　李之藻，"刻天学初函题辞"，见李之藻编，黄曙辉点校，《天学初函》理编，上海：上海交通大学出版社，2013年，第1页。

　　③　李之藻，"请译西洋历法等书疏"，见黎难秋主编，《中国科学翻译史料》，合肥：中国科学技术大学出版社，1996年，第7页。用杨廷筠的话来说，"儒者本天，故知天事天畏天敬天，皆中华先圣之学也"。杨廷筠，"刻西学凡序"，见李之藻编，黄曙辉点校，《天学初函》理编，上海：上海交通大学出版社，2013年，第5页。

　　④　李天纲，《跨文化的诠释：经学与神学的相遇》，北京：新星出版社，2007年，第11页。

二、"间亦出其鄙谬，会通一二"

李之藻的翻译会通与徐光启的路数相似，即以西学发掘传统历史记忆中的相似"古学"，继之以所发掘出的"古学"诠释、接受西学，再借西学之实补助晚明学风之虚。李之藻认为"古学"迷失，致使晚明士风虚浮，祸及学术、国计、民生：

> 乃自古学既邈，实用莫窥，安定苏湖，犹存告饩。其在于今，士占一经，耻握从衡之算；才高七步，不娴律度之宗。无论河渠历象，显忒其方；寻思吏治民生，阴受其敝。吁，可概已。[①]

对此，李之藻与徐光启一样，倡导西学与"古学"的会通，主要策略包括中西"发明""不妨异同"及"斟酌去取"。

首先，"发明"指以耶稣会士引进的西学来发掘出传统"古学"中的相似历史记忆，这是"心同理同"认知心理的具体体现。如利玛窦授、李之藻演的《圜容较义》，"虽明圜容之义，而各面各体比例之义胥于是见，且次第相生，于《周髀》'圆出于方，方出于矩'之义亦多足发明焉。"[②]这种"发明"可能折射了晚明西学接受者对近世之学的不屑，而对"古学"很有自信乃至持有优越感。按照"心同理同"论，如果他们接受西方有圣人，西方有此理，那么他们也相信东方必有类似的圣人、类似的理。为此，李之藻甚至以西学反证、挖掘中学之实，如《浑盖通宪图说》以浑天说诠释西方地圆说，该书"昼夜箭漏图说"关于北极昼夜长短论道：

> 故北方冬至，昼短夜长，比于南方迥异。夏至亦然。《周髀》曰："北极之下，其人朝种暮获"，盖以春、秋分之际判朝暮，一昼夜当期之日。若地当赤道之下，则通年昼夜平

---

① 李之藻编，黄曙辉点校，《天学初函·同文算指序》器编（中），上海：上海交通大学出版社，2013年，第793页。

② 徐宗泽，《明清间耶稣会士译著提要》，上海：上海书店出版社，2006年，第211页。

分。以浑仪视之可知,非诞说也。①

李之藻由北方冬至昼短夜长现象,"发明"了《周髀》中相似之说,并且以西方浑天仪证明其说之实。这种发明、反证可能是把双刃剑,对中西文化交流利弊参半,但李之藻往往能把"心同理同"的西学认知心理转化为会通中西之长的实践,通过译"演"②为东西"圣人"提供直接对话的平台,是一条翻译、实证、对比的会通之路,对中西"不妨异同"的会通方式方法有着直接的影响:

> 昔从京师识利先生,欧逻巴人也,示我平仪。其制约浑为之,刻画重圜,上天下地,周罗星曜,背绾晷箭。貌则盖天,而其度仍从浑出。取中央为北极,合《素问》中北外南之观;列三规为岁候,遵羲和候星寅日之旨,得未曾有。耳受手书,颇亦镜其大凡。旋奉使闽之命,往返万里,测验无爽。不揣为之图说,间亦出其鄙谚,会通一二,以尊中历,而他如分次度,以西法本自超简,不妨异同,则亦于旧贯无改焉。③

这段话清晰地描述了李之藻的"会通一二":"合《素问》"重相似性,是中西会通的基础;"测验无爽"重实证,是会通西学的科学态度;"得未曾有"重西学之长,"间亦出其鄙谚""以尊中历""于旧贯无改"重中学之长;"不妨异同"重中西互补,以"会通一二"。这种求同存异的会通方式在《浑盖通宪图说》中多有体现,如该书"天盘黄道图说"以西方的黄道十二宫会通中国二十四节气、传统赤道坐标二十八宿。黄道十二宫经度共三百六十度,每宫三十度,每十五度大概对应传统一个节气:"且以地盘十字线为限言之,自平线以下卯中起,初入白羊宫,交春分,又十五度,交清明;

---

① 李之藻编,黄曙辉点校,《天学初函·浑盖通宪图说》器编(上),上海:上海交通大学出版社,2013年,第199页。
② 李之藻编,黄曙辉点校,《天学初函·浑盖通宪图说》器编(上),上海:上海交通大学出版社,2013年,第110页。
③ 李之藻编,黄曙辉点校,《天学初函·浑盖通宪图说自序》器编(上),上海:上海交通大学出版社,2013年,第106页。

右行凡三十度而尽,入金牛,为谷雨、立夏;又三十度,入阴阳宫,则小满、芒种也……"①由于中西历法有别,这种"不妨异同"的会通方法便于对比,取长补短。另外,中国传统二十八宿分东方苍龙七宿、北方玄武七宿、西方白虎七宿及南方朱雀七宿,拿西方白虎七宿奎、娄、胃、昴、毕、觜、参来说,该书与西方白羊宫、金牛宫会通如下:"大略白羊初度交壁初,其九度交奎,廿六度交娄。金牛初度交娄五,其七交胃,廿三交昴。阴阳初度交昴七,其四交毕,廿一交觜,交参。"②这里的"大略"仍然采取了"不妨异同"的会通策略,力图引进西学,同时不忘中学之长。

李之藻在协助耶稣会士译介西学中,一方面力图通过相互"发明""不妨异同"的翻译会通中西;另一方面注重"取旧术斟酌去取,用所译西术骈附梓之"③,《同文算指》可谓代表。从选材来说,该书博采众长,以利玛窦老师丁先生(Christopher Clavius,1538—1612)的《实用算术概论》为主,同时兼取德国数学家斯蒂弗尔(M. Stifel,约1487—1567)的《整数算术》以及中国程大位(1533—1606)的《算法统宗》、周述学(生卒年不详)的《神道大编历宗算会》;④从具体的会通方法来说,李之藻注重"斟酌去取":

数于艺,犹土与五行,无处不寓,耳目所接已然之迹,非数莫纪;闻见所不及,六合而外,千万世而前而后必然之验,非数莫推。已然必然,总归自然……加减乘除,总亦不殊中土,至于奇零分合,特自玄畅,多昔贤未发之旨。盈缩句股,开方测圆,旧法最难,新译弥捷……仆性无他嗜,自揆寡昧,游心此道,庶补幼学洒扫应对之阙尔。复感存亡之永隔,幸心期之尚存,荟辑所闻,厘为三种:前编举要,则思已过半;通编稍演其例,以通俚俗,间取《九章》补缀,而卒不出原书

① 李之藻编,黄曙辉点校,《天学初函·浑盖通宪图说》器编(上),上海:上海交通大学出版社,2013年,第150页。
② 李之藻编,黄曙辉点校,《天学初函·浑盖通宪图说自序》器编(上),上海:上海交通大学出版社,2013年,第151页。
③ 徐光启,"刻同文算指序",见李之藻编,黄曙辉点校,《天学初函·同文算指》器编(中),上海:上海交通大学出版社,2013年,第792页。
④ 潘亦宁,"《同文算指》中高次方程数值解法的来源及其影响",《自然科学史研究》,2008年,第1期,第81页。

41

之范围;别编则测圜诸术,存之以俟同志。①

这里,李之藻通过对比道出了西学之长,或"多昔贤未发之旨",或方法"弥捷",为"庶补幼学洒扫应对之阙尔"提供了新知,进而通过"荟辑所闻"的方式会通中西。但同时,李之藻仍然心怀"心同理同",念念不忘传统,间取《九章》以补缀西学。

晚明"心同理同"避开宋明理学而直接接续"古学",一方面有助于减轻西学带来的心理震颤,甚至遮蔽近世学术衰落的尴尬;另一方面也有助于重新发掘传统,以维系士大夫的文化优越感。这种"心同理同"心理折射到具体翻译方法上,可谓李之藻所说的"借我华言,翻出西义"②,即以华言会通西义。

三、"借我华言,翻出西义"

这里的"华言"既包括传统文化,又包括传统话语方式。而"翻出西义"不乏义理与话语方式的相似性联想与中西会通,即发掘相似的传统义理和诗学策略诠释原文。

首先,李之藻借助的"华言"从义理层面来说,就是译名往往采用儒学术语,以《名理探》最为典型。研究者发现李之藻以"治世""治家""齐家"会通西方政治学、经济学,以"克己"会通西方伦理学等,这一连串的"华言"译名,俨然以儒家《大学》中正心、诚意、修身、齐家、治国、平天下之旨认同西方诸学科所形成的知识体系。③ 其他如"德""性""艺""形""法"等术语译名,李之藻的儒学视界同样卓然,而《名理探》之"理"更与格物穷理之"理"一见钟情。

"理"是晚明士大夫通向理解西方逻各斯知识体系的重要本土资源。"理"自先秦发展至宋明,成为程朱理学的核心思想,主要指万物生成的根源、万物的主宰、万物"分殊之理"及一切具体"理"之总"理"等;④"理"

---

① 李之藻编,黄曙辉点校,《天学初函·同文算指序》器编(中),上海:上海交通大学出版社,2013年,第793—794页。
② 李之藻,"译《寰有诠》序",见罗新璋、陈应年编,《翻译论集》(修订本),北京:商务印书馆,2009年,第160页。
③ 李天纲,《跨文化的诠释:经学与神学的相遇》,北京:新星出版社,2007年,第167页。
④ 侯外庐,《中国思想史纲》,上海:上海书店出版社,2008年,第273页。

既是道德或自然法则,又可谓原动者太极;①而朱熹提出的格物穷理非常强调由积累而贯通进而类推。这些与西学宗教的、道德的、科学的所以然之理及逻辑学之推理一拍即合。晚明三柱石特别追求格物穷理、缘数寻理、由数达理等,如杨廷筠多用"后儒"之"性理"会通天主教义,而在徐光启和李之藻的译著中,多次出现"所以然"的话语,探讨万物之根源,不但诉诸于"理",而且是"实理",批评泛论心性的"虚理"。就西方"logic"而言,《名理探》"循所已明,推而通诸未明之辩也"②,完全是"实理":

> 盈天地间,莫非**实理**结成,而人心之灵,独能达其精微;是造物主所以显其全能,而又使人人穷尽万**理**,以识元尊,乃为不负此生,惟此真实者是矣。
>
> 世乃侈谭虚无,诧为神寄;是致知不必格物,而法象都捐,识解尽扫,希顿悟为宗旨,而流于荒唐幽谬;其去真实之大道,不亦远乎!西儒傅先生既诠寰有,复衍名理探十余卷。大抵欲人明此真实之**理**,而于明悟为用,推论为梯;读之其旨似奥,而味之其**理**皆真,诚为格物穷**理**之大原本哉。③(黑体字为笔者所加,下同。)

这里"实理""穷尽万理""真实之理""其理皆真"等,语语针砭王门后学之虚理,以理学之"格物穷理"会通西方逻辑学的推通名理,反过来西方的逻辑推理"即吾儒穷理尽性之学"④,"研穷理道,吾儒本然",所以李之藻译文"语之抉源,步之蹑实,殊海心同,若合符节"。⑤

这种义理会通除译名外,还有中西类似文化现象的比拟。如《同文算指》引进西方计算方法取代传统珠算:"兹以书代珠,始于一,究于九,

---

① 张君劢,《新儒家思想史》,北京:中国人民大学出版社,2006 年,第 176 页。
② 傅汎际译义,李之藻达辞,《名理探》,北京:生活·读书·新知三联书店,1959 年,第 15 页。
③ 李天经,"序",见傅汎际译义,李之藻达辞,《名理探》,北京:生活·读书·新知三联书店,1959 年,第 3 页。
④ 李天经,"序",见傅汎际译义,李之藻达辞,《名理探》,北京:生活·读书·新知三联书店,1959 年,第 4 页。
⑤ 李次彪,"又序",见傅汎际译义,李之藻达辞,《名理探》,北京:生活·读书·新知三联书店,1959 年,第 5—6 页。

随其所得,而书识之,满一十,则不书十而书一,于左进位……曰一十,由十进百,由百进千,由千进万,皆仿此。"①这种进位、退位法,李之藻用中国度量衡予以类比:

> 凡度,十丈曰引,五丈曰端,四丈曰疋,十尺曰丈,十寸曰尺,十分曰寸。……凡量,六粟为圭,十圭为撮,十撮为抄,十抄为勺,满十而进之为合、为升、为斗、为石,亦曰斛。凡衡,以两为君,两有十钱,钱有十分。自分以下而析之,曰厘、曰毫、曰丝、曰忽、曰微、曰纤、曰沙、曰尘、曰埃、曰渺、曰漠……②

这里李之藻借用中国传统计量单位,如度之"引""端""疋""丈""尺""寸"、量之"圭""撮""抄""勺""合""升""斗""石""斛"、衡之"君""钱""分""厘""毫"等,来比拟西方计算中的进位、退位之法,以相对具象的单位转换会通西学相对抽象的计算换位,两者表面不同,但深层"心同理同",非常有利于中国读者调动本土知识结构理解和接受西学,对西学译介和启蒙晚明士人非常有效,同时也说明相似性联想就是"心同理同"的一种具体形式,是译者会通中西文化的重要方法。

其次,李之藻话语方式"借我华言"的会通主要包括图说、主客问答、经学注疏及子母注等,且文学化明显。晚明天文历算翻译中的"图说"话语普遍,拿李之藻的《天学初函》器编来说,若把《同文算指》计算公式、《几何原本》几何图形算作宽泛的"图说"方式,那么所有器编收录的译作都是"图说"话语。如利玛窦口授、李之藻笔述的《浑盖通宪图说》以"图说"方式,分周天分度、按度分时、定方位、天盘黄道、经星位置、六时晷影等十九个方面,会通中西宇宙论。"图说"在语际翻译的基础上充分发挥了符际翻译的视觉解释功能。

主客问答、经学注疏以傅汎际、李之藻合译的《寰有诠》、《名理探》为

---

① 李之藻编,黄曙辉点校,《天学初函·同文算指》器编(中),上海:上海交通大学出版社,2013年,第797页。

② 李之藻编,黄曙辉点校,《天学初函·同文算指》器编(中),上海:上海交通大学出版社,2013年,第798—799页。

代表。《寰有诠》即"天之诠释"①,宗教味很浓。该书"诠"法大致有二:一是主客问答式,以"或问……曰……""(驳)或曰……(正)曰……""问……曰……"三种主客问答变体为主,通过问答方式诠释天主创生万物、圆满、动施、浑圆、均动、星理、星运、星圆、天星等话题。问答方式到了明末成为讲学盛行的语录体,是李之藻会通西学论辩的重要手段,如:

> (驳)或曰:未来之验,屡试乃徵。星家预言,屡有明应。则占天似亦有特传乎?
>
> (正)曰:占天者非有一定不爽之知,第赖莝昧阙漏之测,如暗中揣探,诞者万千,中者偶一。其言而不中者,或多方文饰,或偶托一故;幸得一中,以此夸诬世愚,自夸其前知耳。②

这一问对体会通西方论辩的行文方式,一针见血地揭开了占天预言似有特传的"神秘面纱",即偶然命中则大肆夸诬以欺世盗名,不中则编织种种理由予以搪塞。问对设难,言简意赅,辩中有释,释中有辩,是会通原文"天之诠释"的有效方式。

二是对"古""经"的"疏""解",以经学注疏的方式对古人、圣经之论进行诠释,《名理探》《寰有诠》均然,如:

> (古)悖而相对者,非相向而谓。如谓之善者,匪恶者之善,乃恶者之悖。如谓之黑者,非白者之黑,乃白者之悖。故知互与悖,其谓相对异。
>
> (解)兹论互悖而相对者,明其与互对之义有不同焉。盖互者之此一,其义连引彼一,如云倍者,必其为半者之倍也。若夫互悖之相对则不然。如云黑者,不谓白者之黑,而

① 傅汎际译义,李之藻达辞,《寰有诠》,见黄兴涛、王国荣编,《明清之际西学文本》(第三册),北京:中华书局,2013年,第1209页。
② 傅汎际译义,李之藻达辞,《寰有诠》,见黄兴涛、王国荣编,《明清之际西学文本》(第三册),北京:中华书局,2013年,第1299页。

第可谓之与白相悖者。①

这里的"古"指公元 4 世纪薄斐略(Porphyry,今译波菲利,约 233－305)
所述亚里士多德(Aristotle,公元前 384－公元前 322)范畴概念,凡出自
薄斐略者,均标一"古"字②,而其他引自圣经处,均标一"经"字。这两者
李之藻均译为整齐的四至五字句式,译文读如传统"经"书。而这儿的
"解"正是对上文"互悖"这一"经"义的进一步诠释,通过"互悖""互对"的
例证对比,"互悖而相对"之逻辑学概念释然。

　　"疏"相对于"解",篇幅较长,有时甚至引发多轮"(驳)或曰……(正)
曰……"详加条分缕析,《寰有诠》最为典型。如该书卷一"万物共一最初
者义第一"开篇即"疏":

　　　　(疏)所谓最初者,惟论最初作之所以然,是谓天主,今
　　取五证。
　　　　一,就作所以然而推……
　　　　二,就物之不齐而推……
　　　　三,就固然与非固然之理而推……
　　　　四,就物之动而推……
　　　　五,就物之所阙而推……
　　　　(驳)或曰……
　　　　(正)曰……
　　　　(驳)或曰……
　　　　(正)曰……③

这一长篇疏解从以上五个方面取证,并继之以两轮问答,把天主是万物
共一的最初者的所以然进行了细致地论证,犹如传统经学对儒经传、笺、
解、章句等的注解、义疏、正义,是中西学术方法的会通。以上这两种方

────────────

① 傅汛际译义,李之藻达辞,《名理探》,北京:三联书店,1959 年,第 353 页。
② 傅汛际译义,李之藻达辞,《名理探》,北京:三联书店,1959 年,第 33 页。
③ 傅汛际译义,李之藻达辞,《寰有诠》,见黄兴涛、王国荣编《明清之际西学文本》(第三
册),北京:中华书局,2013 年,第 1212－1214 页。

式说明翻译不是在真空中进行的,面对异质文化,译者不仅需要唤起相似的历史记忆、传统知识,来充当理解和诠释的思想资源,还需要用本土原有的相似资源或通过相似性想象去对应。[①]

此外,李之藻还反复在译本中杂以夹注会通原文,如同经学注解,又似佛经译本中格义的"子注""生解"体例,即在大字正文下夹注小字作为注释,便于读者理解,《名理探》频繁运用,如:

古云:性者,(天主所定生化诸物,可所以然之公理也。)禽类生母也。

故步路大云:无艺之作,而能合其节度者,惟逆亚尔之一掷而已矣。(逆亚尔者,古之画工也。曾画一马,身态如活,欲加之以沫沫,搁笔反复,终不如意,因而发怒,以笔投板,遂尔成沫蔼。)[②]

《名理探》全书"子注"形式俯拾皆是,可谓李之藻会通中西的重要诗学策略,或进一步解释概念,如上文对"性"的注解;或介绍相关背景知识,如上文对"逆亚尔"的注解,等等。

李之藻中西会通心理及以上种种策略非常值得后人反思和借鉴。李之藻拥有良好的传统文化修养,尤其具备深厚的儒学积淀,面对西学的强力挑战,他以"心同理同"作为认知基础,走向了中西学会通之路,而寻找两者之间的契合点成为首要问题。会通中,李之藻不失对传统文化,包括古学、语言、学术等方面的自信,以传统文化为历史记忆和理解资源,提出中西学存在着诸多相似性,从而在翻译中倾向于儒化策略,在语言上注意寻找传统典籍中相似的表达方式以会通原文。虽然他强调译文"语质无文"[③],但其文学化特征明显。

徐光启、李之藻开启了明末实学翻译会通,而同时代王徵的《奇器图说》走的路子似乎更"实",是中西器械会通的典范,值得专论。

① 葛兆光,《中国思想史导论:思想史的写法》,上海:复旦大学出版社,2007年,第87页。
② 傅汎际译义,李之藻达辞,《名理探》,北京:生活·读书·新知三联书店,1959年,第8页。
③ 李之藻编,黄曙辉点校,《天学初函·浑盖通宪图说自序》器编(上),上海:上海交通大学出版社,2013年,第106页。

第三节　王徵《奇器图说》翻译会通

王徵（1571—1644）是明末另一位会通中西的著名学者和翻译家，陕西泾阳人，字良甫，号葵心，又号了一道人，支离叟，天启进士。自幼对机械技术"顾颇好奇，因书传所载化人奇肱、璇玑指南及诸葛氏木牛流马、更枕石阵、连弩诸奇制，每欲臆仿而成之。累岁弥月，眠思坐想，一似痴人"，乃至"几案尘积，正经学业荒废尽矣。"①曾著有《诸器图说》。1627年，他与耶稣会士邓玉函译绘出版的《奇器图说》被称为中国第一部机械工程学专著，也是王徵会通欧洲机械文明的力作，《四库全书》将此编入子部谱录类器物之属。

《奇器图说》共四卷，卷一"重解"主要讲解西方器械运重原理及方法，凡六十一款；卷二"器解"解释各种器械的制作原理及操作方法，凡九十二款；卷三"力解"图示各种巧妙的起重、引重和转重方法，凡六十图；另外卷一之首有表性言解、表德言解二篇，分别阐述重学的内性和外德。②该译著的话语方式是"图说"，全书图文并茂，第一次比较系统地介绍了西方力学的定律、原理，如重心、重力、比重、压强、浮力、杠杆等，并附有通俗、精细的图解，所遴选的西方新式器械如起重、引重、火船、取水、轮壶、转磨、解木、龙尾车、解石等，旨在裨益民生，深刻地折射了王徵的儒家文化自觉精神、"关切民生日用"③的翻译伦理（Ethics of Translation）诉求。

20 世纪 40 年代至 60 年代，《奇器图说》在原文来源及版本研究上取

---

① 王徵，"《两理略》自序"，见宋伯胤，《明泾阳王徵先生年谱》（增订本），西安：陕西师范大学出版社，2004 年，第 163 页。王徵"十上公车"才最终及第，这也说明他对传统儒学教育并不醉心，而深受《周易》制器尚象说的影响。
② 邓玉函口授，王徵译绘，《远西奇器图说》，见黄兴涛、王国荣编，《明清之际西学文本》（第三册），北京：中华书局，2013 年，第 1138 页。
③ 邓玉函口授，王徵译绘，《远西奇器图说》，见黄兴涛、王国荣编，《明清之际西学文本》（第三册），北京：中华书局，2013 年，第 1130 页。

得了突破性进展。① 80 年代后,李之勤、张柏春等的成果②为《奇器图说》研究积累了更加丰富的史料,而其文化会通研究也出版了两部力作:一是邱春林的《会通中西——晚明实学家王徵的设计与思想》,包括王徵会通西学的目的、中西设计理念与方法的会通等;二是张柏春、田淼等人的《传播与会通——〈奇器图说〉研究与校注》上下两篇。③ 后者是由中国科学院自然科学史研究所与德国马普学会科学史所共同研究"中国力学知识的发展及其与其他文化传统的互动"的课题成果,无论是原始资料的收集考证,还是传播、会通过程的考查与诠释,都取得了很大的突破,结论也令人耳目一新。④ 其中对中西传播与会通的模式、西方力学与中国工匠传统的直面相遇与会通、著书体例中的中西会通、力艺学注释中的中西知识会通、机械图说的中西会通等提出不少有见解的论述。另外,邹振环从绘图方法、孔令伟从传统图谱学的复兴等角度,也对《奇器图说》的中西"图说"会通进行了研究。⑤ 但《奇器图说》本身是一部以编译为主的译作,王徵会通西学关切民生及其情感化、文学化特征目前缺乏专论。本节立足于翻译伦理、文本类型论、解释学等视角,从王徵序言解析、译著细读着手,对以上王徵西学会通中的具体问题作进一步研究。

一、"关切民生日用"的会通伦理

20 世纪西方翻译理论研究从规范走向描写,再从描写转向伦理。"翻译伦理"中一个重要体现就是翻译的动机和目的、译者的责任和道义

---

① 如惠泽霖著,景明译,"王徵与所译《奇器图说》",上智编译馆馆刊,1947 年,第 1 期;刘仙洲,"王徵与我国第一部机械工程学",《真理杂志》,1944 年,第 2 期;Needham,Joseph. *Science and Civilization in China*: vol. 3. Cambridge: Cambridge University Press,1959.

② 李之勤编,《王徵遗著》,西安:陕西人民出版社,1987 年;张柏春,"王徵与邓玉函《远西奇器图说录》最新探",《自然辩证法通讯》,1996 年,第 1 期;邹振环,《影响中国近代社会的一百种译作》,北京:中国对外翻译出版公司,1996 年,第 18－21 页;宋伯胤《明泾阳王徵先生年谱》(增订本),西安:陕西师范大学出版社,2004;毛瑞方,《王徵与晚明西学东渐》,上海:华东师范大学出版社,2011 年。

③ 邱春林,《会通中西——晚明实学家王徵的设计与思想》,重庆:重庆大学出版社,2007;张柏春、田淼、马深孟、雷恩、戴培德,《传播与会通——〈奇器图说〉研究与校注》,南京:江苏科学技术出版社,2008 年。

④ 石云里,"会通的张力:读《传播与会通——〈奇器图说〉研究与校注》",《中国科技史杂志》,2009 年,第 2 期,第 248－254 页。

⑤ 邹振环,《晚明汉文西学经典:编译、诠释、流传与影响》,上海:复旦大学出版社,2011 年,第 299－300 页;孔令伟,《风尚与思想》,北京:中国美术学院出版社,2008 年,第 54－55、94 页。

等,在近代中国,更突出地表现为仁人志士"忧国忧民的爱国情操"这一伦理,[①]它有助于我们更好地研究王徵编译《奇器图说》的深层文化动因。

明末耶儒会通是儒家文化自觉的表现,是一种以耶补儒的文化战略和学术方式。徐光启、李之藻、王徵等从事的西学翻译,都有着明显的儒家传统反省意识和以耶补儒的文化自觉,追求"实理达用",尝试以学术救世,其中王徵和邓玉函合译的《奇器图说》作为中国第一部机械工程学专著,是以耶补儒、经世实学的又一个具体表现,该书的序言《远西奇器图说录最》(下称《录最》)充分地反映了王徵会通西学的伦理诉求——"关切民生日用"。

《录最》开篇就指明王徵翻译该书的个人学术背景:

> 余不敏,窃尝仰窥制器尚象之旨,而深有味乎璇玑玉衡之作。一器也,规天条地,七政咸在,万祀不磨,奇哉,蔑以尚已。考工指南而后,代不乏宗工哲匠,然自化人奇肱之外,巧绝弗传,而木牛流马遂擅千古绝响,余甚慕之爱之。间尝不揣固陋,妄制虹吸、鹤饮、轮壶、代耕及自转磨、自行车诸器,见之者亦颇称奇,然于余心殊未甚快也。[②]

王徵7岁师从舅父张鉴读书,而张鉴擅长巧思制器,"辟天地之秘,泄鬼神之奇""易弩火弩谕机括,张翼无敌诸战车,扼要调画,制作种种",对此王徵深受影响,[③]尤其痴迷于"璇玑玉衡""木牛流马""更枕石阵""连弩"等奇器,以至"几案尘积,正经学业荒废尽矣"。[④] 可见,王徵自幼偏重"理工",酷爱"设计",由此深明我国传统"制器尚象之旨",谙熟中国古代工艺。由于传统"巧绝弗传",自己虽然"不揣固陋","妄制"了不少令人称

---

① 彭萍,《伦理视角下的中国传统翻译活动研究》,北京:外语教学与研究出版社,2008年,第47页。

② 邓玉函口授,王徵译绘,《远西奇器图说》,见黄兴涛、王国荣编,《明清之际西学文本》(第三册),北京:中华书局,2013年,第1129页。

③ 宋伯胤,《明泾阳王徵先生年谱》(增订本),西安:陕西师范大学出版社,2004年,第5页。

④ 王徵,"《两理略》自序",见宋伯胤,《明泾阳王徵先生年谱》(增订本),西安:陕西师范大学出版社,2004年,第163页。

羡的器械,但"余心殊未甚快也",并不仅仅满足于工匠技艺,而是有着实学家"关切民生日用"的远大抱负,甚至努力超越传统。在《录最》中王徵说他后来又偶读艾儒略(Julio Aleni,1582—1649)、杨廷筠所译的《职方外纪》,眼界为之大开,而当他向龙华民(Nicolas Longbardi,1559—1654)、邓玉函、汤若望(Johann Adam Schall Von Bell,1592—1666)三先生"朝夕晤请教益",索观西器图说时更发现:

> 其器多用小力转大重,或使升高、或令行远、或资修筑、或运篘饷、或便泄注、或上下舫舶、或预防灾祲、或潜御物害、或自舂自解、或生响生风,诸奇妙器无不备具。有用人力物力者、有用风力水力者、有用轮盘、有用关捩、有用空虚、有即用重为力者,种种妙用,令人心花开爽,间有数制,颇与愚见相合。①

西洋奇器的"种种妙用"令王徵为之迷醉。在这种情况下,他便向邓玉函"亟请译以中字"②。可见,王徵编译《奇器图说》的目的很明确,从自身儒者身份来说,是为了民生日用、国家急需,这在《录最》中体现得更为明确:

> 然图说之中巧器极多,第或不甚关切民生日用,如飞鸢、水琴等类,又或非国家工作之所急需,则不录,特录其最切要者。器诚切矣,乃其作法或难,如一器而螺丝转太多,工匠不能如法;又或器之工值甚巨,则不录,特录其最简便者。器俱切俱便矣,而一法多种、一种多器,如水法一器有百十多类,或重或繁,则不录,特录其最精妙者。录既成,辄

---

①　邓玉函口授,王徵译绘,《远西奇器图说》,见黄兴涛、王国荣编,《明清之际西学文本》(第三册),北京:中华书局,2013 年,第 1130 页。

②　邓玉函口授,王徵译绘,《远西奇器图说》,见黄兴涛、王国荣编,《明清之际西学文本》(第三册),北京:中华书局,2013 年,第 1130 页。

名之为《远西奇器图说录最》云。①

从中可见"关切民生日用"是王徵编译《奇器图说》的最主要目的,为此,那些"最切要者""最简便者""最精妙者"是首选对象。从深层心理来看,王徵的翻译动机则是出于自己儒士兼基督教徒这一双重身份所产生的信仰:"独时时将畏天爱人念头提醒,总求无愧寸心。曾书一联自警曰:'头上青天,在在明威真可畏;眼前赤子,人人痛痒总相关。'此外,一切世法、宦套、时尚弗顾也。"②临死前他自题墓联概括一生:"自成童时,总括孝弟忠恕于一仁,敢谓单传圣贤之一贯;迄垂老日,不分畏天爱人之两念,总期自尽心性于两间"③,传统儒者的救世之心,加上基督教的仁爱观念,共同凝结成了王徵的价值核心:畏天爱人④,而"人人痛痒总相关"则是他造物制器的内在精神驱动力。⑤ 王徵承继传统"制器尚用"观念,一生不囿于"君子不器"之谬见,制器不怕被讥为"奇技淫巧""小道末技"。《奇器图说》"关切民生日用"这一翻译伦理的形成既是他的学术追求,又是他对现实的关切和信仰的践行。

王徵"十七入庠读史,见范文正公做秀才便以天下为己任,辄慨然有意其为人",但"直至十上公车,始克博一第焉",⑥近三十年的科举烂路和短暂的三年为官,每每目睹国家因缺乏统筹设计而盲目征调民工,劳民伤财,王徵便觉痛心;面对百姓遭受的疾苦和灾难,他有着"以天下为己

---

① 邓玉函口授,王徵译绘,《远西奇器图说》,见黄兴涛、王国荣编,《明清之际西学文本》(第三册),北京:中华书局,2013年,第1130—1131页。

② 王徵,"《两理略》自序",见宋伯胤,《明泾阳王徵先生年谱》(增订本),西安:陕西师范大学出版社,2004年,第163页。对于王徵来说,民用高于一切,凡涉及此类器具,他尽量做到图说分明,图样清晰,以便匠人依法仿制,而兵器止于一时之急用,不图传播。王徵同徐光启、李之藻一样,对明末士人竟趋浮华的学风强烈不满,曾在《士约》中批评道:"士终日聚谈,无一语讲求道义;终日诵读,无一字照管身心。致知力行,学术漫无用处;济事安民,事业不相干。匪独诸生,即吾辈何尝非昔日诸生耶!"转引自邱春林,《会通中西——晚明实学家王徵的设计与思想》,重庆:重庆大学出版社,2007年,第59页。

③ 宋伯胤,《明泾阳王徵先生年谱》(增订本),西安:陕西师范大学出版社,2004年,第92页。

④ 陈俊民对此有详细的论述,见陈俊民,"'理学'、'天学'之间——论晚明士大夫与传教士'会通中西'的哲学深意"(下),《中国哲学史》,2004年第4期,第125—128页。

⑤ 邱春林,"晚明实学家王徵的设计思想研究",《艺术百家》,2005年,第3期,第100页。

⑥ 宋伯胤,《明泾阳王徵先生年谱》(增订本),西安:陕西师范大学出版社,2004年,第163页。

任"的远大抱负和"人人痛痒总相关"的忧时经世之责任感,或上书请命①,或亲自制器。如在《两理略》中他描绘了卫河水灾的惨状:"六月间,卫河堤岸冲决一十四处,一时清民三面受溺,庐舍崩溃。乡村处处魂消魄散,士女覆压闾里,在在鬼哭神嚎。数万亩良田,尽作鱼鳖之所;百千家土著,浑成水晶之宫。万姓急若倒悬,阖邑痛切彻骨。"②这些更激发王徵"爰以素所制鹤饮、龙尾、恒升、活枢诸器"③,以"关切民生日用"。

在《录最》序中,王徵还用当时讲学盛行的语录体,阐明自己研究、翻译"工匠技艺"的经世致用追求:

> 客有爱余者,顾而言曰:……今兹所录,特工匠技艺流耳。君子不器,子何敝敝焉于斯?……余应之曰:学原不问精粗,总期有济于世;人亦不问中西,总期不违于天。兹所录者,虽属技艺末务,而实有益于民生日用、国家兴作甚急也。……明睹其奇而不录以传之,余心不能已也。④

他还引用《周易》中"备物制用立成器,以为天下利"的观点,告诫时人不要"执不器之说而鄙之",⑤以海纳百川的心态,来支持译介西方机械、力学知识的合理性。尤为难得的是,王徵通过对比指出,他和金尼阁(Nicolas Trigault,1577—1628)所译的《西儒耳目资》是求"耳目之资",而和邓玉函所译的《奇器图说》是为求"手足之资"。面对这些资用之学,王徵进一步提出要有会通西学的胸襟:"古之好学者,裹粮负笈不远数千

---

① 如《敬陈祈天固本简要三事揭贴》、《查报开坝通河以利八场复文》、《查报黄山一案》、《特命监理海疆恳辞分外殊恩疏》、《仰谢天恩恭请明命疏》等,见宋伯胤,《明泾阳王徵先生年谱》(增订本),西安:陕西师范大学出版社,2004 年,第 93—103 页。
② 宋伯胤,《明泾阳王徵先生年谱》(增订本),西安:陕西师范大学出版社,2004 年,第 18 页。
③ 宋伯胤,《明泾阳王徵先生年谱》(增订本),西安:陕西师范大学出版社,2004 年,第 32 页。
④ 邓玉函口授,王徵译绘,《远西奇器图说》,见黄兴涛、王国荣编,《明清之际西学文本》(第三册),北京:中华书局,2013 年,第 1131 页。
⑤ 邓玉函口授,王徵译绘,《远西奇器图说》,见黄兴涛、王国荣编,《明清之际西学文本》(第三册),北京:中华书局,2013 年,第 1131 页。

里往访,今诸贤从绝徼数万里外赍此图书以传我辈,我辈反忍拒而不纳欤?"①

综上所述,《录最》可谓王徵会通西学"关切民生日用"的伦理宣言,这种自觉追求在译本中不乏原文信息与王徵情感的深度会通。

二、重学义法与济世情怀的相遇

晚明西学东渐给传统文化带来了很大冲击,无论西学派还是保守派都激起了相应的强烈情感。徐光启、李之藻、王徵等在译文及其序跋中,对西学频繁流露出溢美之辞。《奇器图说》主要介绍西方重学及各种相关器械如何起重、引重、转重、升高、致远等,王徵译文字里行间对此叹服有加,在原文信息中注入了译者的丰富情感,概括有二:重、奇。

首先,"重"指王徵对重学之重要性的认识,重点论"力艺"之"力"。中国工匠传统重"成器之法","一由师傅,一由式样,一由看多、想多、做多",②但缺乏对力学原理的关注和研究。王徵把西方的"力艺"译为"重学",其理由如下:

> 夫此重学既从度数诸学而来,其学可谓博而约矣。原非一蹴而成功,自可随奏而辄效。只就起重一节言之,假如有重于此,数百千人方能起,或犹不能起,而精此学者,止用二三人即能起之,此其能力何如也?既省多力,又节大费,且平实而不致险危,其裨益于人世也又何如?故名以重学,虽专为运重而立名,亦以见此学关系至重,有志于经世者,不宜轻视之耳。③

这里的译名"重",一字双关。首先重学即力学,是讲"重"之学,"义""法"兼具,且"博而约"。重学之"博"是因为其义理建立在数学、测量学、视

---

① 邓玉函口授,王徵译绘,《远西奇器图说》,见黄兴涛、王国荣编,《明清之际西学文本》(第三册),北京:中华书局,2013年,第1131页。

② 邓玉函口授,王徵译绘,《远西奇器图说》,见黄兴涛、王国荣编,《明清之际西学文本》(第三册),北京:中华书局,2013年,第1136页。

③ 邓玉函口授,王徵译绘,《远西奇器图说》,见黄兴涛、王国荣编,《明清之际西学文本》(第三册),北京:中华书局,2013年,第1138页。

学、律吕学等基础上："所正资而常不相离者,度数之学。""所借资而间可相辅者,视学及律吕之学"①;重学之"约"是因为"其理易明,其法有迹而易见,其器又悉有成式而可拟,故此学至易至简,而人人可作。"②重学有理有法,其"所以然"之理王徵动情地赞誉为"最确当而无差"③;其省力之法用于起重,则有四两拨千斤、以一当十甚至以一当百、以一当千之功效。正因为如此,重学"裨益于世",对于经世致用"关系至重",适于"关切民生日用"。可见,王徵一"重"字用心良苦,由此学本身讲"重"到应用之"重",道出了一个心系百姓、以天下为己任的范仲淹式的实学家之济世情怀。王徵译写参半,是原文讲重学义法和译者重重学的会通。

其次,"奇"突出了重学及其运用之"奇""怪""妙",重点论"力艺"之"艺"。王徵认为重学"奇古可怪":

> 人多胜多,或人多而胜寡,不**怪**也;人寡能胜人多,则可**怪**。如以大力运大重,奚足**怪**?今用小小机器,辄能举大重,使之升高、使之行远,有不惊诧为非常者鲜矣。然能通此学,知机器之所以然,则**怪**亦平常事也。试观千钧之弩,惟用一寸之机;万斛之舟,只凭一寸之柁,岂不可**怪**?④

王徵在论述中通过人寡而胜多、器小而力大的对比、例证,构建了"怪"的语义场,进而辅之以反问句"奚足怪?""岂不可怪?"等,突出了他对西方器械啧啧称奇,以激发国人学习之、借鉴之、推广之。

"然奇古可怪,闻者似多惊诧非常。""而精妙难言,见之自当喜慰无量。"⑤这种惊喜之情、奇妙之感,小到生活用器,大到国家要务,都渗透其

---

① 邓玉函口授,王徵译绘,《远西奇器图说》,见黄兴涛、王国荣编,《明清之际西学文本》(第三册),北京:中华书局,2013 年,第 1138 页。
② 邓玉函口授,王徵译绘,《远西奇器图说》,见黄兴涛、王国荣编,《明清之际西学文本》(第三册),北京:中华书局,2013 年,第 1139 页。
③ 邓玉函口授,王徵译绘,《远西奇器图说》,见黄兴涛、王国荣编,《明清之际西学文本》(第三册),北京:中华书局,2013 年,第 1139 页。
④ 邓玉函口授,王徵译绘,《远西奇器图说》,见黄兴涛、王国荣编,《明清之际西学文本》(第三册),北京:中华书局,2013 年,第 1139−1140 页。
⑤ 邓玉函口授,王徵译绘,《远西奇器图说》,见黄兴涛、王国荣编,《明清之际西学文本》(第三册),北京:中华书局,2013 年,第 1139−1140 页。

中,以至于王徵把重学赞为"众美之源":

> 民生日用、饮食衣服宫室种种利益,为人世急需之物,无一不为诸器所致,如耕田求食,必用代耕等器;如水乾田、乾水田,必用恒升、龙尾、辘轳等器;如榨酒榨油,必用螺丝转等器;如织裁衣服,必用机车剪刀等器;如欲从远方运取衣食诸货物,必用舟车等器;如欲作宫室所需金石土木诸物,必用起重、引重等器。人世急需之物,何者不从此力艺之学而得?故即称为**众美之源**可也,不宁惟是,即救大灾、捍大患,如防水害,则运大石以筑堤;防火灾,则用吹筒以濡水;遇猛兽,则用弓弩刀鎗;遇大敌,则用拂郎大铳。就中**以寡胜众之妙,不能尽述**。则夫通此学者,宁非瀹开**万用之美源**也哉?推而广之,如凿矿砂,采取金铁资贸易兵甲之费;制风琴,自奏音响,佐清庙明堂之盛;自鸣钟自报时刻,济日暮晴阴之穷,诸般奇器,**不但裕民间日用之常经,抑可裨国家政治之大务,其利益无穷**,学者当自识取之耳。①

王徵这段话突显了三个方面:"众美之源""万用之美源""利益无穷"。首先,人类衣食住行等一切必需用器都离不开重学。没有重学,人类就难以制作耕具、水具、榨具,难以制作机车、剪刀、舟车,更难以做到起重、致远。如果说机械为人类方方面面创造了"美",推动了人类整个文明的进程,那么重学则是"众美之源"。其次,重学多有"以寡胜众之妙","立法之妙,合乎天然"②,可"开万用之美源",以救灾防患,如运巨石筑坝、制弓弩刀鎗、造水铳火炮等。最后,重学之美如果得以推而广之,则"利益无穷",关乎国计民生。

王徵《奇器图说》对重学之奇妙,往往在图说之后加以情感化的肯定

---

① 邓玉函口授,王徵译绘,《远西奇器图说》,见黄兴涛、王国荣编,《明清之际西学文本》(第三册),北京:中华书局,2013年,第1140—1141页。

② 邓玉函口授,王徵译绘,《远西奇器图说》,见黄兴涛、王国荣编,《明清之际西学文本》(第三册),北京:中华书局,2013年,第1141页。

评价,如"其力俞大,断无不起之理矣"①,"加一飞轮,则人力必大胜矣"②,"节劳不啻数倍矣"③,"妙不容言"④,"省人力多多矣"⑤。具体来说,王徵认为水铳和螺丝堪称众器之最,其中水铳"能力最便、最大、最奇",而螺丝与其它"皆有妙用"之奇器相比,作用"更大更妙"。⑥ 翻译中,王徵的情感溢于言表,认为螺丝:

> 为其用最广,其能力又最大耳。假如水闸木重且长,人力不能起者,用螺丝转则不难起。又如长大木,其尖为铁,入地甚深,人力不能起者,用螺丝转则能起之。……况别器有大能力者,须用长用大,此器即最短最小,无不可作。器愈小而愈有能力,可怪也。……不独运重之学不可离此,即如人间日用绳索微物,及弓弩琴瑟等弦诸用,匪此旋转交结之法便不能成。……此器为更妙也。又况其制简便,长大者之坚固不待言,即甚小者,亦甚坚固而绝无危险。……能通其所以然之妙,凡天下之器都无难作者矣。细心之人,不难晓解。"⑦

这段话三百多字,是《录最》中对器械评价篇幅最长的,且评价甚高,可谓诸器"怪""妙"之"最"。《奇器图说》在图说的基础上增加了"评",融入了"情",是科学知识和济世情怀的交融,也是翻译与写作的会通。

---

① 邓玉函口授,王徵译绘,《远西奇器图说》,见黄兴涛、王国荣编,《明清之际西学文本》(第三册),北京:中华书局,2013 年,第 1184 页。
② 邓玉函口授,王徵译绘,《远西奇器图说》,见黄兴涛、王国荣编,《明清之际西学文本》(第三册),北京:中华书局,2013 年,第 1190 页。
③ 邓玉函口授,王徵译绘,《远西奇器图说》,见黄兴涛、王国荣编,《明清之际西学文本》(第三册),北京:中华书局,2013 年,第 1199 页。
④ 邓玉函口授,王徵译绘,《远西奇器图说》,见黄兴涛、王国荣编,《明清之际西学文本》(第三册),北京:中华书局,2013 年,第 1201 页。
⑤ 邓玉函口授,王徵译绘,《远西奇器图说》,见黄兴涛、王国荣编,《明清之际西学文本》(第三册),北京:中华书局,2013 年,第 1202 页。
⑥ 邓玉函口授,王徵译绘,《远西奇器图说》,见黄兴涛、王国荣编,《明清之际西学文本》(第三册),北京:中华书局,2013 年,第 1177 页。
⑦ 邓玉函口授,王徵译绘,《远西奇器图说》,见黄兴涛、王国荣编,《明清之际西学文本》(第三册),北京:中华书局,2013 年,第 1177－1178 页。

三、译与写的交融

如果说《几何原本》"字字精金美玉"①,那么《奇器图说》也可谓句句金玉良言。王徵译写交织,从炼字造句到篇章衔接,体现了深厚的中文素养和写作能力。

首先是炼字,精心选词,准确、形象地描述西方机械的诸多功能、种类、样式等。如杠杆是《奇器图说》中的一个大类,而这个大类根据具体功能又可细分为三个次类。为此,王徵在"杠杆解"第三十五款中精选了"揭、挑、提"三字以区别这三类杠杆:

> 一,支矶在中、力在柄、重在头,其名曰揭。二,支矶在头、重在中、力亦在柄,其名曰挑。三,支矶在头、力在中、重在柄,其名曰提。②

三类杠杆的描述,对比清晰,言简意赅,而"揭、挑、提"可谓"画龙点睛",突显了第三十六款至四十三款对揭杠、挑杠、提杠图说的不同力学作用,并通过对比指出"挑杠常常省力"、提杠"重力常要倍于重,故少用"。③ 类似的用字再如轮子八种:行轮、搅轮、踏轮、攀轮、水轮、风轮、齿轮、飞轮④,以"行""搅""踏""攀""水""风""齿""飞"简洁地揭示其不同的受力方式;螺丝三类:柱螺丝转、球螺丝转、尖螺丝钻⑤,以"柱""球""尖"状其形,更以"转""钻"摹其用。

其次,王徵对《奇器图说》的义法解释,力求简洁,注重对比,擅用对仗结构,尤以解释重学内性的"表性言"及外德的"表德言"运用最多,如:

---

① 梁启超,《中国近三百年学术史》,上海:上海三联书店,2006 年,第 7 页。
② 邓玉函口授,王徵译绘,《远西奇器图说》,见黄兴涛、王国荣编,《明清之际西学文本》(第三册),北京:中华书局,2013 年,第 1167 页。
③ 邓玉函口授,王徵译绘,《远西奇器图说》,见黄兴涛、王国荣编,《明清之际西学文本》(第三册),北京:中华书局,2013 年,第 1168 页。
④ 邓玉函口授,王徵译绘,《远西奇器图说》,见黄兴涛、王国荣编,《明清之际西学文本》(第三册),北京:中华书局,2013 年,第 1176 页。
⑤ 邓玉函口授,王徵译绘,《远西奇器图说》,见黄兴涛、王国荣编,《明清之际西学文本》(第三册),北京:中华书局,2013 年,第 1177 页。

> 凡学各有所司,如医学所司者治人病疾,算学所司者计
> 数多寡,而此力艺之学其所司,不论土水木石等物,则总在
> 运重而已。
> 其分所有二:一本所,在内,曰明悟;一借所,在外,曰图
> 籍。①

其中医学治病与算学计数、重学内重明悟外靠图解,借用传统对仗结构,重在通过对比解释"凡学各有所司"、重学用于运重的内外不同要求。类似的句式仅从"表性言""表德言"的大部分相邻对仗标题就一目了然,举例如下:

> 论其料,曰理曰法,纵千百其无尽。
> 核其模,有礼有制,实次第而相承。
>
> 然奇古可怪,闻者似多惊诧非常。
> 而精妙难言,见之自当喜慰无量。
>
> 堪为工作之督府。
> 可开利益之美源。
>
> 公用,则万国攸同。
> 创垂,则千古不异。
>
> 制器之初,本于人祖。
> 立法之妙,合乎天然。②

《奇器图说》为国人引进了令人啧啧称奇的西方"奇器",而"表性言""表德言"则为王徵展示中文对仗提供了用武之地:力艺学之用材与模型、学

---

① 邓玉函口授,王徵译绘,《远西奇器图说》,见黄兴涛、王国荣编,《明清之际西学文本》(第三册),北京:中华书局,2013年,第1136页。
② 邓玉函口授,王徵译绘,《远西奇器图说》,见黄兴涛、王国荣编,《明清之际西学文本》(第三册),北京:中华书局,2013年,分别见第1137、1139—1141页。

理之奇与器械之妙、工艺相授与万用之源、无器不用与新新不已、人祖造器与法自天然等,通过对仗增强了两两对比的效果,也增强了"表性言"与"表德言"篇章内部的形合,是科技知识与文学语言的交融,是以创作之笔来从事翻译。

再次,从篇章层面来看,王徵注重译文衔接,增强内在逻辑。《奇器图说》全书行文多有对重学、诸器的义理、方法、作用、类别、外形等列举式的介绍,如论及重学:

> 其作用有四:一为物理,二为权度,三为运动,四为致物。
>
> 理如木之有根本也,木有根本,则千枝万实皆从此生,故人能穷物之理,则自能明物之性。一理通,而众理可通;一法得,而万法悉得矣。穷理原为学者之急务,而于此力艺之学,尤为**当务之首**。理既穷矣,假如两理不知谁重谁轻,则必权之度之,理因相比而可较然其自分也,**故权度次之**。夫理穷而权度亦既审矣,天然后遇物之重者,举人力所不能运、所不能动者,以此力艺学之法之器而运动之,无难也,**故运动又次之**。顾运动何为?总欲致其物耳。假如人生有饥有寒,则思致饮食致衣服诸物,避风避雨,则思致城郭致宫室诸物,防物害防敌攻,则又思致干戈致火器诸物。凡此诸物,非此力艺之学莫能致之,**故以致物终之者**,正以明此学大用之终竟耳。①

首句列举重学四种作用,下文再一一分述,类似的结构全文多处使用,由总到分,逻辑清晰,衔接紧凑。从词汇手段来说,整段话用词紧紧围绕"穷理、权度、运动、致物"展开,其中,"理"与"思致"使用频率最高,形成了两大语义场。从连接手段来说,四种作用环环相扣:"穷理……尤为当务之首—故权度次之—故运动又次之—故以致物终之者",层次分明,有

---

① 邓玉函口授,王徵译绘,《远西奇器图说》,见黄兴涛、王国荣编,《明清之际西学文本》(第三册),北京:中华书局,2013 年,第 1136—1137 页。

"首"有"终"。从句式结构来说,王徵还杂以对句,以互文见义,增强形合,一谈穷理:"一理通,而众理可通;一法得,而万法悉得";二谈致物:"假如人生有饥有寒,则思致饮食致衣服诸物,避风避雨,则思致城郭致宫室诸物,防物害防敌攻,则又思致干戈致火器诸物。"这些衔接手段的运用,是充分发挥译语之长,是王徵的"写"。

王徵还有两种"写"值得一提:一是解释性的"写",二是共鸣性的"写"。前者往往采用比喻的方式让读者更好地理解重学之义理及器械之奇妙。上文提及王徵对"螺丝"情有独钟,进而写道:

> 器愈小而愈有能力,可怪也。试观天象,如日,一年一周,从冬至到夏至也,只是一个球螺丝转。又如风徒遇盘旋击搏,即大木大石可挟而上。又如波中洄漩之水,能吸人物下坠。[1]

王徵用了一连串带有文学色彩的译笔,以三个活灵活现的螺丝状天象,写出了螺丝器小而力大之奇。王徵作为实学家和机械专家,难免对西方诸器产生情感共鸣,在译文中写出自己的想法,如译介自转磨兴奋之情跃然纸上:"今得此,实先得我心之同。然但此迟迟垂重之法,初则梦想不及也。"[2]

对于有自觉反省和加强文化转型意识的人来说,中西文化之"会"是一种友好、互补、对话式的"相遇"(meeting)、"沟通"(negotiating)和"融合"(fusion),否则就容易被视为"文明的冲突"(clash of civilization[3])或"文化遭遇"(cultural encounter[4])。王徵和明末三柱石都属于前者,他的《奇器图说》是以儒家"有济于世"和西学"手足之资"为会通的目的,是

---

[1] 邓玉函口授,王徵译绘,《远西奇器图说》,见黄兴涛、王国荣编,《明清之际西学文本》(第三册),北京:中华书局,2013年,第1177页。

[2] 邓玉函口授,王徵译绘,《远西奇器图说》,见黄兴涛、王国荣编,《明清之际西学文本》(第三册),北京:中华书局,2013年,第1196页。

[3] Huntington, Samuel P. *The Clash of Civilizations and the Remaking of World Order*. New York: Simon & Schuster, 1996.

[4] Faiq, Said. *Cultural Encounters in Translation from Arabic* (*Topics in Translation*). Buffalo: Multilingual Matters Ltd, 2004.

王徵会通欧洲机械文明的力作,其儒者身份和传统机械、力学知识是他会通西学的重要资源,体现了王徵"关切民生日用"的翻译伦理诉求。

当然,在会通中,原有的欧洲知识体系不可避免地按照王徵的理解和认识受到改写,尤其如《奇器图说》的作者重"学",表面上看很多只是简单的机械,但分析重其中的力学原理和几何学方法,而王徵更倾向于"民生日用"的技术,这种中西技术观念和方法的差异,预示着各自的旨趣,也逐步拉大了双方机械工程发展水平的差距。明末以降,很多中国科学家继续走工匠、经验之路改进机械制造,西方则从技术走向科学,最终孕育了机械工程的新时代。[1] 自 18 世纪工业革命起,欧洲划时代的机械发明不断涌现,开创了机械革命的新纪元。遗憾的是,中国直到 1840年以后,才开始被动地接受西方科技。这一历史现象告诉我们,自明末中西文化交汇起,走会通超胜之路中国则发展,走闭关自守之路中国则停滞。明末如此,清代亦然。

清代翻译会通思想伴随着"西学中源""中体西用""体用不二"等文化观,得以不断地丰富和发展。首先,清初的翻译会通思想沿着两条线延伸[2]。一是汤若望(Johann Adam Schall Von Bell,1592-1666)、南怀仁(Ferdinand Verbiest,1623-1688)、马若瑟(Joseph de Premare,1666-1736)等耶稣会士,接续利玛窦"科学传教"策略,走天儒会通之路;二是中国士大夫王锡阐、薛凤祚、梅文鼎等,承继徐光启的会通思想,将晚明天文历算翻译成果付诸于中西会通的实践中,推动了传统科学的近代化,但遭到杨光先(1597-1669)等正统士大夫以自我为中心的天朝情结的对抗,并最终为顽固保守的"西学中源"说所取代。这一蜕变从清初的薛凤祚、王锡阐到后来的梅文鼎愈演愈烈。最终明末传教士的会通思想因礼仪之争陷入绝境,而儒家士大夫也在"天朝情结"和"以夏变夷"等观念的误导下,慢慢地滑入"西学中源"论,偏离了明末"东海西海,心同理同"的会通观念。此后"西学中源"说遂成为满清官方的一种权威性学术观点,并于清中叶正式载入《四库全书总目》。这样,由明清之际徐光启、利玛窦所开启的会通思想及其翻译会通实践暂时划上了句号。

---

① 详见张柏春等著的《传播与会通——〈奇器图说〉研究与校注》(上篇)之第七章"跨文化的科技知识传播:特点、局限与意义",南京:江苏科学技术出版社,2008 年,第 268-298 页。

② 徐海松对清初的翻译会通思想与实践有零散的论述,对本节写作颇有启发,见徐海松,《清初士人与西学》,北京:东方出版社,2000 年。

第三章　晚清实学翻译会通

　　明清之际西学会通之途命运多舛,直到晚清鸦片战争前后,部分讲求经世致用的开明士大夫,才重新认识到西方科技的巨大威力,从而再次掀起了会通西方实学的新一轮高潮。但是明末少有论及的语言障碍问题,突然在晚清的实学会通中大大凸显了起来,于是经世实学、语言障碍、中西合译构成了晚清经世派尤其洋务派西学会通的主题。

　　本章首先从宏观上阐述晚清经世实学、语言障碍与翻译会通,然后从微观上聚焦一个中西会通个案。第一节重点讨论经世史地学、实用科学的翻译会通,包括从了解夷情、师夷长技、采西学求富强不断深化,到"中体西用"思想指导下的会通观念。第二节侧重探讨晚清语言障碍与翻译会通之难,并以此为背景评述中国官方及士大夫突破语言障碍、追求中西翻译会通的种种思想主张、中西合译的会通策略。第三节以传教士傅兰雅及中国笔录者应祖锡(1855-1927)合译的《佐治刍言》为个案,探讨中西合译之政治经济观念、论述方式的翻译会通。本章最后重点揭示晚清西学会通的经世致用特征、时代意义及其不足。

第一节　晚清经世实学与西学会通

　　嘉庆以降,晚清王朝由盛转衰。同时,中国经世实学思想日益复兴和高涨,并向近代"新学"转型。晚清时期的经世实学大致可以划分为两个阶段:一是自19世纪20年代到60年代的道、咸经世派的实学思潮,二是 19 世纪 60 年代到 80 年代的洋务派实学思潮。[①] 两者都是在中西文化的冲突与融合中,不断地会通西学,推行洋务。经世致用是晚清中西文化交流、会通的切入点,大规模的西学翻译正是伴随着晚清经世实学的复兴和高涨,通过经世史地学、实用科学的译介,由了解夷情、师夷长技到采西学不断深化,并形成了"中体西用"思想指导下的会通观念。

一、海纳百川与林则徐编译会通

嘉、道以降,晚清国势渐衰,社会矛盾日益激化,危机重重。面对危局,一批道、咸年间的经世派"国医手"[②],极力重振清初的经世致用学风和批评精神,以挽救晚清危机为己任,积极针砭时弊,探求改革弊政之良方,涉及政治、经济、文化、教育各个领域,乃至漕运、盐业、水利、养民、边防、禁烟、海防、货币、史地、夷务等具体实学。陶澍(1779—1839)、龚自珍(1792—1841)、包世臣(1775—1855)、林则徐(1785—1850)、魏源(1794—1857)、姚莹(1785—1853)等是这一时期经世派的中坚,其中林则徐和魏源对翻译会通的贡献尤著,他们不再闭关自守、夜郎自大,而是鲜明地提出了"睁眼看世界"和"师夷长技以制夷"的口号,在"夷情""夷务"方面通过经世史地学等方面的翻译会通,讲求考据,拓展和丰富了"外王型"经世实学,对晚清实学思想和学术产生了深远的影响。

林则徐组织的翻译涉及政治、经济、法律、地理、军事、历史、外国动态等,其中所组织翻译的书籍主要有《四洲志》(*The Encyclopedia of Geography*)、《各国律例》或《万国律例》(*The Law of Nations*)、《对华鸦片贸易罪过论》(*The Iniquities of the Opium Trade with China*)、《华事夷言录要》等;报刊有《澳门新闻纸》、《澳门月报》,主要译自《广州周报》(*Canton Press*)、《广州纪事报》(*Canton Register*)、《新加坡自由报》(*Singapore Free Press*)等;另有外国资料《洋事杂录》等。在清廷愚昧无知的天朝情结中,林则徐主动"开眼看世界",积极组织翻译,以翻译"经世",表现出对中西世界的强烈会通精神。目前研究主要囿于林则徐中西法律的翻译会通[③]。

---

① 葛荣晋,《中国实学文化导论》,北京:中共中央党校出版社,2003 年,第 330 页。
② 葛荣晋,《中国实学文化导论》,北京:中共中央党校出版社,2003 年,第 332 页。
③ 如林庆元,"传统观念的裂变",《林则徐评传》,南京:南京大学出版社,2011 年,第 255—264 页。

　　林则徐的翻译会通思想一言以蔽之,可谓"海纳百川,有容乃大"①,其要者有三:一是"纳""容"之翻译会通精神,二是"纳"欧罗巴之长技会通夷夏,三是"容"夷人之"逆耳之言"以寻"制驭准备之方"②。

　　首先是林则徐海纳百川的翻译会通精神。第一次鸦片战争之前,由于长期闭关锁国政策,盲目自大、"足不出户"的晚清朝野上下对西方世界几乎一无所知:"中国官府全不知外国之政事,又不询问考求",甚至弄不清英国、美国的确切位置,不知有"西洋"。③"沿海文武员弁不谙夷情"、只闻英国威名"而实不知其来历"。④ 林则徐被视为晚清"开眼看世界的第一人",他摒弃了传统夷夏观念,积极招募亚孟、袁德辉、亚林、梁进德等通事,并"日日使人刺探西事,翻译西书"⑤,要求译者"详细译讯,以期得其实在"⑥。通过禁烟运动,林则徐真切地认识到要解决好"夷务","必须时常探访夷情,知其虚实,始可以定控制之方。"⑦为此,林则徐"凡以海洋事进者,无不纳之;所得夷书,就地翻译"。⑧ 林则徐的"纳"和"定控制之方"承继了晚明徐光启"欲求超胜,必须会通;会通之前,先须翻译"⑨的思想,所"纳"的书刊中,史地、法律类最多,其直接目的就是帮助国人了解世界地理、历史、西方国家的现状,以洞察夷情,具体如地域、人口、贸易、物产、风土人情、政治制度、文教、科技等,尤其注重"纳"夷之长技。

　　① 取自林则徐"以格言题厅事"对联,其下半联是"壁立千仞,无欲则刚",见林则徐全集编辑委员会编,《林则徐全集》(第六册,诗记),福州:海峡文艺出版社,2002年,第343页。
　　② 林则徐全集编辑委员会编,《林则徐全集》(第五册,文录),福州:海峡文艺出版社,2002年,第323页。
　　③ 林则徐全集编辑委员会编,《林则徐全集》(第十册,译编),福州:海峡文艺出版社,2002年,第325页。
　　④ 林则徐全集编辑委员会编,《林则徐全集》(第三册,奏折),福州:海峡文艺出版社,2002年,第155页。
　　⑤ 魏源撰,魏源全集编辑委员会编,《魏源全集》(三),长沙:岳麓书社,2011年,第460页。
　　⑥ 林则徐全集编辑委员会编,《林则徐全集》(第七册,信札),福州:海峡文艺出版社,2002年,第164页。
　　⑦ 杨国帧编,"密陈驾驭澳夷情形片",《中国思想家文库·林则徐卷》,北京:中国人民大学出版社,2013年,第261页;另见林则徐全集编辑委员会编,"责令澳门葡人驱逐英人情形片",《林则徐全集》(第三册,奏折),福州:海峡文艺出版社,2002年,第290页。两个文献内容相同,但名称不同。
　　⑧ 姚莹著,施培毅、徐寿凯点校,《康輶纪行·东槎纪略》,合肥:黄山书社,1990年,第499页。
　　⑨ 徐光启,"历书总目表",见王重民辑校,《徐光启集》(下册),北京:中华书局,2014年,第374页。

二是"纳"欧罗巴之长技会通夷夏。《四洲志》对此多有涉及,一是原书为英人所作,对欧洲不免抱有天生的优越感;二是林则徐组织翻译,其动机和策略不乏会通眼光,对原著内容的筛选特别注重"纳"夷人之长,以会通夷夏,其中之一就是认同多国学习欧罗巴的成功经验。如越南仿造欧洲兵船火器,制作精巧,军队训练有素,纪律严明,"在阿细亚洲诸国罕与匹敌"。反之,缅甸、泰国购置西洋废弃火枪,虽经修整,但"不堪适用"。① 这样的夷情对主战的林则徐来说,借鉴西方坚船利炮及其技术可谓必由之路。

当然,林则徐会通夷夏有其局限性。处于国家海禁严密、国人夜郎自大时代的林则徐,其会通的眼光主要囿于"技",在其他方面仍然"自以为是"。如林则徐初到澳门,发现"惜夷服太觉不类",夷人"骤见能令人骇,粤人呼为鬼子,良非丑诋","婚配皆由男女自择,不避同姓,真夷俗也"。② 可见,林则徐对中国王化的优越感、对周边蛮夷未开的观念仍然根深蒂固。《四洲志》中,译者自觉不自觉地彰显了他国的"蛮夷"形象:也门一带的阿丹人"俗尚劫夺"。土耳其南部巴社人"动辄攘夺",为中亚之"最悍"。非洲人或"兼以劫掠为生";或"人死不殓不埋,挂于墙壁,任其腐朽。宫室庙宇,覆以人之天灵盖";或"酋长蛮野,战胜即聚其颅骨以造庙宇";或"多盗贼"、"俗尚劫掠";甚至有土谣云:"天未贻我粮,神未贻我牛与羊,只生膂力与诈肠。我居宛在水中央,不劫何以豪四方!"即便欧洲也不乏"蛮夷",如瑞典"屡出寇掠",英国"蛮分大小三十种",俄罗斯南部"人皆化外"。这些蛮夷王化与否与刊印书籍关系重大,如埃及"书尽毁于火",于是人"日渐荒陋";反之美国则"重刊欧罗巴书籍",结果人才辈出。③ 这与中国传统文化重诗书的教化功用相会通。

三是"容"夷人之"逆耳之言"以寻"制驭准备之方"。《澳门新闻纸》、《澳门月报》等对夷人之"逆耳之言"多有包"容",如"蛮""弱""轻慢""无知""不友善"等,这在当时可谓"冒天下之大不韪",但从会通的视角来

---

① 林则徐全集编辑委员会编,《林则徐全集》(第十册,译编),福州:海峡文艺出版社,2002年,第2页。

② 林则徐全集编辑委员会编,《林则徐全集》(第九册,日记),福州:海峡文艺出版社,2002年,第403—404页。

③ 林则徐全集编辑委员会编,《林则徐全集》(第十册,译编),福州:海峡文艺出版社,2002年,分别见第17、23、36、42、45—46、83、96、121、125、140页。

看,也是从世界的眼光来"开眼看中国",会通"逆耳之言"与当时情势,以便找出制夷之法。这里仅以夷人评价中国至"弱"及林则徐的应对措施为例。

西方人认为中国人"皆系蛮夷",但又"系地上至弱之人"。① 具体如:

> 中国之武备,普天之下为至软弱、极不中用之武备。及其所行为之事,亦如纸上说谎而已。其所出之论,亦皆是恐吓之语。皇帝之官府办事,只有好斗气相争而小胆,其国中之兵,说有七十万之众,若有事之时,未必有一千合用,余皆系下等聚集之辈,其炮台却似花园之围墙,周围有窗,在海岸望远亦是破坏,炮架亦不能转动,却似蜂巢,其师船之样,若得一只,我等或米利坚之私兵船,在一点钟之久,即可赶散各师船,中国敌外国人,不过以纸上言语,真可谓之纸王谕矣。②

这段话从做事、言论、官府、士兵、炮台、师船等多方面,描绘了一幅幅中国"至弱"的不同画面:政府犹如纸老虎,军队不乏乌合之众,炮台看似花园之围墙,水师船连西洋商船都抵挡不住,更"何况兵船"③,且其火枪和炮身经常炸裂,"引门宽大,系全无算学分寸"④,目标难以瞄准、击中。类似的夷语不乏讥笑和侮辱,林则徐一方面以会通的胸襟反思中国,另一方面全力采取一系列"师夷""款夷""制夷"的应对之方:探西事、译西书、购报纸、募壮丁、购洋炮、买洋船、练兵士、严号令、鼓士气、设铁链木筏、备战船火舟等。⑤ 如针对夷人讥笑"中国船是纸的,炮是磁的",林则徐下

---

① 林则徐全集编辑委员会编,《林则徐全集》(第十册,译编),福州:海峡文艺出版社,2002年,第220—221页。
② 林则徐全集编辑委员会编,《林则徐全集》(第十册,译编),福州:海峡文艺出版社,2002年,第240—241页。
③ 林则徐全集编辑委员会编,《林则徐全集》(第十册,译编),福州:海峡文艺出版社,2002年,分别见第351页。
④ 林则徐全集编辑委员会编,《林则徐全集》(第十册,译编),福州:海峡文艺出版社,2002年,分别见第261页。
⑤ 魏源撰,魏源全集编辑委员会编,《魏源全集》(三),长沙:岳麓书社,2011年,第460—461页。

定决心轰沉、烧毁夷船各一只,以实际行动期望"上足以崇国体,下足以慑夷情,使鸦片永不敢来,犬羊永不敢逞"。① 英国横行世界,其一贯伎俩是恐吓。《四洲志》记载缅甸与英军作战,因守旧轻敌、军纪涣散等,为英军挫败。但缅甸凭借天时地利,英军也难以深入,进退两难,本欲退军,反而诈言伴装直取其首都,"缅军屡衄气阻,遂卑辞求和",割地赔款。② 英军这一伎俩后来在中国屡试不爽,但了解夷情的林则徐恰恰识破了其诡计,积极主战、备战。

此外,中西类比仍然是林则徐翻译会通的重要手段。如《四洲志》评述泰国人僧俗往还自由,"且云人生不可不出家,不可久出家。不出家则不知规矩,久出家则虚度光阴。"对此,林则徐以中国文化相会通,"盖其出家犹中国子弟之出外就傅,及冠有室,则不复从师。"③这一手段自晚明至晚清均频繁使用,值得进一步研究。另外,《四洲志》从诗学会通来说,不乏传统史传笔法,且文学化特征明显,有待在细读原文、对照译文的基础上加以研究。

继林则徐之后,旨在洞察夷情的书籍争相推出,如汪文泰的《红毛番英吉利考略》(1841)、萧令裕的《英吉利记》(1842)、梁廷枏的《海国四说》④(1844—1845)、徐继畲的《瀛寰志略》(1848)等。⑤ 但在西书翻译方面做出更大贡献的是魏源编译的《海国图志》。

---

① 林则徐全集编辑委员会编,《林则徐全集》(第七册,信札),福州:海峡文艺出版社,2002年,分别见第 178 页。

② 林则徐全集编辑委员会编,《林则徐全集》(第十册,译编),福州:海峡文艺出版社,2002年,第 6 页。

③ 林则徐全集编辑委员会编,《林则徐全集》(第十册,译编),福州:海峡文艺出版社,2002年,第 4 页。

④ 《海国四说》是《合省国说》、《耶稣教难入中国说》、《粤道贡国说》、《兰仑偶说》的合刊。

⑤ 此前,传教士也翻译、著述了一些世界历史、地理类著作及经济类图书,如《西游地球闻见略传》(马礼逊,1819)、《地理便童略传》(麦都思,1819)、《全地万国纪略》(米怜,1822)、《东西史记和合》(麦都思,1824)、《大英国统志》(郭士力,1834)、《古今万国纲鉴》(郭士力,1838)、《美理哥合省国志略》(裨治文,1838)、《贸易通志》(郭士力,1840)等,详见邹小站,"新教传教士东来及其西学介绍",《西学东渐:迎拒与选择》,成都:四川人民出版社,2008 年,第 67—92 页;邹振环,《晚清西方地理学在中国》,上海:上海古籍出版社,2000 年;邹振环,《西方传教士与晚清西史东渐》,上海:上海古籍出版社,2007 年。但传教士与士大夫的翻译会通目的不同,传教士主要是要打破中国人的自大心理,改变自己的"夷狄"身份,进而影响清政府的对外政策,以便在中国顺利传教。

二、师夷长技与魏源编译会通

魏源在林则徐《四洲志》的基础上编撰了长篇巨著《海国图志》。该书站在民族主义立场,是"为以夷攻夷而作,为以夷款夷而作,为师夷长技以制夷而作"的一部"愤与忧"之作,祛"人心之寐患"之作,祛"人材之虚患"之作。① 目前魏源的编译研究主要有其翻译思想、译报及对西方图书馆的译介、编译活动研究等②。从会通的角度来看,魏源的编译以"师夷长技"为指导思想,重"会"而观"通",具体来说就是翻译夷书会通夷情、出中入西讲求会通、以西会中反观中国。

首先是翻译夷书会通夷情。魏源在《海国图志·筹海篇三》认为"筹夷事必知夷情,知夷情必知夷形。"③这是"知己知彼百战不殆"的翻版,其中包含两大方面:一是就内容而言,魏源特别注重会通各国地理,并且敏锐地洞察到志南洋、北洋实所以志西洋,而"志西洋正所以志英吉利也"④等世界情势;二是就手段而言,即何以知彼、何以知夷情夷形。对此,魏源明确地提出"然则欲制外夷者,必先悉夷情始;欲悉夷情者,必先立译馆翻夷书始"⑤。这一主张同样承继了晚明徐光启"欲求超胜,必须会通;会通之前,先须翻译"⑥的思想,甚至行文都非常相似,但魏源的对比论证更道出了翻译在晚清中外交流史上的一边倒现象:

> 夫制驭外夷者,必先洞夷情。今粤东番舶,购求中国书籍转译夷字,故能尽识中华之情势。若内地设馆于粤东,专译夷书夷史,则殊俗敌情,虚实强弱,恩怨攻取,瞭悉曲折,于以中其所忌,投其所慕,于驾驭岂小补哉!⑦

① 魏源,"海国图志原叙",见魏源撰,魏源全集编辑委员会编,《魏源全集》(四),长沙:岳麓书社,2011年,第2页。
② 如程焕文,"林则徐和魏源对西方图书馆的译介",《图书馆论坛》,2004年,第1期;张旭,"从'经世致用'到编译'夷图夷籍':魏源的编译活动考察",《译苑新谭》,2013年,第5期。
③ 魏源撰,魏源全集编辑委员会编,《魏源全集》(四),长沙:岳麓书社,2011年,第32页。
④ 魏源撰,魏源全集编辑委员会编,《魏源全集》(六),长沙:岳麓书社,2011年,第1124页。
⑤ 魏源撰,魏源全集编辑委员会编,《魏源全集》(四),长沙:岳麓书社,2011年,第35页。
⑥ 徐光启,"历书总目表",见王重民辑校,《徐光启集》(下册),北京:中华书局,2014年,第374页。
⑦ 魏源撰,魏源全集编辑委员会编,《魏源全集》(三),长沙:岳麓书社,2011年,第518页。

一边是居广东的外国人,他们极具会通的眼光,重视翻译中国书籍,结果尽知中国情势,所走的路子就是翻译会通,是晚清夷人对华的信息战、情报战;另一边是中国保守派,他们的态度则是"苟有议翻夷书、刺夷事者,则必曰多事",根本没有意识到翻译"夷书"这一途径对于晚清国人会通世界的重要性,所以"嘉庆间,广东有将汉字夷字对音刊成一书者,甚便于华人之译字,而粤吏禁之。"对比中外,翻译会通呈现出朝西方一边倒的严重现象,出现"一旦有事,则或询英夷国都与俄罗斯国都相去远近,或询英夷何路可通回部,……以通市二百年之国,竟莫知其方向,莫悉其离合"等严重后果。[1] 对此,魏源极力主张设译馆、译夷书、洞夷情,以达到制夷的目的,正所谓"题本如山译国书,何不别开海夷译馆筹边谟。夷情夷技及夷图,万里指掌米沙如。知己知彼兵家策,何人职司典属国。"[2]翻译馆的倡导为洋务派会通西学提出了时代课题。

其次,魏源编译《海国图志》,出中入西,治学讲求会通,旁征博引,尤重"以西洋人谭西洋"[3]。《海国图志》是第一次鸦片战争期间中西学会通的集大成之作,重在"会",全书汇集了《四洲志》、历代史志、明以来之岛志、夷图夷语等,包括中国人著述的典制、地理志、正史、类书、笔记、游记等70余种及外国人著述的地理学等20余种。[4] 仅第四卷有关非洲、欧洲、美洲各国图表,魏源就参考了华人著述的《皇朝通考》、《一统志》、《真腊风土记》、《泛海小录》、《海录》、《东西洋考》、《海语》、《滇系》、《庭闻录》、《南洋蠡测》、《吕宋纪略》、《海岛逸志》、《禅海纪游》、《澳门纪略》、《海国闻见录》、《西域闻见录》、《瀛环志略》、《英吉利夷情纪略》等近20种,以及西人著述的《职方外纪》、《坤舆图说》、《平安通书》、《地球图说》、《外国史略》、《地理备考》、《美理哥国志》、《每月统纪传》、《天下万国地理

---

① 魏源撰,魏源全集编辑委员会编,《魏源全集》(四),长沙:岳麓书社,2011年,第34页。另外,魏源《都中吟》道:"呜呼!岛夷通市二百载,茫茫昧昧竟安在?"见魏源撰,魏源全集编辑委员会编,《魏源全集》(十四),长沙:岳麓书社,2011年,第98页。

② 魏源撰,魏源全集编辑委员会编,《魏源全集》(十四),长沙:岳麓书社,2011年,第98页。

③ 魏源,"海国图志原叙",见魏源撰,魏源全集编辑委员会编,《魏源全集》(四),长沙:岳麓书社,2011年,第2页。

④ 详见熊月之,《西学东渐与晚清社会》,上海:上海人民出版社,1994年,第257-258页;另见李伟,《中国近代翻译史》,济南:齐鲁书社,2005年,第26-27页。

全图集》《四洲志》《贸易通志》等10余种。①这种会通的治学方式有助于"钩稽贯串""博参群议以发挥之"②,或辑、或补、或辩、或疑、或证、或备考、或指谬,通过各种史地文献的会通、互证和考据,尽可能洞悉夷情。

如《海国图志》卷十吸收《四洲志》所谓乾隆十三年缅甸老官屯之战,缅兵惯以大木立栅自环固守,清军鏖战弥月不胜,有时英兵也为缅军树栅所遏。对此,魏源以刘健的《庭闻录》考证《四洲志》。《庭闻录》记叙了抗清名将李定国、白文选于顺治十八年曾进攻缅甸阿瓦,缅甸兵败后也以木栅固守,李、白终不能克,"此即树栅自固,步步为营之证","具征《四洲志》所言之不妄。"③当然,这种会通治学方法,也有利于集众家之长纠正谬误,便于国人更确切地了解夷情。魏源在序言中既感慨而又自信地说:"乌乎!必观《元史》《明图》之荒唐,历代诸史之明昧,与利氏、艾氏、南氏诸图之纷错,而后知斯书斯图之必不可已。"④纵观全书,魏源通过"会"而观通,发现诸家著述中不乏荒诞、矛盾、误听之说,或"乌有之事,孟浪之谈,纠不胜纠",或"矛盾之极""不值与辩"。如《西域闻见录》云斯德哥尔摩市之广之大,"南北经过马行九十余日,东西亦然"。对此,魏源以实证的态度指出这是"荒诞之极"的"委巷之谈"。⑤魏源尤其对《明史》指谬较多,如《明史·外国传》记述外国较为细致,但大弊有三:西洋与南洋不分、岛国与岸国不分、同岛同岸数国不当分而分。⑥

《海国图志》的编译以传统典志体为主,兼用史论、图、志等方法,以其杰出的识、学、才史家之长及厚、真、重⑦文学之要,会通中西文体。

第三,以西会中反观中国。通过对比,批评中国不了解夷情,尤其批评不重视外语学习。以新加坡为例,该国富庶远近闻名,一时为南洋之都会,而中国竟不知其为古时何国。新加坡建英华书院,聘请华人教习

---

① 魏源撰,魏源全集编辑委员会编,《魏源全集》(四),长沙:岳麓书社,2011年,第401页。

② 魏源,"海国图志原叙",见魏源撰,魏源全集编辑委员会编,《魏源全集》(四),长沙:岳麓书社,2011年,第1页。

③ 魏源撰,魏源全集编辑委员会编,《魏源全集》(四),长沙:岳麓书社,2011年,第526页。

④ 魏源撰,魏源全集编辑委员会编,《魏源全集》(四),长沙:岳麓书社,2011年,第54页。

⑤ 魏源撰,魏源全集编辑委员会编,《魏源全集》(六),长沙:岳麓书社,2011年,第1558页。

⑥ 魏源撰,魏源全集编辑委员会编,《魏源全集》(四),长沙:岳麓书社,2011年,第402、403页。

⑦ 魏源,"《跋陈沆简学斋诗》",见魏源撰,魏源全集编辑委员会编,《魏源全集》(十四),长沙:岳麓书社,2011年,第284页。

中文,出版中国经史子集,"更无语言文字之隔","故洞悉中国情形虚实,而中国反无一人了解彼情伪,无一事师彼之长技。喟矣哉!"①《海国图志》通过类似对比联想,以经世致用的情怀,频繁反观晚清中国,告诫国人学习外语、会通世界的重要性。

林则徐、魏源首倡翻译西书,突破了传统"严夷夏之防"的观念,敢于正视、会通西方,"师夷长技以制夷",开启了晚清学习西方之先河。在其影响下,研究外国史地的著作如雨后春笋般地相继推出,形成了一股开眼看世界的时代潮流和经世实学思潮。尽管林则徐、魏源等人倡导的"师夷长技以制夷"思想在当时难以真正得以实施,所翻译的西书也仅限于西方史地之学②,但他们会通的眼光和主张反映了当时经世致用之需,为步其后尘的洋务派采西学以探寻富强之路留下了许多启示。

三、采西学与洋务派科技翻译会通

第二次鸦片战争的惨败震动了清廷朝野上下,一时,"人人有自强之心,亦人人为自强之言"③。晚清最早明确提倡"自强"口号的是魏源④,内涵偏重于"治内"⑤,其具体举措便是仿西洋"战舰""火器""养兵、练兵之法"⑥。这一"外王型"自强主张为同光间第二代经世派代表曾国藩(1811－1872)、左宗棠(1812－1885)、李鸿章(1823－1901)等有识之士所继承,他们接过"师夷之长技以制夷"的旗帜,进一步倡导"采西学""制洋器""师夷智",扩大了会通西学的视野,掀起了一场以"求强""求富"为目标的洋务运动,将晚清经世实学思潮推向高潮。

"采西学"思想的代表是冯桂芬(1809－1874)。冯桂芬1861年写成《校邠庐抗议》,全书共40篇,从多种角度提出了一套全面进行社会改革

---

① 魏源撰,魏源全集编辑委员会编,《魏源全集》(四),长沙:岳麓书社,2011年,第503页。
② 蒋林,"论翻译与晚清社会变革思潮的契合",《国外理论动态》,2009年,第4期,第55－56页。
③ 李鸿章语,见中国史学会主编,《洋务运动》(一),上海:上海人民出版社,1961年,第26页。"自强"源自《周易》乾卦的象传:"天行健,君子以自强不息"。1860年至19世纪末,以谋求自强而立论者,至少有39人,见王尔敏《中国近代思想史论》,北京:社会科学文献出版社,2003年,第53页。
④ 魏源,《魏源集》(上册),北京:中华书局,1983年,第187页。参见熊秋良,"晚清'自强'口号的首倡者是魏源",《近代史研究》,1999年,第4期。
⑤ 谢放,"曾国藩自强观之再考察",《广东社会科学》,2008年,第3期,第117页。
⑥ 魏源撰,魏源全集编辑委员会编,《魏源全集》(四),长沙:岳麓书社,2011年,第35页。

的主张,其中最能体现其采西学思想的篇目是《制洋器议》、《采西学议》、《善驭夷议》等。《制洋器议》明确地提出六不如夷说,即"人无弃材不如夷,地无遗利不如夷,君民不隔不如夷,名实必符不如夷……船坚炮利不如夷,有进无退不如夷"[①],并在《收贫民议》中鲜明地提出"法苟不善,虽古先吾斥之;法苟善,虽蛮貊吾师之"[②]的主张。综合来看,冯桂芬极具会通西学的眼光和勇气,敢于反省本土文化之弊,吸收他国文化之长,以"善"为唯一标准,是一种"充满自信的相当健康的文化心态",[③]在近代思想史上具有重要的里程碑意义。

《校邠庐抗议》的变法主张、对西方文化价值的认定,为洋务运动提供了思想武器和理论根据,而其中的《采西学议》更系统地提出设立翻译公所的设想。这一倡导直到洋务实权派才得以实施。洋务"新政"的主持者和推动者是执掌中央枢要和地方军政大权的官僚,如奕䜣(1833-1898)、文祥(1818-1876)、曾国藩、左宗棠、李鸿章、张之洞(1837-1909)等。为应对西方文化的挑战,他们不仅从传统学术中寻找经世致用的文化资源,而且转变"夷夏"观念为"中体西用"思想,以更为开放和现实的文化会通心态,广采博纳西学,并明确地主张"师夷智",如曾国藩提出"驭夷之道,贵识夷情……将来师夷智以造炮制船,尤可期永远之利。"[④]从魏源"师夷长技以制夷",到曾国藩"师夷智以造炮制船",两者表面上都是"师夷",但后者的"夷智"既包涵了前者"坚船利炮"之"夷技",更扩大到"制器之器"以及相关实用科学。另外,林则徐、魏源等提出的"师夷长技以制夷"的思想只停留在构想层面,而曾国藩等洋务派却最终付诸行动,[⑤]他们积极创办军工企业、民用企业等,并且深刻地认识到"翻译一事,系制造之根本"[⑥]。由此,洋务派又创办了京师同文馆和江南制造总局翻译馆,通过培养翻译人才,会通西方实用科学以"求强""求富"。

1862年京师同文馆成立,师生前后翻译西书25种,分三大类,一是

---

① 冯桂芬,"制洋器议",《校邠庐抗议》,上海:上海书店出版社,2002年,第49页。

② 冯桂芬,"收贫民议",《校邠庐抗议》,上海:上海书店出版社,2002年,第75页。

③ 熊月之,《冯桂芬评传》,南京:南京大学出版社,2004年,第130-131页。

④ "复陈洋人助剿及采米运津折",《曾文正公全集·奏稿》(卷12),转引自冯天瑜、黄长义,《晚清经世实学》,上海:上海社会科学院出版社,2002年,第324页。

⑤ 有关魏源和曾国藩"师夷"观的对比,见张静,"'翻译一事,系制造之根本'——曾国藩翻译文论之探析",《邯郸学院学报》,2005年,第4期,第36页。

⑥ 中国史学会主编,《洋务运动》(四),上海:上海人民出版社,1961年,第79页。

《万国公法》、《各国史略》等国际知识书籍;二是《格致入门》、《化学阐原》等科学知识书籍;三是《汉法字汇》、《英文举隅》等学习外文的工具书。[①]其中第一类影响最大,除《万国公法》、《各国史略》外,还有《各国律例》、《公法便览》、《国际法导论》、《公法全通》、《国际法法典》、《星轺指掌》等,在会通西方法律方面做出了重要贡献,为清政府"制夷"、参与国际事务、解决涉外事端提供了法律武器,有着明确的经世实学特征。其他两类影响一般,但其会通西方语言、培养翻译人才、引进西方科学基础知识的意图十分明确。

相比较而言,江南制造总局翻译馆所译西书,无论数量还是质量都远远胜于京师同文馆,这与南方上海更为开放的风气和曾国藩、李鸿章等朝廷大员经世致用之需、会通西学的眼光等密切相关。曾国藩作为理学传人,在桐城前贤姚鼐"义理、考据、辞章"的基础上开创了"经济"之学,又立足于多年组建湘军的实践,其一大目标是学习制造外国的坚船利炮以求富强,为会通西方科技在学理上奠定了基础。曾国藩认为自强是晚清必由之路,其主要内容是从三个方面"师夷智":制器、学技、操兵。"制器"主张是洋务派的共识,曾国藩甚至指出:"盖翻译一事,系制造之根本。洋人制器出于算学,其中奥妙皆有图说可寻,特以彼此文义扞格不通,故虽日习其器,究不明夫用器与制器之所以然。"[②]关于"学技",曾国藩说:"外国学技以算法为第一义,而又证之以图,申之以书。中国学外国之技,则须以翻译为第一要义,得洋人一技之长,始明其迹,继探其意,既乃翻译汉文,使中国人人通晓,可见施行。"[③]在这一思想指导下,他和李鸿章等创办江南机器制造局翻译馆和印书处,聘请傅兰雅(John Fryer,1839—1928)、伟烈亚力(Alexander Wylie,1815—1887)、玛高温(Daniel Jerome Macgowan,1814—1893)、林乐知(Young John Allen,1836—1907)、徐寿(1818—1884)、李善兰(1811—1882)、华蘅芳(1833—1902)、徐建寅(1845—1901)等为主要译员,重点翻译西方"制造"之学。[④]这是曾国藩西学翻译的根本主张,也代表了洋务派追求会通西方实学的旨趣。正因为如此,英国传教士傅兰雅拟从翻译《大英百科全书》开始的

---

① 熊月之,《西学东渐与晚清社会》,上海:上海人民出版社,1994 年,第 317 页。
② 中国史学会主编,《洋务运动》(四),上海:上海人民出版社,1961 年,第 79 页。
③ 曾国藩,《曾国藩全集·奏稿》(十二),长沙:岳麓书社,1994 年,第 7191 页。
④ 罗玉明、肖芳林,"曾国藩与中国教育近代化",《求索》,2007 年,第 6 期,第 220 页。

计划没有被清政府接受,相反,翻译选材要求"特译紧要之书",即经世实学书籍的翻译,尤其是兵工制造类。①

洋务派的实学翻译伦理与其经世致用的追求一脉相承,与会通西学的眼光密切相关。从京师同文馆和江南制造总局翻译馆翻译对比来看,北京的开放风气远不如南方的上海,所以与江南制造总局会通西学的规模、质量、视野、重点等都有重大差异,从而把实学翻译和洋务派的经世实践推向高潮,但洋务派的西学会通始终囿于"中体西用"观念:

> 中学为内学,西学为外学;中学治身心,西学应世事……②
>
> 今日学者,必先通经以明我中国先圣先师立教之旨,考史以识我中国历代之治乱、九州之风土,涉猎子集以通我中国之学术文章,然后择西学之可以补吾阙者用之、西政之可以起吾疾者取之,斯有其益而无其害。③

"补吾阙者"的经世致用目的是张之洞理解西学的重要出发点,他在《劝学篇》之《会通》中主张的会通也因此停留在这一层面,如格致、化学、农学、开矿、工艺、土货、机器、铁路、商务、射御、体操、议院、报馆等。

晚清翻译会通是伴随着反思儒家文化困境、追求"外王型"经世实学而产生的,体现了强烈的经世致用目的。其中会通西学的演变直接映射了国人对"西用"认识的更新,没有真正认识到"中体"的危机,但是明末少有论及的语言障碍问题,突然在晚清的西学会通中大大凸显了起来。

第二节　语言障碍与晚清会通人才的培养

语言障碍主要"指不同的语言以及不同语言所包含的文化背景给国

①　熊月之,《西学东渐与晚清社会》,上海:上海人民出版社,1994年,第497页。
②　张之洞,"会通",《劝学篇》,桂林:广西师范大学出版社,2008年,第130页。
③　张之洞,"循序",《劝学篇》,桂林:广西师范大学出版社,2008年,第44页。

家或民族间的相互交往、沟通所带来的障碍或困难。"①中西近代语言障碍从英国乔治三世派遣马戛尔尼使团致乾隆皇帝的国书翻译起,就越发凸显出来。由于宗主国情结和天朝话语,英方本以平等身份向清政府表达两国友好交往意愿的国书,被改写成了向中方输诚纳贡的表文。② 这一障碍的大背景是中西礼仪之争和清朝闭关锁国政策,而直接原因是由中外通事的外语水平和翻译能力所致。

一、通事语言障碍与翻译公所提议

通事即译者:"译而通之,谓之通事"③,"尤以'通'为职志"④。但直到鸦片战争,大部分通事几乎不具备英语读写能力,且品行不佳,正如冯桂芬所言:

> 今之习于夷者曰"通事",其人率皆市井佻达游闲,不齿乡里,无所得衣食者始为之。其质鲁,其识浅,其心术又鄙,声色货利之外,不知其他。且其能不过略通夷语,间识夷字,仅知货目数名与俚浅文理而已,安望其留心学问乎?⑤

正因为如此,通事普遍只会"瞎子英语",只能用蹩脚的洋泾浜英语与外国人进行简单的对话交流。这种英语"没有句法",甚至"没有逻辑",是对地道英语"生吞活剥""依样画葫芦"的"死译",却成为当时中外贸易的重要交际媒介。⑥ 更为严重的是,鸦片战争前,外语人才一直不受重视,再加上政治、经济利益等原因,很多通事兼具买办商人,甚至汉奸等角色,还参与贩卖鸦片、走私活动,他们经常有意在中西交往中通过不同形式的改写,设置出大量本不该出现的新的语言障碍,甚至蓄意利用语言

---

① 季压西、陈伟民,《中国近代通事》,北京:学苑出版社,2007年,前言第1页。
② 王辉,"天朝话语与乔治三世致乾隆皇帝书的清宫译文",《中国翻译》,2009年,第1期,第27页。
③ 《黑鞑事略》中语,见马祖毅,《中国翻译简史——"五四"以前部分》,北京:中国对外翻译出版公司,1998年,第173页。
④ 钱钟书,《管锥编》,北京:生活·读书·新知三联书店,2007年,第820页。
⑤ 冯桂芬,"制洋器议",《校邠庐抗议》,上海:上海书店出版社,2002年,第55—56页。
⑥ 季压西、陈伟民,《中国近代通事》,北京:学苑出版社,2007年,第277、294页。

障碍,欺我聋哑。

由于中国通事的诸多问题,中西双方都不予信任,但外国通事也存在着多方面的语言障碍。如鸦片战争前后最为活跃的译员之一是英国传教士马儒翰(John Robert Morrison,1814－1843),他误译林则徐《论各国夷人呈缴烟土稿》就是一个佳例,该文是林则徐发给广东境内夷商的一封文告性质的谕令,马儒翰的译文多处有误,并产生了严重后果。如其中"今大皇帝闻而震怒,必尽除之而后已"[1]一句,是说道光皇帝"闻"鸦片泛滥十分"震怒",决心彻底根除"之",即根除鸦片,鸦片一日不除,皇帝便一日不肯罢休。这里"除之"的"之"本指"鸦片",而马儒翰却将这一关键字眼误译为"鬼"即外国人。这样,原文的"除鸦片"一下变成了"除外国人",整句话自然被扭曲为"今皇帝闻之震怒,此鬼不除,愤怒一日不息",一字之差,不仅关键信息失真,而且造成了"言外之意"的完全曲解。[2] 类似的误译严重地误导着中英政府和民众,也不断地被英国政府视为侵华把柄和发动鸦片战争的极好借口。

鸦片战争后,国门被迫打开,中外交往日趋频繁,中外通事的所作所为、中国因外语人才奇缺所导致的种种损失,使得培养对外交往人才的问题逐渐引起部分清政府官员和开明知识分子的重视。如郭嵩焘(1818－1891)、冯桂芬、李鸿章、奕䜣等,或奏请清政府创建外语学馆,或上疏建议国家选派留学生,以培养涉外人才。1861年冯桂芬在《校邠庐抗议·采西学议》中更系统地提出欲采西学宜先设"翻译公所"的设想。冯桂芬认为,吾上古三代儒者为学追求会通:

> 《传》称左史倚相能读三坟、五典、八索、九丘,孔安国曰:"九州之志,谓之九丘."《诗》列十五国之风,康成《谱序》云:"欲知源流清浊之所处,则循其上下而省之;欲知风化芳臭气泽之所及,则旁行以观之."孔子作《春秋》,有取于百二十国宝书。伊古儒者,未有不博古而兼通今,综上下纵横以

---

[1] 季压西、陈伟民,《来华外国人与近代不平等条约》,北京:学苑出版社,2007年,第507页。

[2] 季压西、陈伟民,《来华外国人与近代不平等条约》,北京:学苑出版社,2007年,第507页。

为学者也。①

与古儒相比，冯桂芬认为今儒有诸多"学士之羞也"②：既对传统典籍《周髀算经》《周礼》中"四极、四和与半年为昼、半年为夜"、九州等不得其解，又对《职方外纪》所列诸国风土人情、"格物至理"诸学知之甚少。古儒能读外国语言文字，博古通今，但今儒却远远不够。再与西人相比，西人"能读我经史，于我朝章、吏治、舆地、民情类能言之"，而我官员绅士，对于外国风土人情，却"瞢然无所知"，甚至不识西语。③ 为了培养真正突破语言障碍的翻译人才，冯桂芬进而提出在广东、上海这样的对外交流窗口城市创办"翻译公所"：

> 今欲采西学，宜于广东、上海设一翻译公所，选近郡十五岁以下颖悟文童，倍其廪饩，住院肄业，聘西人课以诸国语言文字，又聘内地名师，课以经史等学，兼习算学……闻英华书院、墨海书院藏书甚多。又，俄夷道光二十七年所进书千余种，存方略馆，宜发院择其有理者译之。由是而历算之术，而格致之理，而制器尚象之法，兼综条贯，轮船、火器之外，正非一端。如历法，从古无数十年不变之理，今《时宪》以乾隆甲子为元，承用已逾百年，渐多差忒。甲辰修改，墨守西人旧法，进退其数，不足依据，必求所以正之。闻西人见用地动新术，与天行密合，是可资以授时。又如河工前造百龙搜沙之器，以无效而辍。闻西人海港刷沙，其法甚捷……是可资以行水。又如农具、织具，百工所需，多用机轮，用力少而成功多，是可资以治生。其他凡有益于国计民生者，皆是奇技淫巧，不与焉。三年之后，诸文童于诸国书应口成诵者，许补本学。诸生如有神明变化，能实见之行事者，由通商大臣请赏给举人。如前议中国多秀民，必有出于

① 冯桂芬，"采西学议"，《校邠庐抗议》，上海：上海书店出版社，2002年，第55页。
② 冯桂芬，"采西学议"，《校邠庐抗议》，上海：上海书店出版社，2002年，第55页。
③ 冯桂芬，"采西学议"，《校邠庐抗议》，上海：上海书店出版社，2002年，第57页。

夷而转胜于夷者,诚今日论学一要务矣。①

冯桂芬从语言、专业、译书等多方面,提出培养翻译人才,会通西学历算、天文诸学及民用、军用器械等,旨在"出于夷而转胜于夷"。曾国藩读后很有感触,也把翻译西书视为不可或缺的大事:"西方兼博大潜奥之理,苦于语言文字不同,将欲因端竟委,穷流溯源,舍翻书、读书无善策。"②遗憾的是,这些先觉者的建议、主张当时都未能引起清政府应有的重视。

二、晚清翻译人才培养及西学会通主张

第二次鸦片战争后,英法联军强迫清政府签订了一系列丧权辱国的不平等条约,这才使得部分人认识到中国面临着几千年未曾见过的"变动"、"变端"、"创事"、"创局",即大"变局"。③ 洋务派中央最高权力人物、代表清政府与列强多次谈判的奕䜣从痛苦的经历中认识到:

> 查与外国交涉事件,必先识其性情。今语言不通,文字难辩,一切隔膜,安望其能妥协!
> 臣等伏思欲悉各国情形,必先谙其言语文字,方不受欺蒙。各国均以重资聘请中国人讲解文义,而中国迄无熟悉外国语言文字之人,恐无以悉其底蕴。④

中国大臣们在屡受外侮的教训中,越来越认识到签订条约中对文本措辞推敲的极端重要性,否则:

> 但使于彼有益,则必出全力加以相争,不载入条约之内不止。迨至入约之后,字字皆成铁案;稍有出入,又挟持条

---

① 冯桂芬,"采西学议",《校邠庐抗议》,上海:上海书店出版社,2002年,第56页。
② 转引自陈福康,《中国译学理论史稿》,上海:上海外语教育出版社,1992年,第90页。
③ 费正清、刘广京编,《剑桥中国晚清史1800—1911》(下卷),北京:中国社会科学出版社,1985年,第154—155页。
④ 朱有瓛主编,《中国近代学制史料》(第一辑,上册),上海:华东师范大学出版社,1983年,第5—6页。

约,纠缠不已……或条约中本系明晰而彼必曲申其说,或条约中未臻妥善,而彼必据以为词,极其坚韧性成,得步进步。不独于约内所已载者难稍更动,且思于约外未载者更为增添。①

鸦片战争后,中国与外国交涉频繁,而其中一大障碍和棘手的问题就是"语言交涉"。西人重契约,总以中国被迫与西方所签订的条约来解决纠纷。但条约文本总有"未臻妥善"之处,从而造成解读分歧,且最终解释权往往以定为"铁案"的外语文本为准,中国利益屡受损失,外交被动,国威受挫。鉴于此,1861 年,奕䜣、桂良(1785—1862)、文祥等人上奏《统计全局酌拟章程六条呈览请议遵行折》,奏请亟待设立总理衙门,并在广东、上海从"专习英、佛、米三国文字语言之人"中"挑选诚实可靠者,每省各派二人,共派四人,携带各国书籍来京,并于八旗中挑选天资聪慧、年在十三四以下者四五人,俾资学习"②。1862 年清政府创设京师同文馆,初意仅仅在于培训外交上所需要的翻译人才③,后来才逐步增加学习内容,把翻译人才培养中的语言学习和专业学习相结合。

洋务派有关翻译人才培养论述最有代表性的是 1898 年张之洞《劝学篇》之《广译》,他首先指出当时西学人才培养"尝延西人为教习"之弊——"学不能精"或"学不能多":

十年以来,各省学堂,尝延西人为教习矣,然有二弊:师生言语不通,恃翻译为枢纽。译者学多浅陋,或仅习其语而不能通其学,传达失真,毫厘千里,其不解者,则以意删减之、改易之。此一弊也。即使译者善矣,而洋教习所授,每日不过两三时,所教不过一两事。西人积习,往往故作迟缓,不尽其技,以久其期,故有一加减法而教一年者矣。即使师不惮劳,而一西人之学,能有几何?一西师之费,已为

---

① 转引自季压西、陈伟民,《从"同文三馆"起步》,北京:学苑出版社,2007 年,第 5 页。
② 贾桢等纂,《筹办夷务始末》(咸丰朝)VIII,北京:中华书局,1979 年,第 2679 页。
③ 费正清、刘广京编,《剑桥中国晚清史 1800—1911 年》(上卷),北京:中国社会科学出版社,1985 年,第 511 页。

巨款,以故学堂虽建,迄少成材,朱子所谓"无得于心而所知有限"者也。此二弊也。前一弊学不能精,后一弊学不能多。至机器制造局厂,用西人为工师,华匠不通洋文,仅凭一二翻译者,其弊亦同。①

鉴于以上二弊,张之洞归结出"语言障碍"之害:"况中外照会、条约、合同,华洋文义,不尽符合,动为所欺,贻害无底。吾见西人善华语华文者甚多,而华人通西语西文者甚少,是以虽面谈久处而不能得其情,其于交涉之际,失机误事者多矣。"②翻译人才培养迫在眉睫,由于语言障碍、专业知识以及社会地位等种种内外因素,张之洞把翻译人才分为三等:

> 惟是翻译之学有深浅:其仅能市井应酬语、略识帐目字者,不入等;能解浅显公牍书信,能识名物者,为下等;能译专门学问之书(如所习天文矿学,则只能译天文矿学书),非所习者不能译也,为中等;能译各门学问之书,及重要公牍律法深意者,为上等。下等三年,中等五年,上等十年。我既不能待十年以后译材众多而后用之,且译学虽深,而其志趣才识固未可知,又未列于仕宦,是仍无与于救时之急务也。"③

从上可见,晚清翻译人才培养存在着尖锐的矛盾:西语障碍和"救时之急",为此他提出"取径于东洋,力省效速":

> 王仲任之言曰:"知古不知今,谓之陆沉;知今不知古,谓之聋瞽。"吾请易之曰:知外不知中,谓之失心;知中不知外,谓之聋瞽。夫不通西语,不识西文,不译西书,人胜我而不信,人谋我而不闻,人规我而不纳,人吞我而不知,人残我而不见,非聋瞽而何哉?学西文者,效迟而用博,为少年未

---

① 张之洞,"广译",《劝学篇》,桂林:广西师范大学出版社,2008年,第83—84页。
② 张之洞,"广译",《劝学篇》,桂林:广西师范大学出版社,2008年,第84—85页。
③ 张之洞,"广译",《劝学篇》,桂林:广西师范大学出版社,2008年,第85页。

> 仕者计也。译西书者,功近而效速,为中年已仕者计也。若
> 学东洋文,译东洋书,则速而又速者也。是故从洋师不如通
> 洋文,译西书不如译东书。①

西学是当务之急,但由于费时"效迟",张之洞从务实的角度为洋务派提出了转学日语、转译日本书的观点,为晚清广译、转译、快译吹响了新的号角,但从翻译人才培养来说,这只是权宜之计。

同时,面对甲午海战后的严峻局势,维新派马建忠(1845－1900)在《拟设翻译书院议》中大声疾呼:"窃谓今日之中国,其见欺于外人也甚矣! 道光季年以来,彼与我所立约款税则,则以向欺东方诸国者转而欺我。于是其公使傲睨于京师,以陵我政府;其领事强梁于口岸,以抗我官长;其大小商贾盘踞于租界,以剥我工商;其诸色教士散布于腹地,以惑我子民。"列强"之所以悍然不顾,敢于为此者,欺我不知其情伪,不知其虚实也。……然则欲使吾士大夫之在位者尽知其情实,尽通其壅弊,因而参观互证,尽得其刚柔操纵之所以然,则译书一事,非当今之急务与?"② 马建忠呼吁借鉴西人于我语言文字、政令法规、文化典籍等如数家珍的做法,在通商口岸城市创设翻译书院,迅速及时地翻译外洋各国报刊书籍,造就"知己知彼,百战百胜"的翻译人才,并提出"善译",要求译者对比中西,打通原语之意旨、神情、语气等,以求"心悟神解",会通中西。此外,马建忠还针对专业知识,提出翻译人才培养的内容必须"旁涉万国史事、舆图、政教、历算、度数,与夫水、光、声、电以及昆虫、草木、金石之学",进而主张"中国急宜创设翻译书院"。③ 马建忠的翻译会通人才培养与徐光启的会通观遥相呼应。

晚清开放的士人第一次深切地感受到突破中西语言之间的巨大障碍、会通西学的紧迫性,第一次把培养翻译人才放到如此重要的位置。中国不培养翻译人才、不会通西学就会被动挨打,遭受语言文字所带来的种种不利与损失,受制于中西通事设置的障碍,羁绊于语言障碍而难

---

① 张之洞,"广译",《劝学篇》,桂林:广西师范大学出版社,2008年,第86页。
② 马建忠,"拟设翻译书院议",见黎难秋主编《中国科学翻译史料》,合肥:中国科学技术大学出版社,1996年,第313页。
③ 马建忠,"拟设翻译书院议",见黎难秋主编《中国科学翻译史料》,合肥:中国科学技术大学出版社,1996年,第315页。

以步入世界近代化行列。面对巨大的语言障碍,晚清士大夫借助于中西合译,艰难地会通西学。

三、中外合译:晚清中西会通之途

晚清由于中西礼仪之争、闭关锁国政策、传统文化优越感等诸多因素的影响,中西之间长期横亘着巨大的语言障碍,甚至直到鸦片战争,大部分通事根本没有真正的读写能力,更谈不上严肃的译者。伴随着洋务运动的兴起与发展,实学经世、中西会通成为时代的主题,翻译的角色也越来越为作为"赞助人"(patronage)的清政府、地方要员所关注,于是中西合译再次成为晚清翻译的主要方式,其模式是主译加润色、口述加笔译,其中主译者、口述者是西方传教士,他们精于原语,能确保翻译的准确性;而润色者、笔录者是本土儒士,他们长于译语,有利于确保译文的可读性。① 这种合译方式佛经译场有之,明末传教士与华人合译天文历算书籍有之,晚清新传教士与华人实学翻译有之。过去的研究侧重于作为主译的传教士,这无可厚非,但华人在合译中的身份、地位、作用、影响等没有得到应有的重视,这些合译者在当时不重西学的氛围中自然遭到忽视,而现在的译学界没有理由再跳过这一特殊的译者身份,没有理由无视他们为中西学会通所做出的特别贡献,可以说没有他们,西学东渐的步伐将会大大延缓,质量也会大大下降。

换言之,在中西合作中,华儒的角色并非仅仅是简单、被动地记录和利用汉语特长润饰语言而已。从明末徐光启、李之藻、王徵到清代徐寿、李善兰、华衡芳,他们本身就是科学家,在选材、术语定名、译本审定、中西会通等方面作出了艰辛的探索。如华衡芳与玛高温合译《金石识别》,华衡芳在序言中写道:"玛君于中土语言文字虽勉强可通,然有时辞不能达其意,则遁而易以他辞,故译之甚难,校之甚烦……",在这种情况下,华衡芳在合译中的作用更为凸显:"每至更深烛残,目倦神昏,掩卷就床,嗒焉如丧,而某金某石之名犹往来纠绕于梦魂之际,而驱之不去,此中况味岂他人所能喻哉。"② 显然,玛高温汉语能力"勉强可通",不足以独译,

---

① 有关合译的概念、方式见张德让,"合译,'合一'",《中国翻译》,1999 年,第 4 期,第 25 页。

② 转引自王正,《翻译中的合作模式研究》,上海外国语大学博士论文,2005 年,第 17 页。

也很难精准地传达原文之意,对此,华衡芳参与合译的工作远不止简单的笔录,而是深深地感受到合译之"难",甚至是"烦"。他不但被其中的"金石之名"魂牵梦绕,如同严复所言的"一名之立,旬月踟蹰",而且还要艰辛地修改润色。

晚清这样的合译方式为会通西学作出了巨大成就,产生了近代翻译史上许多个"第一":如伟烈亚力、李善兰合译的《续〈几何原本〉》,使古希腊数学名著《几何原本》从徐光启到晚清历经了两个半世纪最终完整地传入中国;他们译介的《代微积拾级》是近代输入国内的第一部高等数学专著;伟烈亚力、王韬(1828-1897)合译的《重学浅说》是传入中国的第一部西方力学著作;艾约瑟(Joseph Edkins,1823-1905)、李善兰合译的《植物学》则是传入中国的第一部西方植物学专著;[①]傅兰雅、应祖锡合译的《佐治刍言》"言立国之理及人所当为之事,凡国与国相处、人与人相处之道悉备焉,皆用几何公论探本穷源,论政治最通之书"[②];而李提摩太(Timothy Richard,1845-1919)、蔡尔康(1851-1921)合译的《泰西新史揽要》更吸引了洋务派领袖人物李鸿章、张之洞等人的关注。总之,当时的中外合作者如傅兰雅、林乐知、李提摩太、徐寿、华衡芳等,"在既缺工具书、又缺其他译本参考的情况下,创榛辟莽,筚路蓝缕,中外结合,口译笔述,推敲译名,创立新词,编制中西名目对照表,为西学输入立下了不朽的功勋。"[③]

合译的特点就是"合",但又不可能是合译者各自理解的简单相加。根据激进解释学的理解观,由于民族、时代、个人经历、气质、艺术修养、审美情趣、价值观念等因素的影响,译者的先结构(pre-structure)各有不同,它必然在理解和诠释中打上鲜明的个人烙印。[④] 而且合译在晚清具有强烈的双重目的:西方传教士一方总的翻译目的是科学传教,通过世俗读物的译著来传输基督教。但这一目的又受制于作为当时翻译"赞助

---

① 熊月之,《西学东渐与晚清社会》,上海:上海人民出版社,1994年,分别见第191-193、198页。

② 梁启超《读西学书法》中对《佐治刍言》的评价,见傅兰雅,《佐治刍言·点校说明》,上海:上海书店出版社,2002年,第2页。

③ 熊月之,《西学东渐与晚清社会》(修订版),北京:中国人民大学出版社,2011年,第422-423页。

④ 杨武能,"阐释、接受与再创造的循环——文学翻译断想之一",见许钧,《翻译思考录》,武汉:湖北教育出版社,1998年,第232页。

人"的清政府、士大夫倡导实学以经世致用的思想,他们往往通过作序、帮助传教士润色或交流讨论等方式表达中方的观点,从而产生了中西文化观念之"相遇",或冲突,或相融。

当然,合译中也多有中西文化碰撞后的相融和创新,如傅兰雅与徐寿、徐建寅父子翻译、讨论《声学》过程中,就体现了良好的会通超胜精神。《声学》卷五指出:"有底管、无底管生音之动数,皆与管长有反比例"①,而中国古代乐律也认为弦、管减半则使所发声音升高八度,反之增长一倍则降低八度。不过中西之说同中有异,为此,徐寿通过开口铜管反复试验,最终发现只有在管长为 4∶9 时,所奏出的音才相差八度。这一新的声学定律的验证再次呼应了徐光启的"翻译—会通—超胜"思想。

合译是中国佛经翻译、明末至晚清翻译中普遍采用的模式,它在没有专门外语人才、个人难以突破语言障碍的情况下,为西学东渐架起了桥梁,并从实践中摸索出了多种有效的中西文化会通策略,或显性如注释、按语,或隐性如中国传统文化、诗学等渗透于译本字里行间。这些译本的序言、凡例往往声称"一字一句不敢意为增损"②、"未敢傍参己意"③,但只有通过译本和原文比读,我们才能更好地认识当时中西文化会通的庐山真面目④,这一点是当前最为缺乏的一项基础研究。下文第三节以《佐治刍言》为例,具体论述晚清经世实学、语言障碍和中西合译下的翻译会通。

第三节　《佐治刍言》翻译会通

《佐治刍言》原名为 *Political Economy for Use in School and for Private Instruction*,是英国人钱伯思兄弟(William Chambers & Robert Chambers)所编的入门教育丛书的一种,1852 年出版,原书作者不详。

---

① 转引自熊月之,《西学东渐与晚清社会》(修订版),北京:中国人民大学出版社,2011 年,第 400 页。

② 李提摩太、蔡尔康,《泰西新史揽要·凡例》,上海:上海书店出版社,2002 年,第 6 页。

③ 丁韪良,《万国公法·凡例》,北京:中国政法大学出版社,2003 年,第 1 页。

④ 晚清传教士与本土华人的合译由于诸多因素的影响,中西会通存在着理解、表达等方面会而不通的问题,所以 Newmark 等人反对合译也有合理之处。今天的合译应该扬其长而避其短,集思广益,力求最大限度的中西会通,使合译能够真正做到"合一"。

1885年,该书中译本由英国传教士傅兰雅口译、中国人应祖锡笔述,江南制造局翻译馆首次出版。《佐治刍言》共31章,篇幅仅10万余字,所介绍的也只是西方政治经济学的常识,但它却是戊戌变法以前介绍西方政治经济思想最为系统的一部书,是洋务运动时期译介较少的西方社会科学著作之一,在晚清知识界产生了广泛影响,起到了很好的经世启蒙作用。

目前对《佐治刍言》译介研究主要囿于史学、政治学、法学等领域,包括该译本对晚清社会的影响、重要术语的译名等问题①,但该译本中传统文化与西学相会通的现象非常普遍,翻译界相关研究不够深入。会通是译者选取与原语相似的译语资源,以打通原文的一种理解和诠释策略。同时,它又是反观译语、创新译语的手段。就中西翻译而言,译者既要"以中会西",善于发掘和利用传统资源,又要"以西会中",创新中文表达西学的能力。本节立足于《佐治刍言》的会通性,运用语内翻译、文本类型论、激进解释学等,在描述研究的基础上,重点探讨中西政治经济观念、论述方式的会通。

一、合译与《佐治刍言》中西会通

《佐治刍言》是中西合译之作,其中经历了两个中介:一是来自并非该学科专家的西士傅兰雅的意译,二是本土知识分子应祖锡的再表述②。傅兰雅曾经对这样的中西合译模式进行了高度概括,即:

> 西人先熟览胸中而书理已明,则与华士同译,乃以西书之义,逐句读成华语,华士以笔述之;若有难言处,则与华士斟酌何法可明;若华士有不明处,则讲明之。译后,华士将初稿改正润色,令合于中国文法。有数要书,临刊时华士与西人核对;而平常书多不必对,皆赖华士改正。因华士详慎

---

① 如邹振环,《影响中国近代社会的一百种译作》,北京:中国对外翻译出版公司,1996年,第91—94页;王红霞,《傅兰雅的西书中译事业》,复旦大学博士论文,2006年,第132—133页;王林,"《佐治刍言》与西方自由资本主义思想的传入",《甘肃社会科学》,2008年,第6期;章清,"'国家'与'个人'之间——略论晚清中国对'自由'的阐述",《史林》,2007年,第3期,第13页;孙青,《晚清之"西政"东渐及本土回应》,上海:上海书店出版社,2009年,第161—200页。
② 孙青,《晚清之"西政"东渐及本土回应》,上海:上海书店出版社,2009年,第161页。

郢斫,其讹则少,而文法甚精。①

这段话围绕着"理明""文法",至少阐述了四个要点:一是西人重在透彻理解原文之"理",然后进行语际翻译;而华士负责笔录润色,侧重语内翻译。二是西人不但要自己做到"书理已明",而且要让华士也明,甚至双方共同斟酌如何用华语把西"理"言"明"。三是华士的角色并非仅仅简单、被动地记录,还要精心地打造译文的可读性,在言明"书理"的基础上,力求译文"合于中国文法"。四是大部分译著由华士"改正润色",乃至定稿,因为华士"详慎郢斫",很少错误,且语言功底深厚。以上可见,华士在合译中的作用非常重要,从原语"书理"解读到译语"文法",必然会挖掘传统思想资源、语言资源,会通中西。

傅兰雅、应祖锡合译的《佐治刍言》,"言立国之理及人所当为之事,凡国与国相处、人与人相处之道悉备焉,皆用几何公论探本穷源,论政治最通之书。其上半部论国与国相处,多公法家言;下半部论人与人相处,多商学家言。"②全书涉及家庭、公民的权利和义务、教育、名位、政府、外交、经济、法律、章程、产业、工艺等。这些论题,中国传统经典中不乏吉光片羽,或重其理念,或好之方术。由于理解的历史性、语言性和实践性③,作为合译的双方,尤其华士应祖锡在"斟酌何法可明"原书之理时,自然要与传统言说方式进行相似性联想和对比,精心地选择最为契合于西学的传统文化,以求对原文的理解与会通。而在对《佐治刍言》"改正润色""令合于中国文法"等语内翻译环节,应祖锡则更明显地渗透了传统诗学,适度地运用相似的传统论说体、问答式、反问句、文学化语言,等等。译文不求字面对应,而重地道的本土化译述,行文适时通变,连贯无痕,富有文采。

另外,我国传统没有真正意义上的西方政治经济学,《佐治刍言》所论社会、政治、经济、法律,从时局和学科引进来说,对晚清中国具有开创

① 傅兰雅,"江南制造总局翻译西书事略",见黎难秋主编,《中国科学翻译史料》,合肥:中国科学技术大学出版社,1996年,第419页。

② "读西学书法",梁启超,《饮冰室合集集集外文》,北京:北京大学出版社,2005年,第1165页。

③ Gadamer,Hans-Georg. *Truth and Method*. Beijing: China Social Sciences Publishing House,1999.

性意义,应祖锡在译述中也毫无疑问地产生了共鸣,甚至熔铸了译书经世的理想和改革弊政的情怀,从而在传达原文信息(informative)功能的基础上,渗透了本土化的表达(expressive)功能和呼吁(appellative)功能。①

综上所述,《佐治刍言》必然成为中西会通的产物,打上时代和译者历史性的烙印。而傅兰雅也批驳了"中国语言文字最难为西人所通,即通之亦难将西书之精奥译至中国"②的观点。为此,在西学译介中,译者既要竭力发掘现有的中文资源会通原书之理,又要"随时逐渐生新"③提高中文的表达能力。这些方面共同体现在《佐治刍言》的字里行间,围绕着"理明""文法",使得该译本成为中西政治经济观念、中西语言和诗学的会通之作。

二、"理明"与中西政治经济观念的会通

翻译是用译语文本材料替代原语材料④,但是由于语言的地缘性、历史性、实践性等特征,这种替代"不是在真空中进行的"⑤。面对异质文化,译者不仅需要唤起相似的历史记忆、传统知识,来充当理解和诠释的思想资源,还需要用译语原有的相似资源或通过相似性想象去对应。⑥《佐治刍言》在处理如何使政治经济"理明"时,就充分体现了这一会通现象,其中,儒家、道家文化首当其冲,如开篇总论:

1. Man, in being placed upon the earth by his Divine Creator, has been invested with certain powers and dispositions which bear a relation to the qualities of the

---

① Nord, Christine. *Translation as a Purposeful Activity*: *Functionalist Approaches Explained*. Manchester: St. Jerome, 1997, 37—38.

② 傅兰雅,"江南制造总局翻译西书事略",见黎难秋主编,《中国科学翻译史料》,合肥:中国科学技术大学出版社,1996 年,第 417 页。

③ 傅兰雅,"江南制造总局翻译西书事略",见黎难秋主编,《中国科学翻译史料》,合肥:中国科学技术大学出版社,1996 年,第 417 页。

④ Catford, J. C. *A Linguistic Theory of Translation*. Oxford: Oxford University Press, 1965, 1.

⑤ Lefevere, Andre. *Translation/History/Culture*: *A Source Book*. London and New York: Routledge, 1992, 14.

⑥ 葛兆光,《中国思想史导论:思想史的写法》,上海:复旦大学出版社,2007 年,第 87 页。

external world, and appear as designed to enable him to live and thrive in this transient scene of being.[1]

　　第一节　凡人生地球上,其天赋之形体、天赋之性情,皆与地面上之品物流形,互相配合。盖造物主生人之意,原欲令斯民之在地面者,皆能饱食暖衣,同登康乐。必其自幼至老,一生长无缺憾,而上天之心始安。[2]

从《佐治刍言》首节来看,儒家天人观念被译者唤起,充当会通基督教上帝造人之说的资源。第一句以"人生地球上"替代"Man, in being placed upon the earth by his Divine Creator",过滤了《圣经》创世纪中所述的人与上帝的关系。"Divine Creator"除了和"designed"一起译为"造物主生人之意"外,均被联想为儒家之"天"和"上天",从而出现了"天赋之形体""天赋之性情""上天之心"等。另外,"品物流行"来自《周易》,"live and thrive"诠释为"饱食暖衣""同登康乐",又体现了儒家的大同追求。这种理解和中西会通,在下文儒家化改写中更为明显。

　　如总论第二节,旨在说明人作为"an active being","He must work that he may enjoy"。本节用词简单,中心明确,围绕着西方政治经济学的重要观念"work"和"enjoy",论述人必须通过"struggle with difficulties"而获得"good results"和"happiness"。[3] 这一观点及其相关论述,译者在《孟子》"故天将降大任于斯人也,必先苦其心志,劳其筋骨,饿其体肤,空乏其身,行拂乱其所为,所以动心忍性,曾益其所不能。……"中发现了可以会通的资源,于是译文以一种"旧瓶装新酒"的方式,让读者"温故而知新":"人……必先劳其身体,竭其思虑,方能由劳而逸,由苦而甘。……上天之所以磨厉人身,欲其历练操守,而不致日即惰淫耳。总之,人生多历一分患难,即多增一分识见。"[4]这种建立在相似性联想基础上的会通,很可能是应祖锡的语内翻译所致,在挖掘《孟子》传递

---

　　① Chambers, William & Robert Chambers. *Political Economy for Use in Schools and for Private Instruction*. Edinburgh: W. and R. Chambers, 1852, 1.
　　② 傅兰雅,《佐治刍言》,上海:上海书店出版社,2002 年,第 1 页。
　　③ Chambers, William & Robert Chambers. *Political Economy for Use in Schools and for Private Instruction*. Edinburgh: W. and R. Chambers, 1852, 1.
　　④ 傅兰雅,《佐治刍言》,上海:上海书店出版社,2002 年,第 1 页。

原文基本信息的同时,融入了儒家历经磨砺、励志求强的人生态度,并且渗透了说教语气。所以,激进解释学认为,翻译难以寻找到与原语完全匹配的"逻辑语言",以制作出一种超越历史性的"逻辑真理"。①

《佐治刍言》指出人必生活在社会中,反之,喜欢独处(live solitarily)的人,"few have by such means rendered themselves happier"②。对此,译者又联想到中国传统的隐逸生活方式,从而以类似的话语加以会通:"世与人相绝,僻处山林,自谓千古高人,究之枯槁终身,悠悠没世。"③这样的译文,是从儒家的眼光,通过具体化、文学化的处理方式,描绘了释道出世,追求离群索居,自视清高的隐逸生活,又与第 2 节中"随所遇而淡然安之"④的道家生活态度相呼应。所以,《佐治刍言》并非力图生产一种逻辑化的"思想标本"和"无歧义陈述"⑤,而是把原文置于译语的历史记忆中,通过相似性联想和视域融合,适度地运用传统资源,会通中西。

当然,译者在"历史记忆"中翻箱倒柜的时候,难免经过各种思想的删改和涂抹,经过各种文本的简化和润饰,"特别是它可能已经屈从了流行风尚和世俗习惯,也可能羼入了某种相当深的意图"⑥。这种现象在《佐治刍言》前 13 章有关中西政事各方面的解释与会通中随处可见,如"politics"与"政事","society"与"会、族、邦","civilization"与"文教","government"与"衙门、治民","house law"与"治家之法","science"与"格致","school"与"私塾","college"与"书院","aristocracy"与"贤主禅位","prince"与"诸侯","enlightened and moral"与"德行","tax-payer"与"乐善好施","happiness"与"天下太平、清福、升平之福、安乐、安居乐业、民物康阜"……这些归化现象充分体现了翻译的历史性、实践性、互文性等特征及解释学真理追求,译者总是从自身的历史记忆中,选取自

---

① 李河,《巴别塔的重建与解构——解释学视野中的翻译问题》,昆明:云南大学出版社,2005 年,第 12 页。

② Chambers,William & Robert Chambers. *Political Economy for Use in Schools and for Private Instruction*. Edinburgh:W. and R. Chambers,1852,3.

③ 傅兰雅,《佐治刍言》,上海:上海书店出版社,2002 年,第 4 页。

④ 傅兰雅,《佐治刍言》,上海:上海书店出版社,2002 年,第 1 页。

⑤ 李河,《巴别塔的重建与解构——解释学视野中的翻译问题》,昆明:云南大学出版社,2005 年,第 23 页。

⑥ 葛兆光,《中国思想史导论:思想史的写法》,上海:复旦大学出版社,2007 年,第 90 页。

认为与原语相似的译语资源,作为"衍指符号"①,以会通原文。

《佐治刍言》后 18 章主要论述经济问题,其中也不乏中西经济观念的会通,发掘了中国传统的贫富观念、均平思想、理财观等资源,这里仅举一例:

> Perhaps the capitalist has made his money by his own
> hard labour — perhaps his father of his grandfather has
> made it,and left it to him. At all events,it is his property,
> and the workman is no more entitled to take it from him
> than any other person.②

> 况为主人者,必由本身从前做工,或由先人做工,积成
> 资财,以有今日,非可逸获也。且贫富有命,我之贫,我之命
> 限之也,岂因他人之富,有以致我于贫耶?③

原文是第 24 章"论资本"中的一节,认为"凡有资本人,国家应设立良法,加意保护"④,哪怕其资本是继承祖辈劳动所得的产业。译者翻译至此,联想到了"贫富有命"的观念,这是孔子"生死有命,富贵在天"思想的参与,从而把原文由"labour"而积累的"property",转换成"命限"与"贫富"的关系。翻译也成为互文性写作,融中西于一体。

会通的基础是译者在译语传统中寻找到相似的资源,但这个"相似"会有很大的主观性、联想性、缘聚性。有的"相似"是对西学的错误会通,或"找错了门牌号码",或"错认了亲戚祖宗",或"有意地忘掉穷亲戚而攀附阔远亲",⑤如"competition"被简单地理解为"争名夺利",仅在第五章中译为"名利"或"利"就有近三十处。更多的"相似"则折射了译者复杂的社会文化心理,如"西学中源""中体西用"思想等,或把西学简单等同

---

①　刘禾著,杨立华等译,《帝国的话语政治:从近代中西冲突看现代世界秩序的形成》,北京:生活·读书·新知三联书店,2009 年,第 6 页。

②　Chambers,William & Robert Chambers. *Political Economy for Use in Schools and for Private Instruction*. Edinburgh:W. and R. Chambers,1852,97—98.

③　傅兰雅,《佐治刍言》,上海:上海书店出版社,2002 年,第 101 页。

④　傅兰雅,《佐治刍言》,上海:上海书店出版社,2002 年,第 101 页。

⑤　葛兆光,《中国思想史导论:思想史的写法》,上海:复旦大学出版社,2007 年,第 90 页。

于传统中学观念,或将西方"政治经济学"理解为"设事知方"之"术",没有传达出原文"即物而穷理实事求是之学"①。如《佐治刍言》特别宣扬了自由资本主义观点,其中多处使用"liberty,free,freedom"等词,而全书缺乏统一的译名,只是根据上下文解释为"各能自主""自主之本分""自己作主""自主作事""得以自主"②,有时甚至被译为"逍遥自在"③,反映了会通中本土文化意识过于突显,译名意识淡薄,忽略了学科重要概念的输入。而全书的中心"political economy"在译本中基本省略,或以通俗用语加以解释,类似现象还有"state,economy,duty,rights,citizens,individual,benefit"等。如果从词汇衔接角度来看,原文的政治学话语语篇在《佐治刍言》中受损严重,这也是"以中会西"、反观传统意识淡薄的弊端。

同样,《佐治刍言》后 18 章中的经济术语省略、通俗解释也十分普遍,仅最后一章就有多处,如第 403 节"The money is divided among creditors,and is generally called a dividend."④被替换为"以其价按债摊还"⑤,"dividend"为破产清算时债权人分得的偿金,没有被译出。第 405 节"Richard smith is said to draw the bill,or to be the drawer. It is drawn upon John Thomson; he is supposed to be the debtor of Richard smith. When he agrees to the terms,and signs his name,he is called the acceptor,and he becomes liable to pay the bill."⑥被译为"……票中司米德为债主,党辰为债户。签押后,便当按期清还,不得另生异议。"⑦这里的"draw"意为开(支票、汇票、票据等),"drawer"意为票据的出票人、开票人,最后一句的"acceptor"指票据或汇票等的承兑人,均被省略。译文简练明快,但牺牲了这些重要经济学术语及其背后的理念。其他类似的省略现象还如第 410 节中"国内汇票"(home bills of exchange)和"国外

---

① 严复,"政治学讲义·第一会",见王栻主编,《严复集》(第五册),北京:中华书局,1986 年,第 1248 页。
② 傅兰雅,《佐治刍言》,上海:上海书店出版社,2002 年,第 5 页。
③ 傅兰雅,《佐治刍言》,上海:上海书店出版社,2002 年,第 45 页。
④ Chambers,William & Robert Chambers. *Political Economy for Use in Schools and for Private Instruction*. Edinburgh:W. and R. Chambers,1852,132.
⑤ 傅兰雅,《佐治刍言》,上海:上海书店出版社,2002 年,第 134 页。
⑥ Chambers,William & Robert Chambers. *Political Economy for Use in Schools and for Private Instruction*. Edinburgh:W. and R. Chambers,1852, 132—133.
⑦ 傅兰雅,《佐治刍言》,上海:上海书店出版社,2002 年,第 134 页。

汇票"(foreign bills of exchange),第 412 节中的"需求、供给"(demand,supply),第 414 节中的"自由贸易"(free trade)等。翻译会通的基础是原语和译语之间的"相似性",而以上《佐治刍言》术语的省略和通俗化解释,造成了"相似性"的淡化甚至缺失,折射了传统相关学理资源的不足、洋务派"以夷变夏"的文化焦虑、译者创立新名意识的淡薄。翻译会通是双向的,既要在译语中寻找出现有的"相似"资源,也要利用原语反观译语,真正"随时生新",构建新文化,也即明末徐光启倡导的"翻译—会通—超胜"。"理明"如此,"文法"亦然。

三、"文法"与传统诗学的融入

就"合于中国文法"而言,《佐治刍言》也明显地参与了诸多相似的本土资源。Chesterman 认为,说 A 与 B 相似,实则是说,A 与 B 在 C 方面,根据 D 程序,参照 E 标准,根据 F 功能,为了 G 目的,两者是相似的,相似性归根到底是想象力的问题。① 纵观《佐治刍言》,为了达到增强论证的功能和目的,译者重点发掘和运用了传统论体文、问答式、反问句、文学化语言等。

《佐治刍言》是晚清"论政治最通之书",宣扬自由资本主义,认为人必处于社会中,人既有权利,又有应尽义务,人是平等的,政府应尊重民意。国家的主要责任是维护本国秩序,处理外交,兴办公共事业,振兴文教。其他如贸易、制造等,当由民间自理。另外,该书还认为国家应当保护个人产业,社会分工能提高效率,贸易当有自由,各国当鼓励通商等②。以上诸论在原文标题中,均为典型的名词结构,如"the family circle,civilization,equality and inequality — distinctions of rank,origin of government,the education of the people,the nature of political economy,origin and nature of property,machinery,capital,banking …",译者在翻译这些标题时,又联想到了作为会通的相似资源——中国传统论体文,即以"论"作为标题、以明辨事理为主的议论性散文③。论体文在

① Chesterman, Andrew. *Contrastive Functional Analysis*. Amsterdam/ Philadelphia: John Benjamins Publishing Company,1998,12;另见潘文国,《对比语言学:历史与哲学思考》,上海:上海教育出版社,2006 年,第 52 页。

② 傅兰雅,《佐治刍言·点校说明》,上海:上海书店出版社,2002 年,第 1—2 页。

③ 刘石泉,"论体文起源初探",《广东教育学院学报》,2009 年,第 6 期,第 61 页。

中国源远流长,如孔子《论语》、庄子《齐物论》、《荀子》《天论》、东汉王充《论衡》、西汉贾谊《过秦论》、魏晋南北朝嵇康《声无哀乐论》、唐代柳宗元《封建论》、南宋林子长和魏天应编注的《论学绳尺》等。论体文自中唐经由两宋,逐渐成为科举和应用文的重要文体,①对明清均产生了很大影响。《佐治刍言》一书涉及政治经济学诸多论题,每题就是一篇独立成章的论文。就各章标题而言,译者全部选择了传统论体文常用的"论"字作为相似资源,加以会通,如"论家室之道、论文教、论名位、论国政之根源、论教民、论财用、论产业、论机器、论资本、论开设银行……"

译者对传统论体文的相似性联想与会通,并非囿于各章标题的翻译,更广泛地运用于正文论述之中,尤其频繁采用传统问答句,以"或难曰""答曰"等方式展开论证,展示了由"设疑"到"自通"的心理变化过程②。当然,这种传统资源的运用,是建立在句式相似的基础上,如第17节,译者把原文"It has also been asserted that the barbarous state is natural,while that of civilisation is artificial:but the word artificial is misused."③巧妙地转换为问答式:"或有谓野人由于天赋,而文教则出于人为者,余以为非确论也。"④其中,原文被动结构"has also been asserted … is misused"与"或有谓……余以为……"主动结构,得以自然地会通。这种论述方式在《佐治刍言》关于经济问题中更为普遍。如第199节关于产业平分之弊⑤,第213节、第221节关于工艺和工价之争⑥,第271节关于机器利弊⑦,第331节关于资本与工价的问题⑧,第356节关于通商之利⑨等,译者频频运用问答式,达到了说理、论证的目的,更容易让当时不了解西方的国人,从问答中明白、接受许多新的经济思想。下面是其中一个典型的译例:

---

① 刘宁,"'论'体文与中国思想的阐述形式",《北京大学学报》,2010年,第1期,第31页。
② 杨朝蕾,"穷理致之玄微,极思辨之精妙——魏晋论体文艺术风貌论",《中国矿业大学学报》,2010年,第3期,第112页。
③ Chambers, William & Robert Chambers. *Political Economy for Use in Schools and for Private Instruction*. Edinburgh:W. and R. Chambers,1852,6.
④ 傅兰雅,《佐治刍言》,上海:上海书店出版社,2002年,第8页。
⑤ 傅兰雅,《佐治刍言》,上海:上海书店出版社,2002年,第72页。
⑥ 傅兰雅,《佐治刍言》,上海:上海书店出版社,2002年,第72、76页。
⑦ 傅兰雅,《佐治刍言》,上海:上海书店出版社,2002年,第94-95页。
⑧ 傅兰雅,《佐治刍言》,上海:上海书店出版社,2002年,第111页。
⑨ 傅兰雅,《佐治刍言》,上海:上海书店出版社,2002年,第119页。

> 第二百三十五节　或驳余日:"子言物价本乎人工,尝有不费人工,而所得之物亦能值价者。不有偶然掘地,而得黄金与金钢石者乎?子亦将归其价于人工耶?"余则应之曰:"子所言者,事之偶然,非理之常然也。若以二物之大概而言,非多费人工,断不能得。如果不费工力,皆可随意掘地得之,则黄金与金钢石恐又未必值钱矣。"①

这一节的原文分为两个部分,具体内容分别用"It may be said ..."及"... But ..."②引出。这样的结构又使译者联想到传统"客问""主答"式,为了把人造之物的价值与人工的关系说清楚,译者以"或驳余曰"替代"It may be said",提出价值与劳动量的关系问题,也是译者借此句式提醒读者思考这一问题,进而再通过把"But"译为"余则应之曰"作答,明确了人工多少即劳动量对价值的决定作用。这里,问答句作为一种"历史记忆"被发掘出来,使原文学理渗入了传统话语方式,同时,看似传统的译文,又融入了西方的新知。

翻译是用另外一种文字重组来复述原本文字组合的活动,其特征是"模仿"③,用相似的译语资源去复述、对应、会通。但是对相似性的判断归根到底是人们对世界的重新理解和整合④。《佐治刍言》除了以上"论"、问答式外,为了加强论证的说服力,还频繁地联想到了传统反问句的论说功能,经常把原文的陈述句变为反问句,这是"根据 F 功能,为了 G 目的"所产生的相似性联想。从语篇类型来说,原文 *Political Economy* 侧重于信息型,但是论述条理清晰,说服力强。而译者通过反问,有意无意地添加了呼吁型,间接地达到了加强论证、说理的目的,如《佐治刍言》在论述贸易时明确指出,有些国家不准各国货物进口,或从

---

① 傅兰雅,《佐治刍言》,上海:上海书店出版社,2002 年,第 83 页。
② Chambers,William & Robert Chambers. *Political Economy for Use in Schools and for Private Instruction*. Edinburgh: W. and R. Chambers,1852,76.
③ 李河,《巴别塔的重建与解构——解释学视野中的翻译问题》,昆明:云南大学出版社,2005 年,第 163 页。
④ Chesterman, Andrew. *Contrastive Functional Analysis*. Amsterdam/Philadelphia: John Benjamins Publishing Company,1998,9.

重征税，使进口亦不能获利。推原其意，作者认为"In this way,
statesmen thought they could rectify the balance of trade, by decreasing
the quantity of articles imported into the country, and so add to the
national prosperity."①以下译文基本上传达了这一信息，同时加强语气：
"以为必如是则进口之货日少，本国可以富饶也。然乎？否乎？"②这里的
"然乎？否乎？"鲜明地告诫国人若要求富，必须扩大贸易。反问句在晚
清一直到严复、林纾的笔下都频繁使用，成为会通西学、托译言志、启蒙
国人的重要句式，赋予了强烈的呼吁功能。过去的研究偏重论述传统思
想资源对西学的应对，而忽略了语言资源的会通价值。

　　Political Economy 是一本学术性著作，长于说理论证，用词抽象。
而中国传统经典无论经史子集，用词更偏重于具体化、文学化。应祖锡
国学功底深厚，在会通中，原文的抽象表达为他挖掘传统相似的言说方
式、进行具体化语内翻译，提供了丰富的想象空间，结果《佐治刍言》的文
学化倾向十分明显，使得一本政治经济学之作，读来也不乏文采，如：

306. And yet the thoughtless part of the world are
apt to look with contempt on the man who is making a
fortune, or devoting it to good purposes, and to give their
admiration to the selfish spendthrift, who is dispersing
what others have brought together. They look upon the
one as sordid, and the other generous; sometimes
counting that the extravagant man shews himself, by his
very extravagance, to be a person of higher rank than the
industrious and saving man. This feeling even subsists
after the spendthrift has exhausted all his means; and
men look with respect on him for the fortune he has run
through.③

---

① Chambers, William & Robert Chambers. *Political Economy for Use in Schools and for
Private Instruction*. Edinburgh: W. and R. Chambers, 1852, 113.
② 傅兰雅，《佐治刍言》，上海：上海书店出版社，2002 年，第 117 页。
③ Chambers, William & Robert Chambers. *Political Economy for Use in Schools and for
Private Instruction*. Edinburgh: W. and R. Chambers, 1852, 100.

这里的"thoughtless, selfish spendthrift, generous, extravagant, extravagance, industrious and saving, exhausted, run through"比较抽象,直译难以被晚清诗学规范(Norms)所接纳,但这为译文的文学化会通提供了施展文采的契机:

> 第三百零六节　世俗浇漓,人每竞繁华而轻朴素,见有老成纯谨、勤俭持家者,必嫉妒之、鄙薄之,善撙节则以为悭吝,好施予则以为沽名。遇有骄奢淫佚之徒,挥金如土,则又推崇之以为当世豪杰,艳羡之以为安乐神仙,甚至荡产破家,身与乞人为伍,无识者犹举生平挥霍之事,传为美谈。人心不古,颠倒是非,可发一叹。[①]

Political Economy 开篇总论就提出人应该在"work"的基础上去"enjoy",但也有"人心不古,颠倒是非"者轻视"work",贪图"enjoy"。这种社会现象在中国传统文化中,有着丰富的具体化的相似表述,译者在笔录、润色中自然信手拈来。结果,译语用词、结构较原文增添了不少文采:四字格频繁使用,如"世俗浇漓""老成纯谨""勤俭持家""骄奢淫佚""挥金如土""当世豪杰""荡产破家""传为美谈""人心不古""颠倒是非""可发一叹";对仗排比自然,如"竞繁华而轻朴素""嫉妒之、鄙薄之,善撙节则以为悭吝,好施予则以为沽名""推崇之以为当世豪杰,艳羡之以为安乐神仙"。整段行文流畅,节奏鲜明。纵观《佐治刍言》全书,凡传统相似性表述丰富之处,译者中西会通和互文性写作意识越明显,文学化现象也越浓。

晚清时期传统诗学地位依然十分稳固。西方政治经济学作为一个异域"文本因子"(meme),要在当时语境下顺利传播,译者必然采用一种与本土结构相似的话语方式进行再解释。而汉语为了接纳这种因子,必须调动一切相似资源去接近它,并使之与中文的"文本因子库"(the pool of

---

① 傅兰雅,《佐治刍言》,上海:上海书店出版社,2002年,第104页。

memes)①相会通。为了达到输入学理,增强论说的功能和目的,《佐治刍言》中频繁使用的传统论体文、问答式、反问句、文学化语言等,就是有效的会通资源,这种策略也是治愈当前类似文本翻译过于技术化的一剂良药。

《佐治刍言》属于典型的中西合译的译述之作,说理清晰,文从字顺,可读性强,中文笔录、润色者应祖锡贡献不可低估,从中西政治经济观念,到论述文体、用词造句、文学化的处理,都充分体现了中国文化资源的参与和会通,体现了晚清华士合译者深厚的本土文化素养、强烈的中文文法会通意识,从而使原文的专业性、学术性在翻译中融入了文学性表达,增强了译文的呼吁性,深受晚清士大夫的青睐。

然而,在做到理明、文法地道的同时,由于大量术语或频繁省略,或偏重通俗化解释,译文整体弱化了其中的社会学、政治学、经济学观念和学科意识。傅兰雅对科技译名不乏精辟专论和诸多成功译例,但《佐治刍言》的译名并不成功。这可能因为译者不是该学科的专家和学者,也可能是赞助人洋务派“中体西用”观念的制约。结果,译本起到了启蒙作用,引进了观念和政事之“术”,但没有冲击到“中体”,在寻找中西相似性的同时,缺少维新派严复那样以西学反观传统、创新文化的意识。

晚清实学翻译会通的理念是中体西用,就会通的内容而言,囿于“经世致用”;就会通的形式而言,惯于传统诗学。后者的堡垒直到“五四”新文学才产生根本性的动摇,而前者历经开眼派、洋务派、采西学派,直到维新派才最终冲破了传统经学的束缚,完成了从经世实学向近代“新学”的转换,其翻译会通从理念、选材到策略也随之产生了相应的变化,其中最有代表性的人物可谓严复、林纾。

---

① 李河,《巴别塔的重建与解构——解释学视野中的翻译问题》,昆明:云南大学出版社,2005年,第241页。

第四章　晚清新学与严复翻译会通

　　严复(1854—1921)是晚清"直接译介、输入西方学术思想"的"第一号翘楚",[①]在会通新学方面取得了巨大成就,其翻译是会通中西的学术方式。本章第一节立足于清代学术讲究义理、考据、辞章的传统,首先从宏观上探讨严复在西学译介中提出的新"三面说":翻译义理"反证"说、"敦崇朴学"说和"文章正轨"说。严复所译西学均为学术性著作,除《名学浅说》这本教材外,其他译本中既有大量"独白"式的说理,又不乏问答式的论辩。第二节以严复"问对"体为个案,重点对严复的"问对"与原著"问""答"形式标记、说理功能、行文章法的会通进行描述研究。按语是严复翻译的一大特色,是其会通中西、附以己见的重要手段。第三节从考辨西学、反观中学、译名会通等三个方面,分析严复按语会通及其对当前学术翻译的借鉴价值。第四节以《名学浅说》为个案,揭示严复以换例译法会通中西旨在提倡科学救国的目的。

第一节　清代学术与严复翻译会通

　　梁启超在《清代学术概论》中这样评价严复的学术贡献:"……然西洋留学生与本国思想界发生关系者,复其首也。"[②]严复译介西学为什么要与中国思想界发生关系? 是怎样发生关系的? 严复这一首创的学术方式在清代学术史上地位如何? 这些问题梁启超未加具体论述,但它们

---

　　① 刘梦溪,"晚清新学叙论",《江西社会科学》,2004年,第1期,第96页。
　　② 梁启超,《清代学术概论》,上海:上海世纪出版集团,2005年,第82页。

恰恰启发后人不妨从学术的视角来审视严复的西学译介,尤其是清代学术对严复治学理念、学术思想与翻译方法的影响。

中国传统学术发展到清代,经过汉学、宋学诸家的争鸣与实践,讲究义理、考据、辞章三者相结合,成为很多学者的共识,如戴震(1724—1777)、钱大昕(1728—1804)、姚鼐(1731—1815)、焦循(1763—1820)、章学诚(1738—1801)、阮元(1764—1849)等。"义理是思想内容,是道的层面;考据是基本功,属于文献功底;文章是文辞,属于学术思想的表达艺术。三者是学术的三个层面,是一体三面。"[①]"是三者苟善用之,则皆足以相济"[②]。但到了晚清,中学之弊日渐突显,义理、考据、辞章倍受争议,严复在《救亡决论》中一针见血地指出:宋学空谈性理,"其高过于西学而无实";汉学埋首考据,"其事繁于西学而无用";辞章"致学者习与性成,日增悁慢。"[③]对此,严复转向曾国藩力主的"经济"之学,疾呼宋学、汉学及词章小道都应束之高阁[④],转而倡导西学,经世致用。然而严复译介西学不仅没有简单地弃置义理、考据、辞章这一传统学术"三面说",反而发展并提出了与此类似的翻译新"三面说":阐释原作重义理"反证"、译书考证重"敦崇朴学"、译文表达重"文章正轨"。新"三面说"丰富了严复翻译思想体系,使严复的西学译介成为开创近代中西会通的学术方式。

一、义理"反证"与中西思想会通

义理"反证"可谓严复译介西学"与本国思想界发生关系"的现代学术方式。义理有广、狭之分,狭义的义理指程朱理学,广义的义理可谓"言有物"[⑤]。用严复的话来说,就是语言文字背后的"道""理"或"大义微言"[⑥]。"义理存乎识"[⑦],传统义理学囿于语内训诂、注疏以及儒释道之间的相互阐发,视角狭隘,限制了"识"。严复则独辟"西"径,在其第一部译著《天演论》自序中就提出了跨语际的义理"反证"说,即"考道之士,以其

---

① 欧明俊,"'文学'流派,还是'学术'流派?——'桐城派'界说之反思",《安徽大学学报》,2011年,第6期,第43页。
② 姚鼐,《惜抱轩文集》,上海:上海古籍出版社,1992年,第61页。
③ 王栻主编,《严复集》(第一册),北京:中华书局,1986年,第44—45页。
④ 王栻主编,《严复集》(第一册),北京:中华书局,1986年,第44页。
⑤ 方苞,《方苞集》,上海:上海古籍出版社,1983年,第58页。
⑥ 严复,《天演论·自序》,北京:商务印书馆,1981年,第viii页。
⑦ 章学诚著,叶瑛校注,《文史通义校注》,北京:中华书局,1985年,第351页。

所得于彼者,反以证诸吾古人之所传,乃澄湛精莹,如寐初觉,其亲切有味,较之观毕为学者,万万有加焉。此真治异国语言文字者之至乐也。"①就是说,西学义理用"吾古人之所传"加以反证,往往能让中、西学"不谋而合"的义理"达成共识",如此则是治西学者之"至乐"。严复的义理"反证"是跨语际解释,即以西学为视角来"归求反观"②中学之义理,力图中西兼治,熔于一炉。义理"反证"一面译介西学,一面发掘国故;一面以西学昌明中学,一面更是借中学宣传西学。

严复的义理"反证"说标志着旧学的黄昏和新学的黎明,隐含着传统经典义理之"优先论""失传论",开创了新学之中西"会通论"。严复批评汉学无用、宋学无实,而对先秦儒学、老庄哲学等中华元典情有独钟,一方面认为这些圣哲的微言大义和学术成就较西方"往往先之",另一方面又告诫晚清国人:"近二百年,欧洲学术之盛,远迈古初"。考察中学由盛转衰的原因,严复认为"夫古人发其端,而后人莫能竟其绪;古人拟其大,而后人未能议其精"。就是说,中国圣哲之学没有得以延续和发扬光大,因为"后人不知广而用之者,未尝事其事,则亦未尝咨其术而已矣。"对此,严复一针见血地指出他们在治学方法、学术责任等方面存在着严重问题:"二千年来,士徇利禄,守阙残,无独辟之虑。"所以,传统学术中的微言大义在后人抱残守缺中慢慢失传。要解决这一问题,必须"转于西学,得识古之用焉",因为中西"事不相谋而各有合"。③严复坚信"新学愈进,则旧学愈益昌明。盖他山之石,可以攻玉也。"④这从学术史的角度为义理反证、中西会通提出了传统文化现代转型的历史使命。

严复义理"反证"说的学术创新,在于以西学为视角"发明"⑤、"反观"⑥中学之义理,其理论依据是英国逻辑学家穆勒(J. S. Mill,1806－1873)之言:"欲考一国之文字语言,而能见其理极,非谙晓数国之言语文字者不能也。"⑦其实践体验是:"与欲读中国古书,知其微言大义者,往往

① 严复,《天演论·自序》,北京:商务印书馆,1981年,第 viii 页。
② 王栻主编,《严复集》(第一册),北京:中华书局,1986年,第49页。
③ 分别见严复,《天演论·自序》,北京:商务印书馆,1981年,第 ix、x、viii 页。
④ 王蘧常,《严几道年谱》,见牛仰山、孙鸿霓编《严复研究资料》,福州:海峡文艺出版社,1990年,第43页。
⑤ 严复,《天演论》,北京:商务印书馆,1981年,第 ix 页。
⑥ 王栻主编,《严复集》(第一册),北京:中华书局,1986年,第49页。
⑦ 严复,《天演论·自序》,北京:商务印书馆,1981年,第 viii 页。

待西文通达之后而后能之。"①严复八大译著分别从哲学、政治学、经济学、社会学、法学、逻辑学等学科发明,反证了诸多与西学相通、相合的吾圣哲"先发"②之义理。翻译《天演论》,以西人"天演"学说发明、反证了儒家首经《易经》之"易"道,认为"此其道在中国谓之易,在西学谓之天演。"③翻译《群学肆言》,发明、反证了《大学》、《中庸》之精义,认为该书详实地阐明了《大学》"以格致诚正为治平根本"的义理,且"每持一义,又必使之无过不及之差"④。翻译《群己权界论》,发明、反证了《大学》絜矩之道,认为自由是"君子所恃以平天下者矣"⑤。翻译西方逻辑学,发明、反证了"《易》本隐而之显,《春秋》推见至隐",认为《易》重演绎法,《春秋》重归纳法。⑥翻译《原富》,发明了《大学》、《周官》、《管子》、《孟子》、《史记》之《平准书》、《货殖列传》等,认为中国虽然没有形成经济学说,但存在着相似之识。评注老庄,认为老子(约公元前 571 - 公元前 471)之言是"天演开宗语"⑦,"而西人亦以庄子为古之天演家"⑧,等等。严复一生中西学兼治,"尝考六书文义,而知古人之说与西学合"⑨,义理"反证"是他解决"读古书难"⑩新的治学方式,是其整理国故的独特途径,"籍自它之耀,祛旧知之弊"⑪。

严复这种义理"发明"和"反证",以旧瓶装新酒的方式,消解了接受西学义理的困难,虽难免有附会之嫌,但同时也赋予了中国古书新的义理之"识",渗透着严复译书经世的诠释,这种学术方式与他"统新故而视其通,苞中外而计其全"⑫的文化观一脉相承。由于中西传统之别,严复

---

① 严复,"教授新法",孙应祥、皮后锋编,《〈严复集〉补编》,福州:福建人民出版社,2004年,第 73 页。
② 王栻主编,《严复集》(第五册),北京:中华书局,1986 年,第 1413 页。
③ 王庆成、叶文心、林载爵编,《严复合集》(第 7 册),台北:财团法人辜公亮文教基金会,1998 年,第 4 页。
④ 严复,《群学肆言·译余赘语》,北京:商务印书馆,1981 年,第 xi 页。
⑤ 严复,《群己权界论·译凡例》,北京:商务印书馆,1981 年,第 vii 页。
⑥ 严复,《天演论·自序》,北京:商务印书馆,1981 年,第 viii-ix 页。
⑦ 王栻主编,《严复集》(第四册),北京:中华书局,1986 年,第 1077 页。
⑧ 王栻主编,《严复集》(第四册),北京:中华书局,1986 年,第 1106 页。
⑨ 严复,《群学肆言》,1981 年,北京:商务印书馆,第 xi 页。
⑩ 严复,《天演论·自序》,北京:商务印书馆,1981 年,第 viii 页。
⑪ 钱基博,"严复的逻辑文",见牛仰山、孙鸿霓编,《严复研究资料》,福州:海峡文艺出版社,1990 年,第 384 页。
⑫ 严复,"与《外交报》主人书",见王宪明编,《严复学术文化随笔》,北京:中国青年出版社,1999 年,第 127 页。

的义理"反证"经常把中西实然(Is)、应然(Ought)和形而上①的义理进行置换,一方面增强了西学义理的形而上质,另一方面赋予了中学义理更多的西方哲学社会科学的实然和应然。以《天演论》为例,"《天演论》是严复的天演论"②,严复频繁以儒、道形而上的义理予以诠释,天演、天良、天道、易道、道、真宰、太极、阴阳、德贤仁义、人伦、礼乐、修齐治平、修己治人、格物致知等概念及其思想充斥译文字里行间,与原作融为一体,译写参半,几可"乱真"为本土元典。如论一"能实"开篇论天演之道:"道每下而愈况,虽在至微,尽其性而万物之性尽,穷其理而万物之理穷"③,"道""性""理"把原作由一粒豆子推至万物变动不居的道理抽象化、哲学化。再如论十三"论性",把"nature"的天然、自然之性,与宋儒言性等同④,形而上的哲学义理溢于言表。反之,严复的义理反证,也借助西学增强了中学的实然和应然。如《天演论》手稿仅以"evolution"发明、反证《易经》就多达近 20 处,原文由"evolution, change, impermanence, progressive development, retrogressive metamorphosis, supernatural intervention"等形成的天演语义场,在严复笔下与《易》道进行了全方位会通,以一连串的"变"反证了"易"之生生不息、刚柔相推阴阳互动而生变化、天地变化草木蕃、万事万物虚息盈消的"易"道周流等,赋予了《易经》新的"天演"内涵,巧妙地渗透了严复的维新变法思想,引导士大夫以"易"变思想认同"天演"学说。再加上严复在"蜂群""人群""善群""严意"等中把"群"赋予了西方社会学的义理内涵,为倡导社会变革提供了强有力的理论支撑,达到托译言志、译书经世的目的,旨在"瘉愚"⑤,为中国寻找救亡图存之良方。严复义理"反证"的主要方法是"敦崇朴学",注重考据实证。

二、"敦崇朴学"与考证会通

考据是传统学术的又一重要层面,而考据学是在明末经世实学、清

---

①　吴通福,《清代新义理观之研究》,南昌:江西人民出版社,2007 年,第 34 页。

②　郑永福、田海林,"《天演论》探微",见牛仰山、孙鸿霓编,《严复研究资料》,福州:海峡文艺出版社,1990 年,第 334 页。

③　严复,《天演论》,北京:商务印书馆,1981 年,第 49 页。

④　严复,《天演论》,北京:商务印书馆,1981 年,第 85 页。

⑤　王栻主编,《严复集》(第三册),北京:中华书局,1986 年,第 560 页。

代汉学兴盛等背景下应运而生的。考据学的中坚乾嘉学派,重点以文字、音韵、训诂为手段,对经典文本进行材料考证,在经学、小学、音韵、古籍、伪书佚书、典章制度、历史人物、史事史料、金石文物、职方地理、史籍目录、年代版本等考证方面,硕果累累,晚清学术也深受影响。严复在当时的风气下,在西学译介领域成功地吸收了考据学的治学精神和考据方法,以至于 1903 年在《京师大学堂译书局章程》中,更明确地把"敦崇朴学,以棣贫弱"①列为翻译的四大宗旨之一,这里的"朴学"即考据学。其实严复在译《天演论·自序》、《原富·译事例言》、《群己权界论·译凡例》、《群学肆言·译余赘语》、《法意·孟德斯鸠列传》、讨论西学和翻译的书信等中,均有译书考据的论述或运用,最有代表性的考证方法包括"集思广益"②、"考订""贯通"③和"沿流讨源"④。"徵实存乎学"⑤,以上三种方法体现了严复治学的渊博学识、严谨的实证精神和会通宗旨。

"集思广益"见于严复第一部译著《天演论》"译例言":"穷理与从政相同,皆贵集思广益。今遇原文所论,与他书有异同者,辄就谫陋所知,列入后案,以资参考。"⑥这段文字带有明显的考据性质,其目的是"穷理",其操作方法是对比异同,会通中西。用严复"西学门径功用"一文中的话来说,关键就是"考订"和"贯通"。考订即"聚列同类事物而各著其实",贯通即"类异观同,道通为一"⑦。正因为如此,严复的考据重在旁征博引,擅用归纳法,把原文"与他书有异同者",捉置一处,进行中西合观,以便相互类比、互证、反证、补证、参证,进而揭示义理。如严复翻译逻辑学的"Laws of nature"时,考证了与此类似的儒释道三家之说,认为这一概念"即道家所谓道,儒先所谓理,《易》之太极,释子所谓不二法门"⑧,把西方的"自然法则"与本土的"道""理""太极""不二法门"放在同一语义场进行"聚列"会通。翻译《支那教案论》有论"究之中国之道德礼义,则绝不缘神道设教而生。"对此,严复考订了三条证据:"《书》言皇降,《诗》

---

① 王栻主编,《严复集》(第一册),北京:中华书局,1986 年,第 130 页。
② 严复,《天演论·译例言》,北京:商务印书馆,1981 年,第 xii 页。
③ 王主栻编,《严复集》(第一册),北京:中华书局,1986 年,第 93 页。
④ 王栻主编,《严复集》(第三册),北京:中华书局,1986 年,第 519 页。
⑤ 章学诚著,叶瑛校注,《文史通义校注》,北京:中华书局,1985 年,第 351 页。
⑥ 严复,《天演论·译例言》,北京:商务印书馆,1981 年,第 xii 页。
⑦ 王栻主编,《严复集》(第一册),北京:中华书局,1986 年,第 93 页。
⑧ 王栻主编,《严复集》(第四册),北京:中华书局,1986 年,第 1051 页。

言秉彝,董子曰:道之大原出于天",据此得出"中国言道德礼义,本称天而行,但非由教而起耳。"①《法意》卷八第五章"贤政精神之弊"论及"苟无忧危,其亡或立至",原文以希腊、罗马兴衰为证。严复翻译至此,从中国古代典籍中,发明、考证了类似的论述,认为原著所说"似吾《六经》",如"《易》曰:'其亡其亡,系于苞桑。'《传》曰:'外宁必有内忧。'……"②通过中西对比合观,严复得出忧患意识是古今中外共同的历史规律。

"集思广益"式的"考订贯通"按语贯穿于严复的大部分译著,"共七百多条,约十七万字。"③尽管钱钟书认为严复对西学了解并不多,章太炎批评严复"略知小学"④,但严复译书考证材料之丰富,学识之渊博,译书态度之严谨,一百多年来是世所公认的,很值得当前学术翻译思考。严复作为"介绍西洋近世思想的第一人"⑤,不是埋首故纸的汉学家,他只是借助各种考据性文字,巧妙地贯通中西,附以己见,倡导维新变法。其最核心的物竞天择,适者生存,优胜劣汰,弱肉强食等天演思想,无不渗透着精心考据。面对"外种闯入,新竞更起。往往年月以后,旧种渐湮,新种迭盛"⑥这一境况,严复为了让读者信服这一普遍性道理而觉醒,通过按语对此详加考证:

> 譬如美洲从古无马,自西班牙人载与俱入之后,今则不独家有是畜,且落荒山林,转成野种,族聚蕃生。澳洲及新西兰诸岛无鼠,自欧人到彼,船鼠入陆,至今遍地皆鼠,无异欧洲。俄罗斯蟋蟀旧种长大,自安息小蟋蟀入境,剋灭旧种,今转难得。苏格兰旧有画眉最善鸣,后忽有斑画眉,不悉何来,不善鸣而蕃生,剋善鸣者日以益稀。澳洲土蜂无针,自窝蜂有针者入境,无针者不数年灭。至如植物,……嗟乎!岂惟是动植而已,……物竞既兴,负者日耗,区区人

---

① 王栻主编,《严复集》(第四册),北京:中华书局,1986年,第849页。
② 王栻主编,《严复集》(第四册),北京:中华书局,1986年,第957页。
③ 王栻主编,《严复集·按语卷说明》(第四册),北京:中华书局,1986年。
④ 章太炎,"《社会通诠》商兑",见牛仰山、孙鸿霓编,《严复研究资料》,福州:海峡文艺出版社,1990年,第269页。
⑤ 胡适,"五十年来中国之文学",见牛仰山、孙鸿霓编,《严复研究资料》,福州:海峡文艺出版社,1990年,第273页。
⑥ 严复,《天演论》,北京:商务印书馆,1981年,第13页。

满,乌足恃也哉！乌足恃也哉！①

这是《天演论》"导言四·人为"一节的按语,严复从动物界、植物界的残酷竞争推衍到人类竞争,通过马、鼠、蟋蟀、画眉、土蜂等此"蕃"彼"灭"的详细考证,告诫国人中国境况亦然,奋发图强则"蕃",若靠眼前"区区人满"而不思进取则"灭"。

"沿流讨源"是严复另一种重要的考据方法,主要用于译名考订。当然,严复作为启蒙思想家,他所译西学多为"导厥先路"②的概论性著作,译文及按语"沿流讨源"性的考据不少,其特点是内容宏富,但言简意赅,便于开启民智。其中"一名之立,旬月踟蹰"③式的译名更能体现严复"沿流讨源"的考据精神。严复在与梁启超讨论翻译的信件中认为,"大抵取译西学名义,最患其理想本为中国所无,或有之而为译者所未经见。"正因为如此,"盖翻艰大名义,常须沿流讨源,取西字最古太初之义而思之,又当广搜一切引伸之意,而后回观中文,考其相类,则往往有得,且一合而不易离。"④严复译名不主张多造新名词,也不愿简单地沿用日本人的译名,所以"沿流讨源"、中西会通的考据就至关重要。这里仅举《群己权界论·译凡例》对"liberty"译名的考证为例。严复认为"liberty"与"freedom"同义,而与"slavery(奴隶)""subjection(臣服)""bondage(约束)""necessity(必须)"相对。对此,严复把它译为"自繇",同时考证了该词的中文内涵,即"不为外物拘牵"⑤,不褒不贬。所以"自繇"不是"放诞""恣睢""无忌惮""放肆""淫佚""不法""无礼"。严复进一步考证传统文献,认为"liberty"即《大学》絜矩之道,亦即柳宗元(773—819)《酬曹侍御过象县见寄》中"破额山前碧玉流,骚人遥驻木兰舟,东风无限潇湘意,欲采蘋花不自繇"的"自繇"。⑥严复甚至刻意用抽象名词"自繇"以别于"自由",尽可能为译名的精确性提供更充分的理据。从考据学的角度来看,这是对严复"一名之立,旬月踟蹰"的典型诠释,与林纾"耳受而手追

① 严复,《天演论》,北京:商务印书馆,1981年,第13—14页。
② 严复,《群学肄言·序》,北京:商务印书馆,1981年,第 vii 页。
③ 严复,《天演论·译例言》,北京:商务印书馆,1981年,第 xiii 页。
④ 王栻主编,《严复集》(第三册),北京:中华书局,1986年,第518—519页。
⑤ 严复,《群己权界论·译凡例》,北京:商务印书馆,1981年,第 vii 页。
⑥ 严复,《群己权界论·译凡例》,北京:商务印书馆,1981年,第 vii-viii 页。

之,声已笔止"①形成鲜明对比。

三、"文章正轨"与中西辞章会通

严复崇尚实学,同徐光启一样曾经批评传统学术最尚辞章,不求理实,悒慢险躁。但这并不是说严复翻译不讲求辞章,只是不要为了辞章而辞章。就严复译介西学而言,他恰恰提出了很注重辞章的"信达雅"文章学翻译②三原则:"《易》曰:修辞立诚。子曰:辞达而已。又曰:言之无文,行之不远。三者乃文章正轨,亦即为译事楷模。"③"辞章存乎才"④,"文章正轨"说成就了严复作为译界的文章高手,译文充溢着其中西会通的情才、辞才及文才。

"修辞立其诚"语出《易·乾·文言》,后世把它引申为写文章的金科玉律,如《文心雕龙·徵圣第二》说:"然则志足而言文,情信而辞巧,乃含章之玉牒,秉文之金科矣。"⑤桐城派方苞(1668-1749)和方东树(1772-1851)重申"修辞立其诚",正性情,注重内在情感的表现和抒发,因而这个"诚"也应该包括译者的性情。就严复而言,其翻译中"发于自然,达其至深而莫能自已"⑥的性情至少有两大方面。其一是前文所论的"治异国语言文字者之至乐",这是学术之性情。如严复《天演论》自序对比了他对司马迁"《易》本隐而之显,《春秋》推见至隐"前后两种理解:"始吾以谓本隐之显者,观《象》《系辞》以定吉凶而已;推见至隐者,诛意褒贬而已。"而读了西方逻辑学有关"内籀"(归纳)、"外籀"(演绎)方法后"如寐初觉",发现《易》由隐而显就是演绎法,而《春秋》推见至隐则是归纳法。这种以西观中的新发现,是严复治西学之至乐,所以严复激动得"乃推卷起曰:有是哉!""其言若诏之矣。"⑦严复这种至乐自始至终贯穿于其译著之中。其二是"自了国民之天责"⑧,这是"天下兴亡,匹夫有责"的社会责任

① 林纾,"《孝女耐儿传》序",见阿英编,《晚清文学丛钞·小说戏曲研究卷》,北京:中华书局,1960年,第251页。
② 潘文国,"中国译论与中国话语",《外语教学理论与实践》,2012年,第1期,第5—6页。
③ 严复,《天演论·译例言》,北京:商务印书馆,1981年,第xi页。
④ 章学诚著,叶瑛校注,《文史通义校注》,北京:中华书局,1985年,第351页。
⑤ 周明,《文心雕龙校释译评》,南京:南京大学出版社,2007年,第10页。
⑥ 严复,"诗庐说",见孙应祥、皮后锋编,《〈严复集〉补编》,福州:福建人民出版社,2004年,第132页。
⑦ 严复,《天演论·自序》,北京:商务印书馆,1981年,第ix页。
⑧ 王栻主编,《严复集》(第三册),北京:中华书局,1986年,第517页。

感,它促使严复把西学译介与晚清时局紧密结合,把自己的文章写入译文,对原文信息型文本加以情感化,取便发挥,托译言志。如《天演论》是严复"忠愤所发,特借赫胥黎之书,用为主文谲谏之资而已。"①《原富》针对传统士人以言利为讳的现状,以此书"指斥当轴之迷谬"②,认为经济学近关"中国之贫富",远系"黄种之盛衰",因此翻译中每见原文与晚清时事暗合,就频繁附以己见,"丁宁反复,不自觉其言之长,而辞之激也。"③翻译《群学肄言》,针对斯宾塞(Herbert Spencer,1820—1903)所论传统"既坚甚完,其改制沮力,亦以愈大,而革故鼎新皆难,其物乃入于老死"这一共性难题,严复叹曰:"呜呼! 此吾国变法之所以难也。"④。严复译书以"诚"释"信",可谓其以西学激发国民情感共鸣的"嘤求"⑤术,频繁展示了严复的抒情之才,与"达"之"达旨"⑥术、"雅"之"招徕术"⑦异曲同工。

严复辞章的文章学翻译第二个要义是"辞达而已"。"辞达而已"一方面是维新派有识之士批评士人不要为了辞章而辞章,以至于惛慢险躁;另一方面"辞达"又是翻译的文章学标准,重在达旨。对此,严复在《天演论》译例言中观点十分明确,即"译文取明深义,故词句之间,时有所颠到附益,不斤斤于字比句次,而意义则不倍本文。"但中西语言的诸多差异,按原文字比句次来译,"则恐必不可通",译者只有"将全文神理融会于心,则下笔抒词,自善互备。至原文词理本深,难于共喻,则当前后引衬,以显其意。凡此经营,皆以为达,为达即所以为信也。"⑧可见"辞达"的前提是"取明深义",确保"达旨",其具体方法是"互备"和"前后引衬"。达的基本标准可谓词不害意。下面以一具体译例对此加以分析:

Thus that state of nature of the world of plants,

---

① 吴汝纶,"答严幼陵",见牛仰山、孙鸿霓编,《严复研究资料》,福州:海峡文艺出版社,1990年,第250页。

② 严复,《原富·译事例言》(上册),北京:商务印书馆,1981年,第9页。

③ 严复,《原富·译事例言》(上册),北京:商务印书馆,1981年,第13页。

④ 严复,《群学肄言》,1981年,第49页。

⑤ 严复,《天演论·译例言》,北京:商务印书馆,1981年,第 xii 页。

⑥ 严复,《天演论·译例言》,北京:商务印书馆,1981年,第 xi 页。

⑦ 王佐良,"严复的用心",见牛仰山、孙鸿霓编,《严复研究资料》,福州:海峡文艺出版社,1990年,第313页。

⑧ 严复,《天演论·译例言》,北京:商务印书馆,1981年,第 xi 页。

which we began by considering, is far from possessing the attribute of permanence. Rather its very essence is impermanence. ... And in the living world, one of the most characteristic features of this cosmic process is the struggle for existence, the competition of each with all, the result of which is the selection, that is to say, the survival of those forms which, on the whole, are best adapted to the conditions which at any period obtain; and which are, therefore, in that respect, and only in that respect, the fittest.[①]

因此,我们现在开始考察的植物界自然状态,决非具有永久不变的属性。……在生物界,这种宇宙过程的最大特点之一就是**生存斗争**,每一物种和其他所有物种的相互竞争,其结果就是**选择**。这就是说,那些生存下来的生命类型,总的说来,都是最适应于在任何一时期所存在的环境条件的。因此,在这方面,也仅仅在这方面,它们是最适者。[②]

对比原文,该译文可谓"斤斤于字比句次",突显了原文的表层结构,遮蔽了文字背后的意旨。把"生存斗争""选择"置于分句之末,关键词不够突显,义理也有"愈益晦"[③]之嫌。这是当代流行的"信"译,而严复译文特别注重吃透原文而后"辞达":

虽然天运变矣,而有不变者行乎其中。不变惟何?是名"天演"。以天演为体,而其用有二:曰物竞,曰天择。此万物莫不然,而于有生之类为尤著。**物竞者**,物争自存也,以一物以与物物争,或存或亡,而其效则归于天择。**天择**

---

① Huxley, T. H. & Julian Huxley. *Evolution and Ethics 1893—1943*. London: The Pilot Press LTD, 1947, 34—35.

② 赫胥黎著,《进化论与伦理学》翻译组译,《进化论与伦理学》,北京:科学出版社,1971年,第3页。

③ 严复,《天演论·自序》,北京:商务印书馆,1981年,第 viii 页。

> 者,物争焉而独存。则其存也,必有其所以存,必其所得于
> 天之分,……"天择者,存其最宜者也。"①

严复译文表面上达而不信,常常遭后人诟病,这里姑且不论。但从"辞达"的文章学视角来看,严复先是提炼出"决非具有永久不变的属性"之天演,再由天演为体推至其"物竞""天择"之用,行文由总而分,逻辑性强,前后畅达。严复以"物竞""天择"作为话题,以"……者……也"句式对两个概念加以解释,前后相互引衬,内涵明晰,原文义理"得严子乃益明"②,可谓严复练达之辞才。

文章学的第三个要义是"言之无文,行而不远",即译文要有文采,有表达力,否则不能传远。"严复把'雅'引入了翻译学,也就是肯定了文章学传统对翻译的文采要求。"③梁启超曾批评严复"文笔太务渊雅,刻意摹仿先秦文体"④,对此,严复则不苟同:

> 窃以谓文辞者,载理想之羽翼,而以达情感之音声也。是故理之精者不能载以粗犷之词,而情之正者不可达以鄙倍之气。中国文之美者,莫若司马迁、韩愈。而迁之言:"其志洁者,其称物芳。"愈之言曰:"文无难易,惟其是。"仆之于文,非务渊雅也,务其是耳。……吾译正以待多读中国古书之人。……声之眇者不可同于众人之耳,形之美者不可混于世俗之目,辞之衍者不可回于庸夫之听。非不欲其喻诸人人也,势不可耳。⑤

从这段话来看,严复讲究"文"有两大原因:其一是"务其是耳",这与严复崇尚先秦儒学、老庄哲学有关,主张只有"用汉以前字法、句法"才能会通

---

① 严复,《天演论》,北京:商务印书馆,1981年,第2—3页。
② 吴汝纶,"吴汝纶序",见严复,《天演论》,北京:商务印书馆,1981年,第 vi 页。
③ 潘文国,"中国译论与中国话语",《外语教学理论与实践》,2012年,第1期,第6页。
④ 梁启超,"绍介新著《原富》",见牛仰山、孙鸿霓编,《严复研究资料》,福州:海峡文艺出版社,1990年,第267页。
⑤ 王栻主编,《严复集》(第三册),北京:中华书局,1986年,第516—517页。

原文之"精理微言"①。其二是以"多读中国古书之人"为理想读者,译文文笔自然要考虑"声之眇""形之美""辞之衍"。为此,严复甚至"字字由戥子称出"②,译文每每屡易其稿,以求"垂久行远"③。正因为如此,原书"理趣甚奥赜,思如芭蕉,智如涌泉",而严复"雄笔,真足状难显之情"④,甚至"骎骎与晚周诸子相上下"⑤。纵观严复八大译著,其文笔擅长师法《史记》、诸子散文、桐城派等笔法以及佛书体、八股偶比等,译文"以瑰辞达奥旨"⑥,文学化明显,讲究骈散杂糅、沉郁顿挫、文理密察,可谓富有字字珠玑之文才,其得失利弊有待进一步研究。

　　严复西学译介不是狭义的语际翻译,而是会通中西的学术方式,贯穿着义理"反证""敦崇朴学"和"文章正轨"等治学"三面说"。章学诚(1738-1801)曰:"义理存乎识,辞章存乎才,徵实存乎学"⑦,"识""才""学"可谓译者专业素养的"三备说"。"三面说"和"三备说"有助于重新认识严复的治学理念、译介思想与翻译方法,有助于反思当前学术经典译介中存在的义理晦涩、考证肤浅、语不成文等不良现象,对学术翻译的输入、输出如何更有效地会通中西仍然具有借鉴价值。

第二节　"问对"与严复翻译会通

　　严复八大译著除《名学浅说》外,《天演论》、《原富》、《群学肄言》、《群己权界论》、《社会通诠》、《法意》和《穆勒名学》这七部译著均广泛采用传统"问对"形式,甚至仿拟"设论""答客难"等"问对"体会通原作,或形式等值,或功能对等,或章法相似。这一现象虽有提及⑧,但缺乏专论。本节试图从形式、功能、章法三个层面,对严复如何采用"问对"形式会通原

---

① 严复,《天演论·译例言》,北京:商务印书馆,1981年,第 xi 页。
② 王栻主编,《严复集》(第四册),北京:中华书局,1986年,第 969 页。
③ 王栻主编,《严复集》(第三册),北京:中华书局,1986年,第 527 页。
④ 吴汝纶,"答严几道",见牛仰山、孙鸿霓编,《严复研究资料》,福州:海峡文艺出版社,1990年,第 254 页。
⑤ 吴汝纶,"吴汝纶序",见严复,《天演论》,北京:商务印书馆,1981年,第 vii 页。
⑥ 陈宝琛,"清故资政大夫海军协都统严君墓志铭",见牛仰山、孙鸿霓编,《严复研究资料》,福州:海峡文艺出版社,1990年,第 17 页。
⑦ 章学诚著,叶瑛校注,《文史通义校注》,北京:中华书局,1985年,第 351 页。
⑧ 严复译著,冯君豪注解,《天演论》,郑州:中州古籍出版社,1998年,第 103、141 页。

文进行描述研究,以期进一步认识严复中西会通的治学方式。

一、问答标记:"问对"形式会通

严复所译原著学术性较强,说理论辩以作者"独白"为主、"问答"为辅,两者都隐含着自问自答或主客问答。形式上有一问一答,多轮问答;也有多问少答,少问多答等。这些对熟读传统经典、主张"用汉以前字法、句法"①译书的严复来说,"问对"自然成为会通原文的最佳"等值"形式,因为"问对"中国自古有之,《尚书》、先秦散文、诸子论辩中均有长短不一、风格各异的"问对"。如《论语》、《孟子》、《左传》等典籍中,或一问一答,或多问多答;或数问一答,或一问数答;或君臣问对,或师徒对问;或主客问对,或反客为主;或"回环自释"②,或设难论辩。《庄子》更擅长问简对繁、问繁对简。这些具体形式为严复会通原文中或显或隐的问答词汇标记、问答者身份标记、问答文体标记,提供了丰富的形式等值资源。

首先,问答词汇标记会通。严译原作说理论证往往隐含着"问"与"答",体现在词汇上就是"ask"和"answer"两大语义场,主要包括"say,urge,reply,ask,debate,cause,propose,think,pretend,doubt,observe,state,suggest,objection,agree,argue,contradict,conversation,list,question"等,甚至"be"动词。这些词汇为严复采用"问""对"提供了形式依据。严复对应"ask"的译文主要有"或曰""或谓""闻者曰""驳之曰""难者曰""叩之者曰""客曰""议者曰""有起而诘者曰""或起而难之曰""设有人焉曰""驳吾说者曰""主旧义者必曰"等;对应"answer"的选词主要有"曰""答曰""故曰""应之曰""主人曰""不佞曰"等。如把"objection"译为"驳……曰"就很有现代语义学语义成分分解的味道。所以严复的"问对"词汇标记是在信于原文基础上的形式调整,是严复主张以汉以前字法、句法翻译的一种实践,是其中西会通学术方式的产物。

其次,问答者身份标记会通。严复采用"问对"策略,除了原作"ask"和"answer"两大语义场的词汇标记外,还根据问答者的身份,分别采用了"自问自答"和"主客问答"两种"问对"形式,以代言式、对话型的说理

① 严复,《天演论·译例言》,北京:商务印书馆,1981年,第 xi 页。
② 周明,《文心雕龙校释译评》,南京:南京大学出版社,2007年,第118页。

论证突出问题,强调观点,加强论证。

严译原作以独白式的观点陈述和说理论辩居多,对此,严复一般根据上下文译为自问自答式的"问对",如:

> The price of silver in the European market might perhaps have fallen still lower，… The gradual increase of the demand for silver,or the gradual enlargement of the market for the produce of the silver mines of America,is probably the cause which has prevented this from happening，…[1]

这段话重点陈述欧洲银价不跌之由,第一句"might have been"暗示欧洲银价本来该跌而实际未跌,作者以此给读者提出了一个隐性疑问:银价为何该跌而未跌? 接着又直陈两条原因。对此,严译则增加设问,改为如下自问自答的"问对":

> 欧洲之银值,何为而不复减? ……曰:用银之事与之俱多。用银之事何以俱多? 曰:自美洲开通以来,天下交易之场日以广远,……[2]

严复采用两轮自问自答,紧紧抓住了读者的阅读心理,问、对交替递进,银价不跌之由也随之渐次明晰。

严译原作除作者独白己见外,还有大量不同观点的碰撞,经常用于"if"条件句、"but,however"等转折句中。对此,严复一般采用主客"问对"译之。如:"If,… some should propose to … I reply that …"[3],该条件句中的"propose"和主句谓语"reply"表明有人和作者持不同看法,所以

---

[1]　Smith,Adam. *An Inquiry into the Nature and Causes of the Wealth of Nation*. Xi'an: Shanxi People Press,2005,186.

[2]　严复,《原富》(上册),北京:商务印书馆,1981 年,第 188 页。

[3]　Spencer,Herbert. *The Study of Sociology*. Routledge / Thoemmes Press,1996,400－401.

严复译为"于是有起而难者曰……则不佞将敬应之曰……"①。再如:"…it may perhaps be thought,however,…"②隐含着两种不同观点的碰撞,严复将之转换为"驳者曰……应之曰……"③。这样的会通,形式上与原文隐含的主客问答可谓天衣无缝,方法上特别能体现出严复取明深义的"达旨"术。

再次,问答文体标记会通。严复译著中还有俨然独立成篇的"问对"体,这样处理的理据主要有两条:一是问答标记明显,二是问答篇幅较长。这种文体在《法意》设问、《群己权界论》设难、《穆勒名学》"答客难"和《群学肆言》长篇主客问答中,都成功地得以实践。

《法意》第五卷第十九章专论民主、君主和专制这三制的不同应用效果,为此,孟德斯鸠提出了相关五大"questions",并一一作答。该形式与"问对"十分吻合,严复通篇译为"问对"体,以"设数问"引出五轮"问对",每轮又按照原文"提问—回答—例证"的模式,进一步展开层层"问对",如"一问:国家之立法,其于国民,可以强之使事国乎? 曰,自吾意而言之,则民主之民,可以强也;君主之民,不宜以强也。何以言之? 盖民主……至于君主……"④从"民主"到"君主",对比鲜明,行文逻辑清晰,"问对"体会通原文丝丝入扣,与下文"专制"俨然形成了一篇孟德斯鸠的《三制之效问对》。

《群己权界论》即"*On Liberty*",原文多有对自由难题直抒己见的长篇论述,但晚清国人对自由理解不一,"顾竺旧者既惊怖其言,目为洪水猛兽之邪说;喜新者又恣肆泛滥,荡然不得其义之所归。"⑤为了把"群"与"己"自由的权界论述清楚,严复针对作者论述中所"设至坚之难"⑥,再次师法"问对"体加以会通,充分发挥了其答疑解惑、说理论辩的功能。《穆勒名学》是一部系统介绍西方逻辑学的专著,其中术语概念、逻辑学常识、逻辑推理方法等繁而又细。该书第三部分第九章第六节专述"Dr. Whewell's objections"及作者的一一辩驳,严复巧妙地仿拟西汉时期著

---

① 严复,《群学肆言》,北京:商务印书馆,1981 年,第 312 页。
② Smith,Adam. *An Inquiry into the Nature and Causes of the Wealth of Nations*. Xi'an:Shanxi People Press,2005,43.
③ 严复,《原富》(上册),北京:商务印书馆,1981 年,第 43 页。
④ 严复,《孟德斯鸠法意》(上册),北京:商务印书馆,1981 年,第 99 页。
⑤ 严复,《群己权界论·译者序》,北京:商务印书馆,1981 年,第 vi 页。
⑥ 严复,《群己权界论》,北京:商务印书馆,1981 年,第 20、40、46、86 页。

名文学家东方朔(生卒年不详)的"答客难"①,洋洋洒洒演绎成一篇穆勒的"答客难"。同样,《群学肄言》第十一章"政惑"有一想象的长篇对话,即"an imaginary conversation between one of them and a member of the Legislature"②,用以讨论"民品未高而妄求上理者之惑",严复"设为富民时宰主客之论,以发明之。"③从"吾将寓为主客之谈,以明吾说"到"主客论竟于此"④,前后五轮半问对,长达四千余言。

以上词汇标记、问答者的身份标记、文体特征标记,为严复运用传统"问对"会通原文提供了形式对等的理据,而说理论辩更为"问对"的运用提供了功能对等的理据。

二、说理论辩:"问对"功能会通

"问对"中国自古有之,"卜辞是人神问对,旨是决疑;《尚书》是君臣问对,旨在择贤;《论语》是师徒问对,旨在问道;《孟子》是君士问对,旨在问难;《庄子》是人物、物物问对,旨在说理。"⑤可见,答疑说理、设难问道是"问对"的重要功能。"问对"及其衍生的"设论""设难"等均夹杂着说理论辩成分。严复充分发挥"问对"这一功能,在译介西方哲学、经济学、法学、社会学、逻辑学等中,通过"问对"解释概念,阐述思想,辩驳异见。除了上一节显性问答标记处理为"问对"形式之外,严复还特别擅长把独白式、问答标记不明显的说理论辩文字稍加改写,译为"问对"形式,甚至直接添加"问对"标记,其中的推理和反驳貌似对答,但只是作为衬托的手段⑥,以聚焦症结,加强逻辑,增添气势,突显观点。

严复所译的每个学科说理论辩都立足于其核心概念及重要论题。作者在引出这些概念和论题前,往往先从相关现象入手。这样的行文严复译为"问对"得心应手,其形式一般是问多而答简,通过提出不同问题,最后聚焦到背后的症结,一语中的。如《原富》开篇以"问对"点题,认为劳动生产力的成效取决于分工:

---

① 严复,《穆勒名学》,北京:商务印书馆,1981年,第368—373页。
② Spencer, Herbert. *The Study of Sociology*. Routledge / Thoemmes Press, 1996, 281.
③ 严复,《群学肄言》,北京:商务印书馆,1981年,第211页。
④ 严复,《群学肄言》,北京:商务印书馆,1981年,第211—218页。
⑤ 李乃农,"论《文选》'对问'体——兼论先秦问对体式的发展历程",《广西师范大学学报》,2005年,第4期,第84页。
⑥ 邰积意,《经典的批判——西汉文学思想研究》,北京:东方出版社,2000年,第221页。

The greatest improvement in the productive powers of labour, and the greater part of the skill, dexterity, and judgment with which it is any where directed, or applied, **seem to have been the effects of the division of labour.**[1]

以上的焦点在句末,严译则一变原文观点之直陈为自问自答之"问对":

> 天下之常言曰:民生在勤。然则,力作者将斯人所定于天之分而无可逃者欤? 虽然,均力作矣,其得效则此多而彼少,其致力则此益疾益巧。而彼常拙常迟,其故果安在也? 曰:其事首判于功之分不分。[2]

原文是作者独白式的推理,猜测"the greatest improvement ..."和"the greater part ..."这两者的原因可能都是"the effects of the division of labour"。据此,严复先抽象出"民生在勤"作为推理的前提,然后由"勤"引出"力作",再由"力作"引出其正反两种"得效":"益疾益巧"与"常拙常迟"。通过两问一答,最后把生产力不同功效的症结聚焦于"分功",引出下文说理论辩的中心话题。

　　"问对"可用于聚焦症结引出论题,还经常用于增强说理的逻辑性,一问一答,层层推进,引导读者参与思辨,如:

The power which that possession ..., is the power of purchasing; a certain command over all the labor, or over all the produce of labor which is then in the market.[3]

---

　　[1]　Smith, Adam. *An Inquiry into the Nature and Causes of the Wealth of Nations.* Xi'an: Shanxi People Press, 2005, 1.
　　[2]　严复,《原富》(上册),北京:商务印书馆,1981年,第5页。
　　[3]　Smith, Adam. *An Inquiry into the Nature and Causes of the Wealth of Nations.* Xi'an: Shanxi People Press, 2005, 27.

> 然则,有财者之权为何如权乎? 曰:能致物而已。其致
> 物云何? 曰:致他人之功力与其功力所成就而已。①

严复首先把第一句的主谓部分"The power which that possession"变为
"问",把述谓部分"is the power of purchasing"译为"答",即把一个平铺
直叙的判断句译成一问一答,然后又变答"能致物而已"为第二问"其致
物云何?"继之以第二次作答,自问自答,层层递进,逻辑清晰,行文流畅。
如果原文观点越集中,内容越丰富,严复"问对"形式更能体现出说理论
辩的凌厉之势,如:

《天演论》的一大主题是宣扬"优胜劣汰"。关于"劣汰",赫胥黎
(Thomas Henry Huxley,1825－1895)的"独白"语气冷酷无情:

> ... the surplus population must be disposed of
> somehow; or the fierce struggle for existence must
> recommence and destroy that peace, which is the
> fundamental condition of the maintenance of the state of
> art against the state of nature.
>
> Supposing the administrator to be guided by purely
> scientific considerations,he would,like the gardener,meet
> this most serious difficulty by systematic extirpation,or
> exclusion,of the superfluous. The hopelessly diseased,the
> infirm,aged,the weak or deformed in body or in mind,the
> excess of infants born,would be put away,as the gardener
> pulls up defective and superfluous plants,or the breeder
> destroys undesirable cattle. Only the strong and the
> healthy,carefully matched,with a view to the progeny
> best adapted to the purposes of the administrator,would
> be permitted to perpetuate their kind.②

---

① 严复,《原富》(上册),北京:商务印书馆,1981 年,第 24 页。
② Huxley, T. H. & Julian Huxley. *Evolution and Ethics 1893－1943*. London: The Pilot
Press LTD,1947,45.

原文中的"disposed of, recommence and destroy, systematic extirpation"杀气腾腾,严复抓住作者这一严冷语气,首先通过添加"设难",把原文改成了反客为主的"问对",然后添加四个反问加强论辩之气势:

> ……此又事有至难者也。**于是议者曰**:"是不难,……夫过庶既必至争矣,争则必有所灭,灭又未必皆不善者也,**则何莫于此之时,先去其不善而存其善**?圣人治民,同于园夫之治草木,园夫之于草木也,过盛则芟夷之而已矣,拳曲臃肿则拔除之而已矣,夫惟如是,故其所养,皆嘉葩珍果,而种日进也。**去不材而育其材,治何为而不若是**?罢癃、愚痫、残疾、颠丑、盲聋、狂暴之子,不必尽取而杀之也,鳏之寡之,**俾无遗育,不亦可乎**?使居吾土而衍者,必强佼、圣智、聪明、才桀之子孙,**此真至治之所期,又何忧乎过庶**?"主人曰:"**唯唯,愿与客更详之**。"①

严复先以主人的口气提出劣汰"至难",这一看法紧紧抓住并道出了晚清读者的蒙昧心理,为引出"议者"提出"是不难",创设"议者"和"主人"之间"问对"提供了问题基础。以上"问对"是典型的反客为主,严复以"议者曰"的口吻,连续用四个反问强调汰蕃"不难"。对比原文,严译的基本策略就是刻意地添加"问对",在基本信于原文的基础上把原文的直接陈述巧妙地化为反问,阐明、突出了《天演论》的重要思想——优胜劣汰,且论辩气势凌厉。正因为如此,本以为劣汰"至难"的主人,在听了议者一番宏论之后,不但"唯唯"臣服,还"愿与客更详之"。一"唯"一"愿",与议者四个反问殊途同归,异曲同工。

严复的"问对"除了通过聚焦话题、加强逻辑、增强气势外,还经常用以突显作者说理论辩之中的观点,其基本方法是把内容陈述变成"问",把观点表达换为"对",如:

---

① 严复,《天演论》,北京:商务印书馆,1981年,第24—25页。

It is not thought needful, proceeding by deliberate induction, to ascertain what has happened in each nation where an identical institution, or an institution of allied kind, has been established. It is not thought needful to look back in our own history to see whether kindred agencies have done what they were expected to do. It is not thought needful to ask the more general question — how far institutions at large, among all nations and in all times, have justified the theories of those who set them up.[①]

原文连用三个"It is not thought needful to do..."句型，隐含的观点就是下文的事情没必要做，更没有去做。严复把具体事情设为问题，其中第三句本身就是提问，即"ask the more general question"，而每句重复的观点"not thought needful"严复取明深义，随问作答：

> 其同此政令，行于他群异族者，变象何如？**未尝一考也**。其同此政令，行于本国前朝者，收效何若？**未尝一问也**。设立是政，设布是令，与现行之政令果相得否？与一国之情势，一群之民心，不牴牾否？**未能细也**。[②]

"考""问""细"传达"needful"在不同句子中的内涵，选词可谓煞费苦心。三个"It is not thought needful to do ..."调整为"对"，突显了作者的明确观点，而且这样的被动形式本身也隐含着说话人在表达己见，转换成中文"问对"形式很自然。再如：

... it is pretended, ... therefore, it has been concluded, ... That ... cannot well be doubted; but that ... seems not very

---

① Spencer, Herbert. *The Study of Sociology*. Routledge / Thoemmes Press, 1996, 10.
② 严复，《群学肄言》，北京：商务印书馆，1981 年，第 8 页。

probable. ... it is **to be observed ...**①

　　或曰：……此似是实非之说也。夫曰……此其说诚有
然者，然不可以一概论也。且若谓……则其言什八九谬矣。
……此诚断然可知者也。②

译文改被动"pretended，concluded，doubted，observed"为主动，原来隐含
的说话人自然从幕后走上前台，观点表达明确、有力。严复充分发挥"问
对"说理论辩功能，创造了很多与原文可谓功能对等的成功译文，而且严
复使用"问对"还有文章学的考虑。

三、先秦文法："问对"章法会通

　　严复认为"修辞立诚""辞达而已""言之无文，行之不远"既是"文章
正轨，亦即为译事楷模。"③"问对"为严复中西章法会通提供了师古标准、
操作规范和仿拟资源。

　　首先，"修辞立诚"之"诚"的一种理解，是对翻译的态度④，其间必然
包含译者真情的自然流露。而"问对""立体之大要"也是"发愤以表志"
"身挫凭乎道胜，时屯寄于情泰"，⑤即"问对"旨在抒发作者之愤懑、不得
志，展现了个人与社会、理想与现实之间矛盾所致的自嘲、自解、批评、讥
讽、抑郁等复杂的内心世界。如"宋玉含才，颇亦负俗，始造对问，以申其
志，放怀寥廓，气实使文。""东方朔效而广之，名为《客难》，托古慰志，疏
而有辨。扬雄《解嘲》，杂以谐调，回环自释，颇亦为工。"⑥苏轼（1037—
1101）《前赤壁赋》通过月夜泛舟、饮酒赋诗引出主客对话，悲叹人生，其
"文境邈不可攀"⑦。而"间亦附以己见，取《诗》称嘤求，《易》言丽泽之

---

　　① Smith，Adam. *An Inquiry into the Nature and Causes of the Wealth of Nations*.
Xi'an：Shanxi People Press，2005，75.
　　② 严复，《原富》（上册），北京：商务印书馆，1981年，第77页。
　　③ 严复，《天演论·译例言》，北京：商务印书馆，1981年，第 xi 页。
　　④ 潘文国，"中国译论与中国话语"，《外语教学理论与实践》，2012年，第1期，第5—6页。
　　⑤ 周明，《文心雕龙校释译评》，南京：南京大学出版社，2007年，第118页。
　　⑥ 周明，《文心雕龙校释译评》，南京：南京大学出版社，2007年，第117—118页。
　　⑦ 方苞，"苏子瞻前赤壁赋评识"，见姚鼐编，《古文辞类纂》，长春：吉林人民出版社，1998
年，第877页。

义"①是严复治学经世的重要特点,所以从抒情角度来说,"问对"符合严复托译言志之需。严复也不失时机地把自己对所译西学的情感融入"问对"之中。如《原富》部甲篇十一"释租"中论及致富与修路的关系,严复把原文的观点直接陈述,改为隐形问答:

> 凡大道通衢,与凡可漕之水,皆所以利转输。……夫鄙远之地通,都会首蒙其利。何则? 以不受近郊者之专利也。然而近郊之民,独无利乎? ……然而道成之后,近郊之租转增,即农业亦日益精进。呜呼! 计学之理,岂易言哉!②

严复非常赞同修路是"致富之枢机"的观点,其译文一方面通过"问对"阐明这一道理,另一方面添加了"呜呼! 计学之理,岂易言哉!"以言志,同时还在按语中进一步强调:"此事岂独于一国为然,六合之大,尽如此矣!"③通过转换、添加简短的感叹句、反问句等,是严复"问对"抒情的重要手段。有时严复几乎是在创作:

> He can no more express his fears about a future event than he can blame his lack of success on the caprice of fortune.④

这句话是批评专制国家臣民唯有奉令顺旨,听天由命。严复译文大幅度调整,创设了两个具象化的"问对",表达对专制的强烈批判之情:

> 天有过乎? 曰:"有之。大水溢,火山流,民之丁之日,此吾运之蹇也。"君有过乎? 曰:"有之。害生理,滋厉阶,民

---

① 严复,《天演论·译例言》,北京:商务印书馆,1981 年,第 xii 页。
② 严复,《原富》(上册),北京:商务印书馆,1981 年,第 143—144 页。
③ 严复,《原富》(上册),北京:商务印书馆,1981 年,第 144 页。
④ Montesquieu, Baron de. *The Spirit of the Laws* (Volume One). Beijing: China Social Sciences Publishing House,1999,29.

之逢之曰,此吾辰之衰也。"之二者,皆命也。命故无可议,
无可违,无可先事而豫计。①

译文的情感化明显:"天有过乎?""君有过乎?"设问大胆;"有之"回答铿
锵有力;"no more … than"与"express,blame"译为"命故无可议,无可违,
无可先事而豫计",道出了专制暴政之下的臣民深深的无奈和绝望之情。

　　其次,"问对"句法有助于"辞达"。严复认为:"实则精理微言,用汉
以前字法、句法,则为达易;用近世利俗文字,则求达难。"②"问对"特别适
合以观点为中心断句重组,是处理英语长句的一种有效形式,如:

　　　But perhaps no country has ever yet arrived at this
degree of opulence. China seems to have been long
stationary,and had probably long ago acquired that full
complement of riches which is consistent with the nature
of its laws and institutions.③

　　　问天下有如是之国乎? 无有也。泰东之建国曰支那,
支那,富国也,既充其量矣乎? 曰:未也。何以知其未耶?
曰:支那之富,充其人事之量云尔,所不加进者,民智与其政
法教俗囿之也。④

第一问突出了主语"no country",第二问突出了表达原因的从句
"consistent with the nature …"。严复这种会通,深深地折射了他的"达
旨"观:"将全文神理融会于心,则下笔抒词,自然互备。至原文词理本
深,难于共喻,则当前后引衬,以显其意。凡此经营,皆以为达,为达即所
以为信也。"⑤严复对原文理解至深,且善于运用"问对"化解长句,以突出

　　① 严复,《孟德斯鸠法意》(上册),北京:商务印书馆,1981 年,第 41 页。
　　② 严复,《天演论·译例言》,北京:商务印书馆,1981 年,第 xi 页。
　　③ Smith,Adam. *An Inquiry into the Nature and Causes of the Wealth of Nations*.
Xi'an: Shanxi People Press,2005,86.
　　④ 严复,《原富》(上册),北京:商务印书馆,1981 年,第 89—90 页。
　　⑤ 严复,《天演论·译例言》,北京:商务印书馆,1981 年,第 xi 页。

问题、解释观点,这种拆句方式很值得当代照搬外语结构者深思。前文译例中严复的"问对",多有辞达之效,不再赘述。

再次,"问对"有助于"言之有文"。"问对"体无论说理,还是抒情,都不乏"麟凤其采"①,或"腴辞云构",或"夸丽风骇"②,或珠连明润。句式、修辞讲究偶对排比,"铺采摛文,体物写志"③,论辩气势雄阔。"问对"也讲究赋的文采和艺术性,是严复用以会通西学所看重的重要文学特征,符合严复关于翻译"雅"的主张,符合晚清熟读古书的读者期待。

如《天演论》中第一个"问对"体。原文句式是"it is urged that,... I can only reply, that ..."④内含一问一答,严复仿拟"问对"译为:"难者曰:……应之曰:……"⑤其中主要内容是讲"人治天行,同为天演"⑥,如果人治不力,则天演很快就占上风,比如一座桥建好后,大自然就在不断地施以破坏力:

> ... every breeze strains the bridge a little, every tide does something to weaken its foundations; every change of temperature alters the adjustment of its parts, produces friction and consequent wear and tear. ...
>
> ... but a similar antagonism is everywhere manifest between the artificial and the natural.⑦

由此推而广之,"天人互争"对于万事万物无时不刻不在起作用。建桥如此,种树如此,畜牧如此,治国亦如此。这些现象都包含在上文"应之曰"的"答"中,严复仿拟赋体,一气呵成,译为排偶:

---

① 周明,《文心雕龙校释译评》,南京:南京大学出版社,2007年,第118页。
② 周明,《文心雕龙校释译评》,南京:南京大学出版社,2007年,第117页。
③ 周明,《文心雕龙校释译评》,南京:南京大学出版社,2007年,第64页。
④ Huxley, T. H. & Julian Huxley. *Evolution and Ethics 1893—1943*. London: The Pilot Press LTD, 1947, 39.
⑤ 严复,《天演论》,北京:商务印书馆,1981年,第15页。
⑥ 严复,《天演论》,北京:商务印书馆,1981年,第15页。
⑦ Huxley, T. H. & Julian Huxley. *Evolution and Ethics 1893—1943*. London: The Pilot Press LTD, 1947, 40.

　　　　然而飘风朝过,则机牙暗损,潮头暮上,则基阯微摇。
且凉热涨缩,则筍铖不得不松;雾淞潜滋,则锈涩不能不长,
更无论开阖动荡之日有损伤者矣。……故假人力以成务者
天,凭天资以建业者人,……小之则树艺牧畜之微,大之则
修齐治平之重,无所往而非天人互争之境。①

严复在不改变原文本旨的基础上,以"问对"体会通原文,且骈散结合,以
偶对为主,增强了论辩的逻辑性和行文的文学性。类似的长短"问对",
严复频繁使用,力奉"言之无文,行之不远"为"译事楷模"。②

　　严复以上形式、功能、文章三个层面的"问对"化处理,尽管难免牵
强,甚至自设藩篱,但不乏创作灵感和成功启示。"信"不是照搬原文结
构,翻译不是词典化的机械对应,外语教学不能忽视中文。对于习惯于
现代直译思维的译者和读者来说,严复"问对"策略的种种理据、会通意
识及其实践智慧值得反思和借鉴,要在看似不同的源语和译语之间,善
于捕捉相似性和契合点,善于挖掘译语资源,会通中西。

　　严复翻译的目的明确,主要有两个层面:一是会通中西的"治异国语
言文字者之至乐";二是开启民智,倡导维新救亡。两者相互交织,既以
学为政,又力求创建新文化,而其按语"附以己见"便是会通中西、超越中
外、文化构建的重要手段,为晚清维新救亡运动提供了强有力的西学武
器,可谓 Steiner 翻译阐释策略和 Bassnett & Lefevere 文化构建论的一
个出色的中国实践者,其洋洋洒洒十几万言的按语,是他给一个时代留
下的思想遗业③。

---

① 严复,《天演论》,北京:商务印书馆,1981 年,第 15 页。
② 严复,《天演论·译例言》,北京:商务印书馆,1981 年,第 xi 页。
③ 欧阳哲生,《严复评传》,南昌:百花洲文艺出版社,1994 年,第 182 页。

第三节　严复按语的翻译会通

严复按语是典型的"厚翻译"[①]。首先其"厚"在于超额翻译或过度诠释。严复治西学巧妙地融入了传统经学注疏之法，融阐释、评注于一体，旨在"统新故而视其通，苞中外而计其全"[②]，以打通中西见其"理极"为学术之"至乐"[③]。用严复自己的话来说就是：

> 穷理与从政相同，皆贵集思广益。今遇原文所论，与他书有异同者，辄就谫陋所知，列入后案，以资参考。间亦附以己见，取《诗》称嘤求，《易》言丽泽之义。是非然否，以俟公论，不敢固也。如曰标高揭己，则失不佞怀铅握椠，辛苦迻译之本心矣。[④]

严复按语的目的是"集思广益"，类别有二：一重考据，会聚古今中外异同之论，"以资参考"；二重言志，"附以己见"，"嘤求"友声，"丽泽"资益。这两种按语往往相互交融，综合来看，其"厚"用心良苦，非为"标高揭己"，实为会通古今中外，开启民智，维新救亡。其次，严译按语之"厚"在其数量可观，共 700 多条，约 17 万字，精心考据，内容宏富。

目前对严复按语研究囿于剖析其诸多思想，涉及经济、政治、人口、

---

① Appiah, K. Anthony. "Thick Translation". In Venuti, L. (ed.), *The Translation Studies Reader*. Manchester：Manchester University Press, 2009. Appiah, K. Anthony. "Thick Translation". In Rowell, C. H. (ed.), *Callaloo*. New York：Jones Hopkins University Press, 1993：808—819.

② 严复，"与《外交报》主人书"，见王宪明编，《严复学术文化随笔》，北京：中国青年出版社，1999 年，第 127 页。

③ 严复，《天演论·自序》，北京：商务印书馆，1981 年，第 viii 页。

④ 严复，《天演论·译例言》，北京：商务印书馆，1981 年，第 xii 页。

改革、法制、宗教、社会学、富国策等。^① 只有《原富》按语性质与内容研究、严复按语作为翻译策略研究等论及其翻译会通^②,而其厚翻译研究又多侧重于意识形态、诗学、赞助人等影响因素,有过分强调严复"六经注我"之嫌。本节重点讨论严复按语"厚翻译"如何会通中西以考辨西学、反观中学、译名等值三个问题,认为严复按语尤重"我注六经"。

一、会通中西,考辨西学

严复按语会通中西的第一个重点是考辨西学,从翻译的理解环节到置西学于古今中外的大语境下进行是非考辨,体现了严复丰富的相似性联想、强烈的考据意识、开阔的"统新故""苞中外"文化视野,或"附",或"证",或"辨",是"我注六经"式的厚翻译。

首先是附加"厚信息",会通深义,即以按语形式汇聚与原文相似之论,帮助读者更好地理解西学。严复作为晚清西学译介第一人,充分利用按语适当填补原著的文本空白,包括作者生平、学术背景、诸家流派、重要观点等,以备"知人论世之资"^③,开启民智。但严复不是简单地附加"厚信息",而是与"阔视远想,统新故而视其通,苞中外而计其全,而后得之"^④这种会通思想一脉相承。

严复八大译著一以贯之最重要的思想是天演学说,正如《天演论》"广义"篇论天演之"广"无处不在、无时不在所云:"小之极于跂行倒生,大之放乎日星天地;隐之则神思智识之所以圣狂,显之则政俗文章之所

---

① 如叶世昌,"从《原富》按语看严复的经济思想",《经济研究》,1980 年,第 7 期,第 71—75 页;桑咸之,"从严译《法意》案语看严复的政治思想",《河南师范大学学报》,1986 年,第 1 期,第 21—26 页;骆浪萍,"《原富》按语中严复的人口思想",《人口研究》,1987 年,第 3 期,第 50—53 页;孙小著,"从严译名著按语试探严复的改革思想",《近代史研究》,1994 年,第 5 期,第 52—72 页;俞政,"析严译《原富》按语中的富国策",《苏州大学学报》,1995 年,第 3 期,第 113—119 页;俞政,《严复著译研究》,苏州:苏州大学出版社,2003 年,第 116—121、159—173、252—271 页;段颖惠,"严复法制思想刍议——以《法意》按语为核心",《山西大同大学学报》,2011 年,第 5 期,第 30—33 页。

② 如皮后锋,《严复评传》,南京:南京大学出版社,2006 年,第 426—436 页;赖建诚,《亚当·斯密与严复:〈国富论〉与中国》,杭州:浙江大学出版社,2009 年,第 56—130 页;韩江洪,《严复话语系统与近代中国文化转型》,上海:上海译文出版社,2006 年,第 130—140 页。

③ 严复,《天演论·译例言》,北京:商务印书馆,1981 年,第 xii 页。

④ 严复,"与《外交报》主人书",见王宪明编,《严复学术文化随笔》,北京:中国青年出版社,1999 年,第 127 页。

以沿革,言其要道,皆可一言蔽之,曰:‘天演’是已。”①即万事万物,无论大小隐显,无一超乎天演,这对于想当然、惯于传统周而复始、“天不变道亦不变”等观念的晚清国人来说,可能无法理解,甚至想也不敢想。而严复作为启蒙思想家恰恰要想方设法引导他们去想、去理解,乃至接受,其方法有二:先在译文中从反面否定传统世变、运会之说,后在按语中再从正面以赫胥黎同时代斯宾塞的学说、传统周易思想会通天演广义论,紧紧抓住读者的怀疑心理,以易经翕辟之卦、一阴一阳之谓道等思想把斯宾塞洋洋洒洒数十万言撮出其演变之大要,从学理上阐释天演“随在可察”②:“天演者,翕以聚质,辟以散力。方其用事也,物由纯而之杂,由流而之凝,由浑而之画,质力杂糅,相剂为变者也。”③严复对此所作的逐条诠释,言简意赅,希冀提供“讲而益密”的互补信息,“以俟学者之揽择”,④从而更准确地把握原著之真精神。严复按语以“厚”求信,功在“补白”,力揭原文之要旨,便于读者与原文交相“集思广益”,互补会通,对理解严译之全貌或细节均至关重要。

其次,以中证西,阐释西学。严复《天演论》自序开篇引用英国逻辑学家穆勒之言:“欲考一国之文字语言,而能见其理极,非谙晓数国之言语文字者不能也。”因为不同语言文化之间不乏“事不相谋而各有合”。⑤这一“合”为严复按语找到了以中学阐释西学的切入点,也便于熟知中国文化的读者理解西学,开启民智。如《法意》第八卷论及“A monarchical state should be of a medium size.”⑥即“君主之国,其幅员亦不宜过大者也。”⑦原文孟德斯鸠以欧洲为例,说明君主之国小则易于民主,过大则诸侯割据,君权王制难及,如古罗马、古希腊等王国。严复翻译至此,联想并发掘出中国几千年“分久必合,合久必分”的历史,高度概括了三代至晚清历朝的合、分更迭,以类比欧洲,会通中西:

① 严复,《天演论》,北京:商务印书馆,1981年,第5页。
② 严复,《天演论》,北京:商务印书馆,1981年,第5页。
③ 严复,《天演论》,北京:商务印书馆,1981年,第6页。
④ 王栻主编,《严复集》(第四册),北京:中华书局,1986年,第876页。
⑤ 严复,《天演论·自序》,北京:商务印书馆,1981年,第viii页。
⑥ Montesquieu,Baron de. *The Spirit of the Laws* (Volume one),Beijing:China Social Science Publishing House,1999,125.
⑦ 严复,《孟德斯鸠法意》(上册),北京:商务印书馆,1981年,第173页。

　　复按:右之所言,可徵之中国历史,见其例之不诬也。
夫三代之不然,以其制之为封建也。秦毁封建而草泽兴,顾
项之与刘,皆立六国后矣。汉高斩刈功臣,身死而捍鸷之吕
氏,犹足以弹压之。然文景之世,淮南七国,亦多故矣。东
汉终于三国,典午骨肉相残;唐之衰也以藩镇;宋罢群臣兵
柄,遂有金元之祸;乃至清朝,监于累代,其制可谓至密,而
犹有三藩之诛。然则君主国大,其势常趋于分,真信例
也。①

短短不到 200 字的按语,严复凝练地梳理出了中国历代四分五裂的"分"
治状况,如"六国""七国""三国""藩镇""金元""三藩"等,既从表面上论
证了孟德斯鸠的观点"不诬",更启发读者思考中国这样的泱泱大国如何
有效地治理,以避免历代频繁的"毁""斩刈""弹压""多故""骨肉相残"
"衰""罢""祸""诛""分"等。严复纵横中西、贯通古今的治学精神与西学
译介,在这样的按语中再次得以融合。
　　再次是考证会通,力避偏执。严复按语中,多次表达了对所译西学
两种截然不同的观点:一是叹服原文"精识""伟识"②难以企及,甚至是
"旷观千古,横览五洲,惊心动魄,吃紧为人之言也"③;二是"乍闻其说,惊
人可喜,而于历史事实,不尽相合。后闲尝议,非诬之也,学者自用心衡
焉可耳"④,甚至"考之中西之前史……无此事也。"⑤这两种观点实际上折
射了同样的中西会通治学观,即"统新故而视其通,苟中外而计其全,而
后得之",具体来说,就是不但力求译文信于原文,而且对原文所论还要
加以考证,追求有一份证据说一份话,对作者错误、偏狭之处沿波溯源,
尽可能"回到事情本身"⑥,以正视听。
　　中西文化存在方方面面的差异,严复时代的国人对西方社会、政治、
经济、文化、教育、价值观等知之甚少,严复为了力避引进偏狭甚至错误

①　王栻主编,《严复集》(第四册),北京:中华书局,1986 年,第 959 页。
②　严复,《孟德斯鸠法意》(上册),北京:商务印书馆,1981 年,第 244、411 页。
③　严复,《孟德斯鸠法意》(下册),北京:商务印书馆,1981 年,第 717 页。
④　严复,《孟德斯鸠法意》(上册),北京:商务印书馆,1981 年,第 186 页。
⑤　严复,《孟德斯鸠法意》(上册),北京:商务印书馆,1981 年,第 194 页。
⑥　徐朝友,《阐释学译学研究:反思与建构》,南京:南京大学出版社,2013 年,第 4 页。

的学说误导国人,所以按语多有考证会通的"厚翻译",以便读者以集思广益的方式"视其通"。如《支那教案论》论及"自戕"一节:"杀身自戕,英国大禁也,至不准用常法殓葬,行其罚于遗躯;而中国则朝廷旌之,乡党诵之,以为奇杰瑰行。"①表面上,中西有关"自戕"的对比言辞凿凿:英国严禁自戕,乃至死后都"不得好死";而中国视自戕为奇杰义行,旌之诵之。言下之意,中国人的"自戕"毫无价值。在严复看来,这种观点与事实不符:

> 至所论自戕一节,亦未深知事实。中国常云:死有重于泰山,有轻于鸿毛,其所旌奖称述,皆舍身成仁,杀身取义之事,所以立人纪而维世风,正相生相养之极致;而小谅轻生,则亦邦常清议所不与也。但中西教化既异,中国殉君、殉亲、殉夫等事,在西国皆谓可以无死。而教门争执,至于被杀焚躯,则指为绝大义烈。甚至睚眦小忿,拔刃相仇,旁观亦称其勇。不知此自华人观之,正亦闵其轻生,而断断可以无死者也。②

译者的责任不仅要对原作者负责,还要对读者负责。严复译文对原文来说做到了"信",但对读者来说是偏执的"信"。对此,严复证据有二:一是中国人所旌之诵之的自戕是"重于泰山"的"舍身成仁,杀身取义",其死是"立人纪而维世风"的表率;二是对比中西,异中有同,中国殉节与西方殉教,均有"自戕",站在各自立场,均不值一死,没有必要像原文那样简单地否定对方文化。严复类似按语的"厚翻译",从解释学来看,功在考证会通,如此,不仅同中可以察异,而且也能即异观同,力避偏执。

"译事苦于不悉者"③。严复早在《天演论》译例言中就指出,翻译能做到既信且达的译才"寡矣",原因有三:"浅尝""偏至"和"辨之者少"。对此,严复采用"达旨"之法,尤重"取明深义"。④ 译文如此,按语亦然,只

① 王栻主编,《严复集》(第四册),北京:中华书局,1986年,第850页。
② 王栻主编,《严复集》(第四册),北京:中华书局,1986年,第850页。
③ 严复,《穆勒名学》,北京:商务印书馆,1981年,第73页。
④ 严复,《天演论·译例言》,北京:商务印书馆,1981年,第xi页。

不过按语更利于"取便发挥"①,记录了严复深入明辨、不倍原文的求信艰辛历程,是严复"……阅西文多矣,诗词不论,乃至文笔,则斟酌疏明,常至无所可疑而后止"②的结果。从这个意义上讲,严复按语讨论理解西学,少主观评价,多实证考辨,这种"厚翻译",体现了严复以"信"为本、追本溯源、"我注六经"的良苦用心。

二、发掘新意,诊断中学

严复译作往往为"忠愤所发"③的感时忧世之作,严复按语不论对比中西异同,还是附以己见,其"厚翻译"的另一个侧重点是以考辨过的西学反观中学。在严复中西会通中,经考辨"无误"后的西学既是视角,又是公理。视角有助于嘤求友声,发掘传统之新意;公理更利于丽泽资益,诊断中学之问题。

发掘传统新意主要包括重读古书、重释文化。自明末徐光启翻译会通说提出以来,翻译的经世致用功能一直是明清儒家士大夫思考的重点,但徐光启、严复等人同时又非常注重以新视角融西学译介与传统义理、考据、辞章于一体。严复按语更频繁地涉及西学与传统经史子集等的多方面会通,其主要手段是以西学新视角重读经典,主张"与欲读中国古书,知其微言大义者,往往待西文通达之后而后能之。"④严复以西观中的读书法与其中西会通的文化观、治学"至乐"观一脉相承,于是他翻译天演论发掘了《易经》、老庄等哲学中的天演之道;翻译社会学发掘了《大学》格物致知诚意正心修身齐家治国平天下的社会学思想;翻译自由学说发掘了《大学》絜矩之自由思想;翻译逻辑学发掘了《易》重演绎法,《春秋》重归纳法;翻译国富论发掘了《大学》、《周官》、《管子》、《孟子》、《史记》等中的经济思想,等等。这对学贯中西的严复来说,其"集思广益"带来的中西会通之"至乐",可为知者言,而难为外人道,在读者善读耳。

严复重释文化范围更广,就深层思想而言,严复译著的潜台词是维

---

① 严复,《天演论·译例言》,北京:商务印书馆,1981年,第 xi 页。
② 严复,《孟德斯鸠法意》(上册),北京:商务印书馆,1981年,第79页。
③ 吴汝纶,"答严幼陵",见牛仰山、孙鸿霓编,《严复研究资料》,福州:海峡文艺出版社,1990年,第250页。
④ 严复,"教授新法",见孙应祥、皮后锋编,《〈严复集〉补编》,福州:福建人民出版社,2004年,第73页。

新变法,其按语有关变法细节自然特别注重发掘出中国历史上诸多变法的得失成败,如商鞅变法、晁错变法、王莽改制、王安石变法、张居正新政等。严复尤青睐重释王安石变法的积极主张。如:亚当·斯密(Adam Smith,1723—1790)《原富》论及赋税不能过重,给民力足够的自由。对此,严复首先论证斯密氏国家"宽贷"赋税、使民力"廓然自由"的养民观"最窥财政深处"[①],继而高度评价了王安石(1021—1086)的养民观:"千古相臣,知财计为国之大命,而有意于理财养民者,荆公一人而已。其法虽病,然事难助寡使然。而其用意固为千古之大虑,不容后人轻易排击也。"[②]对王安石变法一分为二地进行了公允评价,从经济学的角度肯定其为"千古相臣",并在评点《王荆公诗》中多有"待西文通达之后而后能之"的新发掘,如读《酬王詹叔奉使江南访茶利害》认为"荆公胸中社会主义甚富",《彼狂》"是王氏天演论",《秃山》"抵得一篇马尔图户口蕃息论"。[③]

可见,严复西学视角对创新学术、发掘中学新意起到了积极作用。按语是严复翻译中西兼治的学术方式,而非仅仅囿于语言之间的转换;是中西语言文化的深度融合,而非两张皮的简单并置;是熔铸译者辛苦迻译之本心,而非不负责任的译者登场。其一大目的是创新中学传统典籍、文化中被忽视的微言大义,或者说是重新发掘"只缘身在此山中"看不到的风景。翻译在中国有"橘生淮北则为枳"之说,严复按语与本土结合取便发挥,更使得其翻译之"橘"多了些"枳"的成分,这些"枳"不乏严复以西观中的新发现。甚至可以说严复以西学解读《老子》、《庄子》、《王荆公诗》的评语以及所发表的《论世变之亟》、《原强》、《辟韩》、《救亡决论》等系列文章,都可谓严译新视角下反观中学的"泛"按语,同样熔铸了严复的会通苦心。正如曾克耑(1900—1976)所云:"公治学之广,择术之正,用心之微,既有以深察而默契之矣,则本其通识,深赏以批却导窾,抉其精,发其真,以示来兹,有不涣然冰释,怡然理顺者邪?而岂世之沾沾以笺疏自喜、寻章摘句之流所可望者哉?乌乎远矣!"[④]此论值得深思。

---

①　严复,《原富》(下册),北京:商务印书馆,1981年,第407页。

②　严复,《原富》(下册),北京:商务印书馆,1981年,第407页。

③　王栻主编,《严复集》(第四册),北京:中华书局,1986年,分别见第1157、1163—1164页。

④　王栻主编,《严复集》(第四册),北京:中华书局,1986年,第1179页。

严复按语真可谓不发掘中学不知先秦古学之博大精深,而不对比西学又不知近世中学之落后狭隘。严复的人生经历、知识结构、当时境遇等,都让他不由自主地把西学融入晚清维新救亡的潮流。严复是第一个动摇中国旧思想的人①,其译著按语及《论世变之亟》、《原强》、《辟韩》、《救亡决论》等"泛按语",以西方天演论学说等针砭时弊,猛烈批评中学之不足,积极倡导"鼓民力、开民智、新民德"的维新变法思想,努力构建"潜智慧、练体力、厉德行"的教育思想,抨击专制政治,鼓吹君主立宪,宣扬西方自由主义,努力探求中国救亡之策、富强之路。

严复按语取《易》言丽泽之义,托译言志,体现了一个翻译家的社会责任感,敏锐地发现西学诸多之长,以弥补中学之短。闭塞是中国一大弊端。水陆大通是"致富之枢机",西方列强的富强之路一再证明"塞"为大弊,对这一"艰明"之理,②保守派宁愿矿不采,路不建,也不让外国人得利。这种狭隘的眼光在严复看来俨然"虽坐此亡国,亦为至荣"③,恶果相当严重。中国自古"知防奸塞弊",而不知其是双刃剑,结果往往泥沙俱下,三代以来,禁非有余而进治不足。最终适得其反,"祸常发于所虑之外,弊即伏于周防之中",致使"财力匮单,人才消乏,有欲图挽救而不能者矣。"④与此相关的还有航海及海权问题,严复认为欧人自古多有"不惮艰险而乐从军走海上者",所以"能雄视五洲";⑤而中国"常置海权于度外,至于今其敝见矣!"尽管如此,晚清"尚持弃海从陆之谈"。对比欧洲,严复一针见血地指出"使弃海而从陆,则中国终古为雌。"⑥严复作为翻译家,出西"丽"入中"泽",念念不忘以他山之玉来攻自家之石。

中学无用无实是另一个大问题。西方讲求科学,严复翻译《穆勒名学》、《名学浅说》反复讨论西方科学大兴的两大科学方法:归纳、演绎。一是通过实测概括出经验事实背后存在的公理,一是运用实证所得之公理、假说推演出新知。前者是后者的基础和前提,因为归纳"自偶然而推其常然",演绎"即其常然而证其偶然"。⑦ 严复对比西方科学方法,再反

---

① 周振甫,《严复思想述评》,台北:台湾中华书局,1987年,第1页。
② 王栻主编,《严复集》(第四册),北京:中华书局,1986年,第869页。
③ 严复,《孟德斯鸠法意》(下册),北京:商务印书馆,1981年,第531页。
④ 王栻主编,《严复集》(第四册),北京:中华书局,1986年,第883页。
⑤ 王栻主编,《严复集》(第四册),北京:中华书局,1986年,第863页。
⑥ 王栻主编,《严复集》(第四册),北京:中华书局,1986年,第1002页。
⑦ 严复,《穆勒名学》,北京:商务印书馆,1981年,第152页。

观中学,一方面"如寐初觉",发现中学也有类似之法,即《易》由隐而显即为演绎,《春秋》推见至隐则是归纳;另一方面,更发现中学立论多主观臆造,依据缺乏实证:"中国九流之学,如堪舆、如医药、如星卜,若从其绪而观之,莫不顺序;第若穷其最初之所据,若五行支干之所分配,若九星吉凶之各有主,则虽极思,有不能言其所以然者矣。无他,其例之立根于臆造,而非实测之所会通故也。"①中学若囿于其自身,自成体系,博大精深,但换个视角,它的立论基础多令人质疑,心学成分浓,而所论之理缺乏实证,以至于"无用""无实"②。对此,严复进一步提出他对中学的担忧,如果"明知其无用而犹学之,明知其谬误而犹教之",则是国家使然,如中国八股诗赋,严复明确提出"学术之非,至于灭种,此吾所以不能不太息痛恨于宋人也。"③这不得不令严复彻底反思传统教育,"中国乡塾所课,其无益而费时,今人大抵知之,而尚因循不变,是可痛也。"④这两个"痛"是中学之痛,也是中国之痛。

严复对传统体系的动摇是全方位的,或以西学自由批中国之专制,士"始箝口结舌,以议论朝政为妖妄不详之人",于是民之才德识知遂尽。⑤"知欧洲分治之所以兴,则知中国一统之所以弱矣。"⑥或以"利"批孟子曰"亦有仁义而已矣,何必曰利?"及董仲舒(公元前179-公元前104)"正谊不谋利,明道不计功",认为"庶几义利合,民乐从善,而治化之进不远欤!呜呼!此计学家最伟之功也。"⑦或以西方诚信批评中国"售欺长伪,丛弊启奸,所以为民德风俗之祸者尤钜。吾不意中国号为文明者四千余年,而于民生最急之端,坏乱至于此极。"⑧或以西方世家反思中国教育,批评中国早婚、多子多福、无子为天罚等观念,"子生之后,未尝为之办教育、计远深也,慈者不过多与财耳。而以不教之子,受易得之财,往往挥霍纷纭,为当身之大患。窃尝怪西国有数百千年之贵族,而中国自宋、元以降,则几于无世家,身为将相守宰,数世之后,降在皂隶者,

① 严复,《穆勒名学》,北京:商务印书馆,1981年,第199页。
② 王栻主编,《严复集》(第一册),北京:中华书局,1986年,第44页。
③ 王栻主编,《严复集》(第四册),北京:中华书局,1986年,第906页。
④ 王栻主编,《严复集》(第四册),北京:中华书局,1986年,第906页。
⑤ 王栻主编,《严复集》(第四册),北京:中华书局,1986年,第907页。
⑥ 严复,《孟德斯鸠法意》(上册),北京:商务印书馆,1981年,第204页。
⑦ 王栻主编,《严复集》(第四册),北京:中华书局,1986年,第858-859页。
⑧ 王栻主编,《严复集》(第四册),北京:中华书局,1986年,第886页。

盖比比也。是可以思而得其故矣。"①

严复附以己见也是有一份证据说一份话,并非空穴来风,妄议中学是非,而是同样熔铸了"我注六经"的学术品格。

三、沿流讨源,回观中文

严复所译介的西学,术语繁多,包括政治学、经济学、社会学、哲学、逻辑学、教育学、心理学等,其按语"厚翻译"重点讨论了"联、计学、法、理、荣宠、名誉、本业、末业、利权、人权、女权、德、辜榷、哲学、部落、逻辑学"等译名。对此,严复译名有两句名言名垂译史:一是"新理踵出,名目纷繁,索之中文,渺不可得,即有牵合,终嫌参差。译者遇此,独有自具衡量,即义定名。"二是"一名之立,旬月踟蹰"。② 具体来说,严复认为译名至难在于西方术语"中国所无"、"或有之而为译者所未经见",其解决的办法是"取西字最古太初之义而思之,又当广搜一切引伸之意,而后回观中文,考其相类,则往往有得,且一合而不易离。"③即通过考据"沿流讨源",再反观中学会通中西,力求做到译名等值。

首先是追根溯源,"回到事情本身"。西方阐释学重恭敬原作、凝神观照、静心倾听、沿波溯源、抛弃先见、批判自我、穿越时空、转渡思想、跳跃鸿沟,通过博而后得,"回到事情本身",反对"六经注我"式的"偶发奇想和流俗之见"。④ 严复译名对原义的"沿流讨源"注重振叶寻根,这里以《原富》中的重要术语"corporation"为例,严复将之译为"联"。严复对此添加了详细的按语加以阐释,认为"corporation"与中国"会""行""帮""党"表面相似,但实质"有大不同者",因为其一,欧洲的"corporation"若同行者众,则"多相为联",且必经议会、国王批准,明确其"权""利""责""事",四者缺一不可。其二,"corporation"须具备以下五个特点:一"惟联无死",即"权""利""责""事"与国家同存;二"有功过可论",即从法律上说,原告被告均可;三"以敛费立业",所以必须得到议院批准方可;四"有名号钤印",即须有专门印章;五"得自定其章程约束",作为"治驭赏

① 严复,《孟德斯鸠法意》(下册),北京:商务印书馆,1981 年,第 556 页。
② 严复,《天演论·译例言》,北京:商务印书馆,1981 年,第 xii 页。
③ 王栻主编,《严复集》(第三册),北京:中华书局,1986 年,第 518—519 页。
④ 徐朝友,《阐释学译学研究:反思与建构》,南京:南京大学出版社,2013 年,第 4 页。

罚"的依据。只有具备这五个方面才能称为联。① 以上九个要点见证了严复对"corporation"内涵、形式、功能、特点等的深入考证,是对西方学联、教联、乡联、商联、工联等的全面考察,与中国类似组织"规制之公私,基业之坚脆",大不相同,具体做事方式也不相同。所以"会""行""帮""党"均与"corporation"不等值,而只能勉强以"联"字译之。② 虽然如此,严复译名"沿流讨源"会通中西的严谨治学精神值得倡导,这是译名是否准确的第一步,为找到合适的中文奠定了坚实的基础。

其次是"回观中文,考其相类"。面对西学名目纷繁的新理,现成的中文译名"渺不可得",即便表面"牵合",而其内理"终嫌参差"。音译也罢,意译也罢,严复译名不乏穿越时空,极尽发掘、会通之能事,既考证中西"相类"之名,又辨别义理契合之实。严复以"计学"而非"经济"、"理财"译"economics"就是一典型。

西方"economics"包罗万象,日本译为"经济"严复认为"太廓",而中国译为"理财""又为过狭",唯有"计学"最恰当,其理由是,"然考往籍,会计、计相、计偕诸语,与常俗国计、家计之称,似与希腊之聂摩较为有合,故《原富》者,计学之书也。"③这里的"聂摩"是希腊语,相当于"nomics"。严复对"经济学"译名"太廓"论述不多,而重点对比"理财"及"计学"两个译名的得失。早在《国计学甲部》按语中,严复就考证出"计学"是"主观之说",重"人伦",旨在"养欲给求",而"理财"是"客观之说",用以译"economics"不妥。④ 在《原富》按语中,严复再次考证"economics"不译"理财"而译"计学"的学理依据:

> 至译此为计学,而不曰理财者,亦自有说。盖学与术异。学者考自然之理,立必然之例;术者据既知之理,求可成之功。学主知,术主行。计学,学也;理财,术也。术之名,必不可以译学,一也;财之生分理积,皆计学所讨论,非理之一言所能尽,二也;且理财,已成陈言,人云理财,多主

① 王栻主编,《严复集》(第四册),北京:中华书局,1986年,第864—865页。
② 王栻主编,《严复集》(第四册),北京:中华书局,1986年,第864—865页。
③ 严复,《原富·译事例言》(上册),北京:商务印书馆,1981年,第7页。
④ 王栻主编,《严复集》(第四册),北京:中华书局,1986年,第848页。

国用，意偏于国，不关在民，三也。吾闻古之司农，称为计
相。守令报最，亦曰上计。然则一群之财，消息盈虚，皆为
计事。此计学之名所由立也。①

首先从学术的角度来说，"学"重明体，考知之理；"术"重达用，行之功。
西方"economics"明显属于前者，是"学"，是探究"理财"背后的学理，译为
"理财"，则以"术"代"学"，易误解为理财达用方面的技巧介绍。其次，从
研究方法来说，亚当·斯密的"economics"重"内籀"即归纳法，长于"观化
察变，见其会通，立为公例者也"②，虽然所论均为生财之道，但理财毕竟
是纷繁复杂的现象，是实实在在的具体行为，"非理之一言所能尽"，所以
"economics"译为"理财"舍本逐末。再次，"理财"的内涵多讲国用，而非
民用，译"economics"以偏概全，有失偏颇。以上严复通过"厚翻译"按语
从反面论述"理财"译名之不妥，最后再从正面回观中学，发掘出传统"计
相"、"上计"、"计事"，从古代国家负责稼穑钱谷的"计相"，到地方官员
"报最"，即上报政绩以备考核的"上计"制度，凡钱财盈虚均为"计事"。
据此，严复自信以"计学"会通"economics"最为符契："窃以谓欲立一名，
其深阔与原名相副者，舍计莫从。"③严复"计学"译名虽然最终被日本"经
济学"抢了光环，但他对"计学"这一译名的"回观"，颇见治学之严谨、见
解之独特，这种精神对后人不乏启示。

　　严复"回观中文"除了学理外，还非常注重从语言层面对译名的考
察，如《孟德斯鸠法意》开篇一连串"laws"的处理，原文如下：

Laws, taken in the broadest meaning, are the
necessary relations deriving from the nature of things;
and in this sense, all beings have their laws; the divinity
has its laws, the material world has its laws, the
intelligences superior to man have their laws, the beasts

①　王栻主编，《严复集》（第四册），北京：中华书局，1986年，第885页。
②　严复，《原富·译事例言》（上册），北京：商务印书馆，1981年，第8页。
③　严复，"与梁启超书"第2函，见王栻主编，《严复集》（第三册），北京：中华书局，1986年，
第517页。

have their laws,man has his laws.①

孟德斯鸠开篇说明广义上的"laws"是世界万物的本质特征,物各有其独特的"laws"。严复以"理""法"译之如下:

> **法**,自其最大之义而言之,出于万物自然之**理**。盖自天生万物,有伦有脊,既为伦脊,**法**自弥纶,不待设施。宇宙无无**法**之物,物立而**法**形焉。天有天**理**,形气有形气之**理**。形而上者固有其**理**,形而下者亦有其**理**。乃至禽兽草木,莫不皆然,而于人尤著。有**理**斯有**法**矣。②

严复把"nature"译为"理",而"laws"除"法"外也主要译为"理",整段话由"laws"形成的语义场变为"理"的语义场,这样的处理严复在按语中拿出了充分的会通理据。首先,严复考证儒家和佛教,得出"儒所谓理,佛所谓法,法理初非二物"③,所以译文中严复说"有理斯有法矣"。从下文对"laws"的解释来看,"一切法皆成于自然,独人道有自为之法",尤其人类立法,先有是非之理,而后立法。在考辨清楚原文之意义后,严复反观中文,发现在中文"物有是非谓之理,国有禁令谓之法",④但中文"理"与"法"同中有异,异中有同,较原文笼统的"laws",译名采用了具体化译法,以下义词会通原文上义词。下文还论及"礼""制"等其他译名,要求学者仔细辨析。严复译名虽有格义、比附,甚至有意回避日本译名之嫌,但始终贯穿着他的治学之道。

　　翻译的目的决定了译者需要采用何种翻译方法和策略。严复按语成为特定时期中国文化构建(constructing cultures⑤)的重要手段,它以西批中如同一剂剂良药,针对晚清中国社会的种种弊端,取便发挥,会通

---

① Montesquieu, Baron de. *The Spirit of the Laws* (Volume One). Beijing: China Social Sciences Publishing House,1999,3.
② 严复,《孟德斯鸠法意》(上册),北京:商务印书馆,1981年,第1页。
③ 严复,《孟德斯鸠法意》(上册),北京:商务印书馆,1981年,第1页。
④ 严复,《孟德斯鸠法意》(上册),北京:商务印书馆,1981年,第2页。
⑤ 有关思想可参见 Susan Bassnett & Andre Lefevere. *Constructing Cultures — Essays on Literary Translation*. Shanghai: Shanghai Foreign Education Press,2001.

中西,以学为政①,借西学倡导维新救亡,从思想根基上打破了传统意识形态的禁锢②,帮助国人思索如何把中国建成为一个自由、富裕、文明的理想社会③。严复学贯中西,一生治西学不忘中国传统文化,他的按语集翻译、研究、救国于一体,是他会通中西、治学"至乐"精神的体现,是他向世人证明自己深厚国学底蕴的重要策略,也是"我注六经"的内心独白,为成功地译介西学、发掘传统、创建新文化做出了独创性的贡献。严复的按语策略非常值得当代译者借鉴,尤其在学术翻译领域,面对当今令人炫目的走马灯似的西方学术理论,严复这种深入研究、追求会通的治学精神④值得提倡和弘扬,以促进中西文化交流,繁荣中国学术。严复按语虽然是严复翻译的"副产品",但对中国学术影响很大,⑤其会通性对当前学术翻译的策略、目的、立足点、译者的素养和主体性、翻译与研究、文言笔法、译本的可读性等,留下了一连串的思考,有待进一步研究。

第四节　严复换例译法与中西会通

严复治学追求"统新故而视其通,苞中外而计其全"⑥,通过"归求反观"⑦,融贯古今,会通中西。这一思想贯穿于他的译文序言、正文、按语之中,其中换例译法更直接熔中西于一炉,《名学浅说》(*Primer of Logic*)可谓这一翻译策略的代表。该书是英国逻辑学家耶方斯(W. Stanley Jevons,1835－1882)所著的一本逻辑学入门之作,而译本中俯拾皆是的换例译法充分体现了中西文化的会通,尤其严复以西方逻辑学

---

① 林怡,"以学为政:从朱熹到严复",见郭卫东、牛大勇主编,《中西融通:严复论集》,北京:宗教出版社,2009 年,第 12－35 页。

② 李泽厚,《中国近代思想史论》,北京:生活・读书・新知三联书店,2008 年,第 266 页。

③ 黄克武,《自由的所以然:严复对约翰弥尔自由主义思想的认识与批判》,上海:上海书店出版社,2000 年,第 309 页。

④ 译者的研究者身份自佛经翻译就受到关注,但在当前的翻译界存在着很多客观、主观问题,值得深思。

⑤ 贺麟,"严复的翻译",见商务印书馆编辑部编,《论严复与严译名著》,北京:商务印书馆,1982 年,第 39 页。

⑥ 严复,"与《外交报》主人书",见王宪明编,《严复学术文化随笔》,北京:中国青年出版社,1999 年,第 127 页。

⑦ 严复指出:"即吾圣人之精意微言亦必既通西学之后,以归求反观,而后有以窥其精微而服其为不可易也。"见王栻主编,《严复集》,北京:中华书局,1986 年,第 49 页。

反观中国语文、中国逻辑之弊，更是借翻译诊断中学之病患，寄西学探求疗救之良方，志在启蒙国人以科学救国。目前《名学浅说》在严复的八大名译中研究相对较少，值得专论。

一、严复换例译法的会通性

严复换例译法有着明显的时代特征和个人的治学特色。1894 年甲午"一战而人皆醒矣，一战而人皆明矣"[①]，严复因此走上了以"译书醒世，发同胞之蒙昧，挽国运于阽危"[②]的治学之道。为了达到针砭时弊的效果，严复在翻译中把对时局的思考与西学的译介巧妙地融会贯通，选择公众最关切之事，从多个方面将中国传统文化与相关西学进行比较会通，进而反观中学之不足，如《天演论》以进化论思想颠覆中国传统的天道观念，《原富》以经济自由主义反对中国"重本抑商"等传统观念，《群己权界论》和《法意》以自由观和法的精神反对中国封建专制主义，《穆勒名学》及《名学浅说》则以西方逻辑学反对中国思想传统中的直觉主义等。[③]《名学浅说》中的大量换例译法就充分体现了严复这一会通精神，它以名学即逻辑学为契合点，重点反思中国文字之弊以及由此而滋生的逻辑不缜、科学不兴等先天不足之症，这是晚清以降国人反思传统文化的一大重要话题，值得细究。

翻译是有目的性的行为，而翻译的目的又往往决定了译者需要采用何种翻译方法和策略。[④] 严译《名学浅说》的直接目的是教学："有女学生旌德吕氏，谆求授以此学。因取耶方斯浅说，排日译示讲解，……中间义恉，则承用原书；而所引喻设譬，则多用己意更易。盖吾之为书，取足喻人而已，……"[⑤]。教学，尤其是思辨性很强的逻辑学入门教学，作为老师的严复当然要力求讲解通俗易懂，于是该译作中与西方逻辑学相关的中

---

① 郑大华点校本，"新政始基"，《新政真诠——何启、胡礼垣集》，沈阳：辽宁人民出版社，1994 年，第 183 页。

② 皮后锋，《严复评传》，南京大学出版社，2006 年，第 23 页。

③ 韩江洪，《严复话语系统与近代中国文化转型》，上海：上海译文出版社，2006 年，第 99—101 页。

④ Munday, Jeremy. *Introducing Translation Studies: Theories and Applications*. London and New York: Routledge, 2001, 79.

⑤ 严复，《名学浅说·译者自序》，北京：商务印书馆，1981 年，第 vii 页。

国事例在他的译笔下自然信手拈来①。严复使用最多的是用相似的中国传统文化直接替换原文所举之例,如第二十节解释否定术语(negative term)构成的一般逻辑方法,是在肯定术语(positive term)(严复分别译为词的"负名"和"正名")前加上"不"或"非"等,对此,原文进一步举例说明如下:

> ... if we happen to want them, we can make them for the occasion by putting not-, or non-, before the positive term. ... When we are speaking in England of those belonging to Christian sects, Churchman means one belonging to the Church of England. Those who, being Christians, are not Churchman, are called Dissenters, so that the term Dissenter serves as the negative of Churchman. But we have no separate names for those who are not-Wesleyans, or not-Methodists, or not-Baptists.②

原文有关 Church 语域中的肯定词"Churchman"(信教者)及其否定词"Dissenter"(不信奉国教者),在当时不为国人熟知,为了让中国读者易懂,严复把它们换为科举、学堂语域内有关求学的术语:

> 于是常法,欲用负名,每于正名之前,加一负号。……如科举未废之时,仕者皆以此为正途,而号不从科举近身者为偏途。然则偏途固正途之负名明矣。他日由学堂出身者众,其非由学堂出身者,亦必有专设负名以为之别。而不用非不等助词也。③

---

① 严复该译本中增加的例子也很多,如西学用逻辑知识解释诸如"昼夜寒暑、天星行度、潮汐弦望"等现象背后的"周流往复之理",严复引用了传统阴阳相推来予以会通:"此变吾国人察之极早。四圣作易,即言此理。……阴阳迭代,消息盈虚。由盈而消,由虚复息,由息渐盈,如是循环,至无终极。"见严复,《名学浅说》,北京:商务印书馆,1981 年,第 87 页。

② Jevons, W. Stanley. *Primer of Logic*. London: Macmillan and Co. Ltd., 1912, 19.

③ 严复,《名学浅说》,北京:商务印书馆,1981 年,第 12 页。

这里,科举取士中的"正途"、"偏途"被用来替代 Church 中的"Churchman"和"Dissenter",而"not-Wesleyans, or not-Methodists, or not-Baptists"等也被换为还没有定名的"非学堂出身者"。对比以上原文和严复的换例译法,两者从术语的肯定到否定构成的逻辑学道理完全一致,即一般在肯定术语前加"不"、"非"之类构成其相应的否定术语,不常用的则无。从会通的角度来看,严复的这种换例译法属于以中会西,即以中学为视角理解、观通西学逻辑知识,对于教材翻译和教学讲解非常适用,对当前西方教材中译如何适当利用中学资源提高学习效率等,无疑具有借鉴价值。

严复对中西文化非常熟悉,并且精心地从自己的"历史记忆"中寻找契合于西学之例,以求理解与会通。正如葛兆光所言:"语言的翻译需要用自己本土原有的语词去一一对应,对于新知识的理解,也需要唤起历史记忆、传统知识和原有的想象空间,来充当再度理解和诠释的'思想资源(resources of thought)'。"[①]然而,在这样的相似性联想之中,译者所选取的"历史记忆",往往会表现出强烈的新取向和新姿态。[②] 在《名学浅说》这一译作中,除了以上译例外,便有大量"表现出强烈的新取向和新姿态"的翻译换例,它们不仅起到以中会西、易于学习西方逻辑知识的作用,而且还是严复"归求反观"的对象,在原文重信息功能的基础上融入了呼吁功能,更凸显出严译的会通精神。这些换例主要涉及中国语文、译名、逻辑推理等。严复首先借用它们来说明逻辑知识本身,进而借翻译"含沙射影"反观中学之弊,再借西学提出疗救之方,志在启蒙国人以科学救国。

二、反观中文歧义之弊

在《名学浅说》中严复首先反观中国文字的歧义之弊,这有着直接的逻辑学因由。晚清救亡之一大要务是开启民智,"智识有待于思辨",思辨之学即名学或逻辑学,而"语言文字者,思辨之器也。"离开语言,"虽有圣哲,殆不可以思维"。"然而人类言语,其最易失误而事理因以不明者,

---

① 葛兆光,《中国思想史导论:思想史的写法》(第二卷),上海:复旦大学出版社,2007 年,第 87 页。

② 葛兆光,《中国思想史导论:思想史的写法》(第二卷),上海:复旦大学出版社,2007 年,第 87 页。

莫若用字而不知其有多歧义。"①因此,在《名学浅说》中,严复自然首先关注中文歧义之弊及其用于逻辑推理之患。

歧义现象在各种语言中本来十分普遍,很多情况下也"无妨","且以有益。"②但对于严密的逻辑学而言,"名有歧义,遂致纷如。此最为文字之缺短。各国皆然,而中国之文字尤甚。"③这里,中国文字歧义"尤甚"是严复刻意添加的,原文所论的是有关"church"的歧义之例:

> Take for instance the word "church." It may, no doubt, be said to mean the solid building of stone or brick, to which people go to worship, and when used in this sense there can seldom be any important mistake. But it is also common to speak of the Church as meaning the whole body of people who worship in a particular manner, and have the same creed and ritual. Thus there is the Church of England, the Church of Rome, the Greek Church, the Free Church of Scotland, and so forth. When we say a person has gone over to the Church of Rome, we do not mean that he has gone bodily to Rome, but that he has simply changed his belief. Each different sect too speaks of the Church as meaning their own Church, so that two people arguing together and speaking to the Church may mean totally different Churches. ④

这里,原文首先指出"church"的两种常见意思,一是"教堂",二是"教堂的礼仪方式"。在不同的语境下,该词容易产生歧义,如"go over to the Church of Rome"实指皈依罗马教,而非去罗马教堂,这样,"church"的不同使用者可能各有所指,彼此之间就容易产生争论,可见,歧义是语言

①　严复,《名学浅说》,北京:商务印书馆,1981年,第15页。
②　严复,《名学浅说》,北京:商务印书馆,1981年,第17页。
③　严复,《名学浅说》,北京:商务印书馆,1981年,第12页。
④　Jevons, W. Stanley. *Primer of Logic*. London: Macmillan and Co. Ltd., 1912, 23.

之一弊。"church"是西方文化的重要特色,作者的论述中也没有明显的情感色彩。但严复译到此处,正值亡国灭种的危急关头,于是又精心地把"church"替换为令时人焚心的"国"字借以会通时事,发表政见。"国"本指"存于山川城郭之间;有土地焉,为一部人民之所居。"但时有歧义,甚至"不必有定指之土地疆域。故古之康居安息诸帮,多为行国。国而言行,则其称人而不称地可知。"①从本义的"国"到"行国"之"国",内涵也随之由"称地之国"变为"称人之国"。由此,严复进一步指出晚清"党派滋多,虽人人皆言爱国,而其意中所爱之国各异。是以言论纷淆,虽终日谈辨,实无相合之处也。"②尤其洋务派、维新派、革命派,由于各自对"国"的理解不一,于是"言论纷淆",彼此各执一词,论战不断,或固守封建专制,或主张君主立宪,或号召排满革命。严复这一换例译法和 Jevons 原文"church"的歧义讨论,表面上从结构、行文到结论等都非常类似,既传达了语言歧义致使事理不明这一逻辑学知识的信息功能,又由"国"字歧义反观晚清党派政见不一,自然难以"合群",致使时局动荡不宁,"国"而不"国"的现实,融入了呼吁功能,达到了中西会通的目的。所以严复的换例译法不能仅仅被视为教学"喻人"的工具,更应该被视为一种会通中西的治学方法,和原文"church"之例貌合神离,有着启蒙的深层目的。可见,译文往往是由翻译目的所决定。③

歧义现象,常俗用字更多,因为人们用字经常在本义基础上加以引申,使得本义和引申义有时彼此之间毫不相干,如"diet, Parliament, ball, bale, corn, bill"等④。对此,严复换用了中文"仁""贤""武""卤""弄"等例来说明:"如仁字本言仁爱,或言所以为人之德,乃用之以名果核中肉。果字本木上之实,乃用之以称勇断之德。贤字常义,乃称优等之人,而考工记则用之名车毂之大穿。武本止戈,乃言用兵之事,而以称人之足步。卤本言咸,乃用之以名仪簿。弄者手玉,乃用之以称胡同。"其中"仁爱"与"果仁"、"果实"与"果断"、"贤人"与"车毂之大穿"、"止戈"

---

① 严复,《名学浅说》,北京:商务印书馆,1981 年,第 15 页。
② 严复,《名学浅说》,北京:商务印书馆,1981 年,第 16 页。
③ Reiss, K. & H. J. Vermeer. *Grundlegung einer allgemeinen Translationstheorie*. Tübingen: Niemeyer, 1984, 119.
④ Jevons, W. Stanley. *Primer of Logic*. London: Macmillan and Co. Ltd., 1912, 24 – 25.

与"人之足步"、"咸卤"与"仪簿"、"手玉"与"胡同"等彼此之间"绝不相谋"。严复认为:"诸如此类,不胜枚举。汝等试翻何等字书,上自五雅三仓、说文方言,直至今之经籍纂诂,便知中国文字,中有歧义者十居七八,特相去远近异耳。"①既然"语言文字者,思辨之器也",歧义又"最易失误而事理因以不明",而汉字"歧义者十居七八",那么严复自然认定中国逻辑学不发达的主要原因在于字义多歧,而字多歧义,又导致"欲求其定义,万万无从者"②。

也就是说,由于字多歧义,甚至使得内涵无从界定,这自然会严重影响语言逻辑思维,进而制约着科学的发展,尤其是那些代表一个民族文化的"关键字"。严复译到这里,仍然采取换例译法,如把原文对"house"种种歧义的讨论③,精心地换用为一个中国文化中典型的"气"字加以反观:

> 如中国老儒先生之言气字。问人之何以病? 曰邪气内侵。问国家之何以衰? 曰元气不复。于贤人之生,则曰间气。见吾足忽肿,则曰湿气。他若厉气、淫气、正气、余气,鬼神者二气之良能,几于随物可加。今试问先生所云气者,究竟是何名物,可举似乎? 吾知彼必茫然不知所对也。然则凡先生所一无所知者,皆谓之气而已。指物说理如是,与梦呓又何以异乎!④

从"邪气""元气""间气""湿气""厉气、淫气、正气、余气",一"气"字"几于随物可加",同时界定又令人"茫然不知所对",所以严复告诫国人:"出言用字如此,欲使治精深严确之科学哲学,庸有当乎? ……他若心字天字道字仁字义字,诸如此等,虽皆古书中极大极重要之立名,而意义歧混百出,廓清指实,皆有待于后贤也。"⑤可见,严复的换例译法不是在翻译中

---

① 严复,《名学浅说》,北京:商务印书馆,1981年,第17页。
② 严复,《名学浅说》,北京:商务印书馆,1981年,第8页。
③ Jevons, W. Stanley. *Primer of Logic*. London: Macmillan and Co. Ltd., 1912, 25—26.
④ 严复,《名学浅说》,北京:商务印书馆,1981年,第18页。
⑤ 严复,《名学浅说》,北京:商务印书馆,1981年,第19页。

随意换个译例,而是抓住要害,指出中国传统文化逻辑不严密,是逻辑学不发达的一大障碍,并唤醒后人逐渐"廓清指实",尤其是那些"极大极重要之立名"。

严复除了通过换例译法反观本土中文歧义之弊不利于逻辑思维之外,还把原文某些讲解逻辑的例子换为译名讨论,进一步批评翻译也创造了许多"足令人失笑"的中文新名。如原文第 31 节继续讨论"house"的歧义①,而严复改换讨论"火轮船"、"自来火"、"自来水"、"留声机"等译名,认为这些中文译名均有违逻辑,"无一当者"。如"火轮船""焚薪生汽,汽以转机,机以推舟,无火轮也。"②晚清西学东渐迅速,面对西方爆炸般的新术语,"中文虽罄考工诸雅之所有,不皆合也。"③于是创制新名理所当然,但如果译名不合逻辑,"夫名者器也,以如此不精之器,以求通专精之学。呜呼难已!"④从这里我们能更深切地体会到严复译名追求"一名之立,旬月踟蹰"的苦衷及其意义了⑤。

总之,严复通过换例译法审视中国文字歧义之弊,要求命名严谨、尊重逻辑,否则"名"则难以成为逻辑之"器":"既治名学,第一事在用名不苟。即有时与人辨理,亦须先问其所用名字界说云何,所言始有归宿,物理乃有发见之时。不然,虽穷昼夜之力,口战舌争,犹无毫末之益也。"⑥治名学如此,治其他科学亦然。所以严复的换例译法始终立足于本土文化的发展,以西学"归求反观"中学,力求开启民智,启蒙国人学习西方的科学逻辑推理方法。

三、反观中国逻辑之不缜

《名学浅说》重点论述了分类、逻辑推理方法以及逻辑谬误等。首先,分类是逻辑学中把握世界万事万物的一个重要方法,重在执简御繁。

---

① Jevons, W. Stanley. *Primer of Logic*. London: Macmillan and Co. Ltd., 1912, 26.
② 严复,《名学浅说》,北京:商务印书馆,1981 年,第 19 页。
③ 严复,《名学浅说》,北京:商务印书馆,1981 年,第 20 页。
④ 严复,《名学浅说》,北京:商务印书馆,1981 年,第 20 页。
⑤ 《名学浅说》中严复对译名多有举例讨论,最突出的是对"连珠"(syllogism)、"外籀"(deduction)、"内籀"(induction)等逻辑学基本概念定名的论述,以及对"权利、义务、自繇、人权"等涉及价值观念译名"令人芒背"的批评,分别见严复,《名学浅说》,北京:商务印书馆,1981 年,第 18、43、65、104 页。有意思的是,这些严复反对的译名大部分却被现代人接受了下来,而严复译名很大一部分没有被接受,个中原因极复杂,有待进一步考察。
⑥ 严复,《名学浅说》,北京:商务印书馆,1981 年,第 18 页。

分类如果"能类一宗之物而无误,加以公名,而为确当之观念者,其为事虽浅,至有用也。"[1]正因为如此,分类"最忌审谛未真,徒取粗形,而以不类为类。"[2]如"鲸、鲟、鳇"虽然字部从鱼,但"与鱼类绝殊",[3]这样的文字本身就容易给读者造成对分类的错觉,导致错误地认知世界。分类的另一弊端是界限难以划定,结果难免"多杂厕而相掩入"[4],如"书"的分类:

> In dividing books, again, it will be found impossible to make any classification in which a book shall always belong to one species and only to one. The species will be sure to overlap. There may be books on history of science which might be equally well placed in the class of histories, or in that of books on physical science. There may be books which are half biography, half history. Miss Martineau's "Tales on Political Economy," might be placed both in the class of fiction and in that of political economy. Nobody can be sure in which class any particular book will be found, and accordingly such classifications are not only logically bad ones, but they are of little use. Yet we find them employed in the catalogues of many libraries.[5]

上文仅仅从逻辑学层面说明一书多类的特征,是讨论分类界限难定的佳例,且字里行间少有情感色彩。但严复仍然采取换例译法,借用中国五行分类之说,在原文重信息功能的基础上渗入了呼吁功能,通过例证批评"金木水火土"这一分类是中国物理学落后的一大障碍:

---

① 严复,《名学浅说》,北京:商务印书馆,1981年,第21页。
② 严复,《名学浅说》,北京:商务印书馆,1981年,第23页。
③ 严复,《名学浅说》,北京:商务印书馆,1981年,第23页。
④ 严复,《名学浅说》,北京:商务印书馆,1981年,第24页。
⑤ Jevons, W. Stanley. *Primer of Logic*. London: Macmillan and Co. Ltd., 1912, 32.

> 则试问空气应归何类？或曰空气动则为风,应作属木。
> 易为木,而亦为风。则吾实不解气之与木,有何相类之处。
> 又矿质金石相半,血肉角骨,自为一部。凡此皆将何属？且
> 使火而可为行,则电又何为而不可。若谓原行不收杂质,则
> 五者之中,其三四者皆杂质也。是故如此分物,的成呓语。
> 中国人不通物理,五行实为厉阶。①

严复从中国五行分类不当到中国人"不通物理"的结论,足见他的换例译法颇具针对性,突显了会通中西的目的:借助西方逻辑学反观中学之不足,进而寻找科学方法,创建中国新文化。对于中国文字之弊、逻辑之不缜、科学之落后等,严复提出"为今之计,莫便于先治西文,于以通之,庶几名正理从,于所思言不至梦乱。"②尤其要先学好西方逻辑思维,而且"必俟既通者众,还取吾国旧文,而厘订之,经数十年而后,或可用也。岂得已哉！嗟夫！此于知者不待言,于不知者虽言亦无益。而吾国教育,由今之道,无变今之俗,所可决其无大效者矣。"③

其次,逻辑学注重"类族辨物",这是逻辑推理的基础,而演绎(严复译为外籀)、归纳(严复译为内籀)则是逻辑推理的两大方法。《名学浅说》的作者耶方斯对归纳法推崇备至,严复也持同样观点,并在译作中对比这两种方法的长短,指出中国人重演绎,而忽视了归纳这种求新知最科学的方法,他说:

> 吾国向来为学,偏于外籀,而内籀能事极微。宋儒朱
> 子,以读书穷理解格物致知。察其语意,于内外籀原未偏
> 废。盖读书是求多闻。多闻者,多得古人所流传公例也。
> 穷理是求新知,新知必即物求之。故补传云:在即物以穷其
> 理,至于豁然贯通。既贯通,自然新知以出,新例以立。且
> 所立新例,间有与古人所已立者龃龉不合,假吾所立,反复
> 研证,果得物理之真,则旧例不能以古遂可专制。固当舍古

---

① 严复,《名学浅说》,北京:商务印书馆,1981年,第24—25页。
② 严复,《名学浅说》,北京:商务印书馆,1981年,第40—41页。
③ 严复,《名学浅说》,北京:商务印书馆,1981年,第41页。

　　从今,而人道乃有进化。故曰:生今为学,内籀之术,乃更重也。①

原文在第一百九节指出人们盲目崇信亚里士多德三段论式的演绎推理:"Nevertheless, for many centuries it was believed to be possible to arrive at all necessary knowledge by the use of the syllogism, and men preferred trusting to Aristotle, rather than using their own eyes."②严复把西方人"trusting to Aristotle"置换为中国人信书之例,即"六经外无书"这一中国"常识",深刻地剖析了我国几千年治学一贯重演绎的危害:

　　　　吾国人言,除六经外无书,即云除六经外无事理也。而三百年以前,西国宗教之众,则谓天道人事,皆可求诸二约之中。哲学之士,则谓雅理斯多德集群哲大成,即其遗书,可以推求万有。执迷不悟,陈陈相因,而吾人天赋耳目心灵之用,几于都废。尚忆传灯录载:古灵禅师一日见其师在窗下看经,一时蜂子投窗纸求出。古灵曰:世界如许广阔,不去寻路,只钻这故纸,驴年出得。此语真令生死书丛人发深省也。③

对比以上归纳与演绎这两种方法,前者通过格物穷理、立论假设、反复验证等方式,获取新知,有助于突破前人错误的"公例","舍古从今,而人道乃有进化"。而后者演绎推理在中国危害较大,主要表现为思辨偏于崇古、守旧,为文习于征引古书,喜好诗云子曰,唯六经为是,"以谓世间事理,皆可即书本中求之"④,结果容易"执迷不悟,陈陈相因"。严复告诫国人:"中国少年,所治学科,多因此种不足为致身阶梯,相率不学。必经人先发明,大利人事,而后从而乞之。此所以长为劣种,而于势力竞争,必

---

　　①　严复,《名学浅说》,北京:商务印书馆,1981 年,第 64 页。
　　②　Jevons, W. Stanley. *Primer of Logic*. London: Macmillan and Co. Ltd., 1912, 76—77.
　　③　严复,《名学浅说》,北京:商务印书馆,1981 年,第 65 页。
　　④　严复,《名学浅说》,北京:商务印书馆,1981 年,第 65 页。

无幸也。汝曹深思吾言，戒之而已。"①可见，严复换例表面上是在讲解逻辑知识，实际上更是借此会通中西，开启民智，发表己见。归纳法既然如此重要，那么面对国势危急，西学日渐的晚清时代，严复自然竭力倡导。

《名学浅说》最后三章讨论了诸多逻辑谬误(fallacy)，其中"假设论题错误"(fallacy of begging the question)即严复所译的"丐问智词"，是"智词大宗"。这一逻辑谬误与重演绎、轻归纳息息相关，它"每以己意，先与物以定名。后乃从名说理，不知当为名时，吾意已有定属。后来说理，仍是吾意之理。"而作为立论前提的"己意"往往未加证实，这样的谬误在"中国旧学，无论哲俗诸家，犯者尤众。顾此智不祛，将一切穷理，皆同自欺。虽貌极精微，于真理实用，毫无有当。诚初学人所不可不潜心体玩，力矫其弊者也。"②对此严复没有直接替换原例，而是巧妙地增加了典型的禅门机锋语加以会通，与换例译法效果相似：

> 相传禅门机锋语，问曰：汝从何处来，答从来处来。又问曰：汝从何处去，答从去处去。又言行录载，程伊川一日与邵康节争雷起处。邵曰：子知雷起处乎？程曰：颐知之尧夫不知也。邵愕然问起于何处，程曰：起于起处。邵称善。不佞见此，辄叹当日作此语与记此事诸公，何不默然。③

禅宗机锋语是造诣高深的禅师之间的对话。虽然他们使用的字眼从表面上看风马牛不相及，乃至扬眉瞬目，行棒行喝，但其内在意义往往很深奥，契合因明论理之学。不过从逻辑学来看，有的机锋、公案、转语无根妄作，自误误人。因此严复一针见血地指出："若以名学法例，绳吾国九流之学，则十八九皆丐问智词。而谬学相传，犹自以为微妙。此中国穷理之术，所以无可言也。"④纵观《穆勒名学》和《名学浅说》，严复频频以西方逻辑学，如实证主义，批评中国思想传统中的直觉主义，尤其宋明以降的陆王心学。

---

① 严复，《名学浅说》，北京：商务印书馆，1981 年，第 90 页。
② 严复，《名学浅说》，北京：商务印书馆，1981 年，第 108—109 页。
③ 严复，《名学浅说》，北京：商务印书馆，1981 年，第 109 页。
④ 严复，《名学浅说》，北京：商务印书馆，1981 年，第 109—110 页。

　　严复换例译法不能仅仅被视为翻译技巧,而应该是会通中西、创新文化的治学之道,它一方面以中国之例会通耶方斯的逻辑学知识,另一方面又借西学反观中国文字、命名、逻辑等方面存在的诸多问题,在原文重信息功能的基础上融入了呼吁功能,寄予了开启民智、科学救国的厚望。本研究为进一步解读严复翻译提供了新的视角,同时也有助于译者借鉴严复会通中西的成功策略。

　　"译才并世数严、林"①。严复在译介西方学术著作、中西思想会通上取得了巨大成就。同时代的林纾则在文学翻译上同样辉煌一时,其读书阅历、文言笔法、绘画眼光等为中西文学会通也做出了杰出的贡献。

---

　　① 康有为,"琴南先生写《万木草堂图》,题诗见赠,赋谢",《庸言》,第 1 卷,第 7 号。转引自钱钟书,"林纾的翻译",见罗新璋、陈应年编,《翻译论集》(修订本),北京:商务印书馆,2009年,第 801 页。

第五章　晚清新学与林纾翻译会通

　　林纾(1852－1924)一生译书、为文、作画,其翻译会通是"译"与"读"的共鸣、"译"与"写"的交织、"译"与"画"的融合。林纾"译读"的资源是"吾古文家言"及其个人阅历,"译写"中频繁使用类比联想、师古笔法和古文拈字之法,不乏中西会通、化境之笔。林纾的译写折射了他强烈的师圣心理和精湛的古文技艺,有助于进一步探讨翻译与解释、翻译与读写的会通。林纾翻译山水文字是"译画",而不是机械地"译语"。作为画家的林纾,善于"以国画之笔墨,状欧人之山水",在原文写景、位置、色彩重客观的基础上,融入了中国画的写意、经营和笔墨。本章分别从"译读""译写""译画"的角度探讨林纾的翻译会通。

第一节　林纾"译读"会通

　　翻译往往折射了译者"此在"的理解和解释。林纾理解和解释的"此在"主要有三:"诗书、仁义及世途之阅历"①。"诗书、仁义"即林纾津津乐道的读书明理,"世途之阅历"即林纾的个人经历、经验和见识等,它们共同构成了林纾理解的历史性(historicity)或前结构(pre-structure),成为林纾理解西洋文学作品的资源和基石。林纾撰写的大量译文序跋、达旨、评语、识语、附记、题辞、译余剩语等,不乏以这些前结构解读、类比欧人性情的文字,这里姑且称为林纾的"译读"会通,它与其"译写"会通、

---

　　① 林纾,《春觉斋论文》,见郭绍虞、罗根泽主编,《中国古典文学理论批评专著选辑》,北京:人民文学出版社,1959年,第73页。

"译画"会通共同展现了林纾一生会通西洋文学的系列画卷。

一、传统诗书与"译读"欧人性情

林纾"此在"之一是饱读诗书,一生博览精研,见多识广,擅于从中国传统典籍中找到作为解读西洋文学的相似性资源。从这个角度来说,林纾的翻译首先是"译"与"读"相会通。林纾读书既博又精,从时间跨度、读书范围、读书态度等来看,五十岁前读书以博览为主,此后由博转精,但博览传统典籍对其会通中西、"译读"欧人性情影响最大。

林纾从小就养成了良好的读书习惯。五岁启蒙读《孝经》,七岁入私塾,从此一生沁润于传统诗文,嗜读、勤读、广读,甚至从小就酷爱《史记》。八岁起主动用有限的零花钱淘书,得《毛诗》、《尚书》、《左传》等残本,手不释卷,更与众不同的是,小小年纪就立誓苦读:

> 余自八岁至十一岁之间,每积母所赐买饼饵之钱,以市残破《汉书》读之。已而,又得《小仓山房尺牍》,则大喜。母舅怜之,始以其《康熙字典》贶我。时吾攻读甚勤,尝画棺于壁,而持其盖,立人于棺前,署曰:"读书则生,不则入棺!"若张座右铭者。[1]

这是林纾儿时读书的自画像,道出了其求书、喜读、勤读,尤其矢志苦读的书生志气。此后无论贫穷、疾病,还是落第,都没有动摇林纾践行这一座右铭的承诺。林纾贫穷不移其读书之志,贫穷有贫穷的读书方法,如读、校残本,林纾二十岁时不但读书破万卷,而且已校阅残书 2000 多卷。战胜疾病坚持饱读是林纾"读书则生"的又一见证:"余自二十至三十此十年中,月或呕血斗余,不亲药,疾亦弗剧,然一日未尝去书,亦未尝辍笔不画。自计果以明日死者,而今日固饱读吾书"[2]。重病压不垮他,首次

---

[1] 朱羲冑,《贞文先生年谱》,上海:世界书局,1949 年,第 5 页。转引自张旭、车树昇编著,《林纾年谱长编》,福州:福建教育出版社,2014 年,第 10 页。下文有关林纾的生平事迹,多参阅该书。

[2] 林纾,《畏庐琐记·破镜》,见张旭、车树昇编著,《林纾年谱长编》,福州:福建教育出版社,2014 年,第 21 页。

落第大病"几死"①也没有压跨他,而是更在逆境中继续博览群书,借阅朋友藏书三四万卷。"读书则生,不则入棺"这一座右铭见证了林纾博览群书、苦读不懈、下笔如神的一生,练就了林纾"译读"西洋学说的国学功底,成就了我国会通西洋文学第一人,造就了近代新文学的不桃之祖。

林纾的博览是有品味的泛读,重研读经典。林纾十岁从叔父处得《毛诗》、《尚书》、《左传》、《史记》,废寝忘食,尤嗜《史记》,且善读其笔调,如感悟《魏其武安侯列传》"最入人肝脾"。② 林纾从小就与《史记》结下了不解之缘,培养了他译书的《史记》情结,惯于信手"以史记之典料,写欧人之性情"。林纾十一岁又师从薛则柯研习欧阳修(1007－1072)古文和杜甫(712－770)诗,同时自己想方设法购得《汉书》、诸子等古书,积"三厨之多,且尽读之"。③ 林纾读书可谓起点高,兴趣广,解读深,为"译读"西洋小说中欧人之性情奠定了坚实的经史子集基础。林纾这种扎实的国学童子功、深厚的母语前结构,值得当前翻译人才培养、翻译硕士教学等的学习和反思。

林纾二十岁后,读书更自觉地在博览经史子集的基础上打阵地战、攻坚战。二十二岁借得"知不足斋丛书",该丛书是清代大藏书家鲍廷博(1728－1814)及其子鲍士恭(约1750－?)、孙鲍正言(生卒年不详)三代历经五十年④广求博采、校勘精选天下善本秘籍刊刻而成的著名丛书,全书30集,收书208种,共823卷,⑤内容宏富,涉及经史子集、金石考据、医学历算、地图绘画等,林纾"读之至尽"⑥。这是林纾博览的飞跃性标志,而他三十二岁首次科举失利借阅藏书三四万卷,再次全新地诠释了他读书之广博而又极具体系,为林纾"译读"西洋小说累积了丰厚的本土资源。林纾这种博览群书的嗜好在他三十七岁时再上新台阶,其标志是日日讲诵程朱理学,隐居博览中国古籍,⑦四十岁前"凡唐宋小说家,无不

① 林纾,《畏庐文集·祭高梧州文》,见张旭、车树昇编著,《林纾年谱长编》,福州:福建教育出版社,2014年,第29页。
② 张旭、车树昇编著,《林纾年谱长编》,福州:福建教育出版社,2014年,第11页。
③ 张旭、车树昇编著,《林纾年谱长编》,福州:福建教育出版社,2014年,第12页。
④ 任继愈,《中国藏书楼》(壹),沈阳:辽宁人民出版社,2001年,第165页。
⑤ 鲍廷博,《知不足斋丛书》(第1册),北京:中华书局,1999年,第1页。
⑥ 张旭、车树昇编著,《林纾年谱长编》,福州:福建教育出版社,2014年,第20页。
⑦ 张旭、车树昇编著,《林纾年谱长编》,福州:福建教育出版社,2014年,第34页。

搜括"①,为"译读"欧人性情培养了敏锐的感悟能力,为翻译西洋小说以传统典料"译读"欧人性情打下了坚实的理解基础。到四十四岁,林纾一边继续博览古籍,一边越来越凸显出个人的嗜好,对左史韩柳钟爱有加,读书由博转精。"五十以后,案头但有《诗》、《礼》、二疏、《左史》、《南华》及《汉书》、韩欧之文,此外则《说文》、《广雅》,无他书矣,其由博反约也。"②甚至"治《史记》、《汉书》廿五年"③。林纾读书之"精"对其"译写"西洋小说笔法更为有效,而读书之"博"对其"译读"欧人之性情更有直接的影响。

就翻译之理解来说,林纾博览群书这一"此在",使其解读西洋文学作品善于调动与原文最为相似的华文典料来会通中西:读《海外轩渠录》即《格列佛游记》,分别联想到《列子》、《图赞》、《洞冥记》、《广志》、《独异记》中的小人,及《河图玉版》、《洞冥记》、《左传》等中记录的大人;读哈氏之悲联想到屈原之悲;④读《红礁画桨录》中有关女权、礼节、女学让林纾联想到文君、相如⑤;读《三千年艳尸记》"视为《奇谐》可也"⑥;读《拿破仑传》中的拿破仑形象如同《史记》中的项羽;读《撒克逊劫后英雄略》的战场如《三国演义》关羽战华雄⑦;读《伊索寓言》的牧童谎称"狼来了"而失信于村民惹祸,与西周幽王烽火戏诸侯于骊山相类;读《鬶刺客传》状拿破仑之骄如同汉武帝;读《爱国二童子》论实业,林纾由恩特、舒利亚兄弟之难,又联想到幼时读杨椒山之穷困;读《黑奴吁天录》以"吁天"为名,认为"犹明季六君子《碧血录》之类"⑧,等等。

---

① 林纾,《斐洲烟水愁城录》,见阿英编,《晚清文学丛钞·小说戏曲研究卷》,北京:中华书局,1960年,第215页。

② 高梦旦,《畏庐三集·序》,见张旭、车树昇编著,《林纾年谱长编》,福州:福建教育出版社,2014年,第87页。

③ 涛园居士,"《埃司兰情侠传》叙",见阿英编,《晚清文学丛钞·小说戏曲研究卷》,北京:中华书局,1960年,第282页。

④ 林纾,"《海外轩渠录》序",见阿英编,《晚清文学丛钞·小说戏曲研究卷》,北京:中华书局,1960年,第229页。

⑤ 林纾,"《红礁画桨录》序",见阿英编,《晚清文学丛钞·小说戏曲研究卷》,北京:中华书局,1960年,第227页。

⑥ 林纾,"《三千年艳尸记》跋",见阿英编,《晚清文学丛钞·小说戏曲研究卷》,北京:中华书局,1960年,第268页。

⑦ 韩洪举,《林译小说研究——兼论林纾自撰小说与传奇》,北京:中国社会科学出版社,2005年,第168页。

⑧ 林纾,"《黑奴吁天录》例言",见罗新璋、陈应年编,《翻译论集》(修订本),北京:商务印书馆,2009年,第228页。

相似性是林纾会通西洋小说的基础,体现了他对西洋小说的接受、对本土经典的自信,也是理解的前提。传统文化视野的外国是蛮夷、未开化、没有文明,更不会有文学。总之,中国是居高临下的,外国是不能与其比拟的。虽然明末以降,明清士人通过翻译找出了中西存在着诸多相似性,但传统文化的自信和夜郎自大,使得国人接受西学基本囿于"用"的层面,对外国文学尤其"说部"持否定和拒绝的态度,而林纾的"译读"注重挖掘传统相似的典料类比欧人之性情。这种类比解读,正如伽达默尔(Hans-Georg Gadamer,1900-2002)所言,是"在异己的东西里认识自身、在异己的东西里感到是在自己的家,⋯⋯从他物出发向自己本身的返回。"①林纾对西洋小说的"译读",一直通过中西相似性联想穿梭在异化和返回的路途中,读者也自然会在中西文化中产生类似的相似性联想,如《歇洛克奇案开场》中的"约佛森者,西国之越勾践、伍子胥也。流离颠沛,转徙数洲,冒霜露,忍饥渴,盖几填沟壑者数矣。"所以该书不要以"寻常之侦探"观,而要与太史公之《越世家》、《伍员列传》参读。② 这种相似性联想在林纾的译著中不但有"在自己的家"的感觉,更渗入到价值观念的层面。

二、明理与"译读"欧人性情

林纾"此在"之二是"明理"。林纾接受的教育主要是儒家经典,中年以后学嗜宋学,"《诗》、《礼》二经及程朱二氏之书,笃嗜如饫粱肉。"③所以林纾的"明理"是深谙和践行儒家思想,个人修养、品德操守、道德观念等均打上了深深的理学烙印。从小侍母至孝,晚年频谒皇陵,五十五岁起在京师大学堂教授伦理学,编著《修身讲义》,阐发周敦颐(1017—1073)、程颢(1032—1085)、程颐(1033—1107)、张载(1020—1077)、朱熹、陆九渊等伦常之论,而参与林纾"译读"最突出的,概而言之就是以传统忠孝节义礼义廉耻等观念类比欧人性理。这里仅以"孝""义""礼"为例,看看林纾如何以理学解读、会通欧人之性情。

---

① 伽达默尔,洪汉鼎译,《真理与方法》(I),北京:商务印书馆,2007年,第25页。
② 陈熙绩,"《歇洛克奇案开场》叙",见薛绥之、张俊才,《林纾研究资料》,北京:知识产权出版社,2010年,第119—120页。
③ 林纾,"《畏庐三集》",见张旭、车树昇编著,《林纾年谱长编》,福州:福建教育出版社,2014年,第36页。

首先,"孝"是林纾"译读"西洋小说的重要思想,如《鹰梯小豪杰》"其所言,均孝弟之言;所行,均孝弟之行。"①《英孝子火山报仇录》、《孝女耐儿传》、《孝友镜》、《孝女履霜记》、《双孝子喋血酬恩记》等更直接以"孝"作书名,折射了林纾中西"孝亲"思想的会通,相关研究对此多有提及。这里具体分析林纾类似的"译读"会通如何直接融入字里行间,如 *Tales from Shakespeare* 中的"Hamlet":

> But upon no one did this unadvised action of the queen make such impression as upon this young prince, who loved and venerated the memory of his dead father almost to idolatry, and being of a nice sense of honour, and a most exquisite practiser of propriety himself, did sorely take to heart this unworthy conduct of his mother Gertrude: insomuch that, between grief for his father's death and shame for his mother's marriage, this young prince was overclouded with a deep melancholy, and lost all his mirth and all his good looks; all his customary pleasure in books forsook him, his princely exercises and sports, proper to his youth, were no longer acceptable; he grew weary of the world, which seemed to him an unweeded garden, where all the wholesome flowers were choked up, and nothing but weeds could thrive. Not that the prospect of exclusion from the throne, his lawful inheritance, weighed so much upon his spirits, though that to a young and high-minded prince was a bitter wound and a sore indignity; but what so galled him, and took away all his cheerful spirits, was, that his mother had shown herself so forgetful to his father's memory: and such a father! who had been to her so loving and so gentle a

---

① 林纾,"《鹰梯小豪杰》叙",见薛绥之、张俊才编,《林纾研究资料》,北京:知识产权出版社,2010年,第97页。

husband! and then she always appeared as loving and
obedient a wife to him, and would hang upon him as if her
affection grew to him: and now within two months, or as
it seemed to young Hamlet, less than two months, she had
married again, married his uncle, her dear husband's
brother, in itself a highly improper and unlawful
marriage, from the nearness of relationship, but made
much more so by the indecent haste with which it was
concluded, and the unkingly character of the man whom
she had chosen to be the partner of her throne and bed.
This it was, which more than the loss of ten kingdoms,
dashed the spirits and brought a cloud over the mind of
this honourable young prince.[①]

原文呈现了两组哈姆雷特王子形象:一组是一贯为人正派,举止稳重,讲究体面,敬拜先王,年轻俊秀;一组是父王死后的沉沉忧郁,为母亲改嫁感到耻辱,成天无精打采,抑郁寡欢,以至厌世消沉。林纾的"译读"则明显地融入了忠孝节义礼义廉耻的理学观,所刻画的王子及其母后形象也分别突显了"孝行"与"失节":

> 　　而前王有子以孝行称于国人,王薨,靡日不哀,又耻其
> 母之失节,居恒怏怏。既不读书,亦不行猎,凡盛年应为之
> 事,无一惬心者,厌世之心日甚,以为此尘埃中,殆非人类所
> 处。太子之心,亦非有恋于大宝,盖自念先王盛德,乃不能
> 得于其母,冒新丧而嫁,而又越礼,即使不安于室,亦宜有所
> 择,不应耦此佥壬。于是渐慨日深,较失百王位尤为悲愤。
> ……盖太子挚孝之心,实根天性,……[②]

---

　　① Lamb, Charles & Mary Lamb, *Tales from Shakespeare*, London: G. Bell and Sons,
LTD, 1914, 303—305.
　　② 林纾、魏易,《吟边燕语》,北京:商务印书馆,1981 年,第 50 页。

哈姆雷特对父王十分爱戴、敬重,甚至崇拜(who loved and venerated the memory of his dead father almost to idolatry),常常念其"盛德";对自己言行举止、为人处事则讲究正派、体面、端庄(being of a nice sense of honour,and a most exquisite practiser of propriety himself),很有教养。林纾对此则以一"孝"字解读这位王子,外"以孝行称于国人",内有"挚孝之心"。正因为如此,他对母后新嫁、王位遭篡倍感耻辱、屈辱,尤其母亲"新丧而嫁"。林纾对此唤起了理学家的礼义廉耻价值观,以传统"失节"观念评判其母之"越礼",以"耻"阐释哈姆雷特内心深处的复杂情感,而"哀""怏怏""无一惬心""厌世""悲愤"等更衬托出孝子之耻。整段话弥漫着传统仁义道德。类似的再如《迦茵小传》中迦茵"性孝""仁惠"[1],《离恨天》中武男"至孝"[2],等等。

其次,"义"是林纾解读欧人性情的另一重要之"理"。在林纾的眼中,《威尼斯商人》中的安东尼、《雅典的泰门》中的泰门等均为"忼侠好友"[3]的仁义之士。《双孝子噀血酬恩记》中双孝子"其死正,其义正,即其孝亦正"[4],林纾认为该书不乏伦理,体现了"作者救世之苦心,其殆与史公之传刺客同趣"[5],把双孝子"义""孝"之举与司马迁笔下的曹沫、专诸、豫让、聂政、荆轲等那"风萧萧兮易水寒,壮士一去兮不复还"的壮举相会通。《撒克逊劫后英雄略》更以义感人。该小说的一个重要情节是国王理查一世率军东征,其弟约翰亲王在国内代为执政,但约翰施行暴政,并阴谋篡位。第十五章约翰亲王一宠臣极力煽动大臣们背叛理查一世而追随约翰亲王,但部分大臣反对,该宠臣试图继续劝说:

... he proceeded,in answer to those who objected scruples on that head.[6]

① 林纾、魏易,《迦茵小传》,北京:商务印书馆,1981年,第7,59页。
② 林纾、魏易,《不如归》,北京:商务印书馆,1981年,第62页。
③ 林纾、魏易,《吟边燕语》,北京:商务印书馆,1981年,第3,25页。
④ 林纾,"《双孝子噀血酬恩记》评语",见阿英编,《晚清文学丛钞·小说戏曲研究卷》,北京:中华书局,1960年,第247页。
⑤ 林纾,"《双孝子噀血酬恩记》评语",见阿英编,《晚清文学丛钞·小说戏曲研究卷》,北京:中华书局,1960年,第249页。
⑥ Scott,Walter. *Ivanhoe*:*A Romance*,Boston,U.S.A. D. C. Heath & CO.,Publishers,1910,156.

　　他又对那些在这个问题上有所顾虑的人说。①

也就是说,那些反对约翰王执政的大臣(those who objected)实际上对原来的国王理查一世忠心耿耿。林纾抓住这一点,采用代言法把原文"译读"为:

　　　　时有难者曰:"长史言当,然吾辈尊王,义也,背义不祥。"②

林纾借用反对者的口吻把反对的理由概括为不能背信弃"义"。相比较而言,前一译文"在这个问题上有所顾虑"语焉不详,准确地传达了反对者既不赞成又不敢直言的窘态,而林纾的"译读"则更突显出了中国传统下的忠义之臣形象。

　　再次,林纾频繁以"礼"解读欧人之性情。如《迦茵小传》以"礼"译"civil":

　　　　"I hope that you mean to be **civil** to these people,
　　Henry?" she said interrogatively.
　　　　"I trust that I am **civil** to everybody, Ellen."
　　　　"Yes, no doubt," she replied, in her quiet, persistent
　　voice; "but you see there are ways *and* ways of being
　　civil. I am not sure that you have quite realised the
　　position."③

　　　　"兄必以**礼礼**来文杰矣。"亨利曰:"吾从未尝以非**礼**处
　　人。"爱伦曰:"吾乌敢斥兄无**礼**,特**礼**之中又有**礼**耳! 吾家
　　与彼往来,应遵何**礼**,兄当一烛而得。"④

---

　　① 司各特著,刘尊棋、章益译,《艾凡赫》,北京:人民文学出版社,2004年,第138页。
　　② 林纾、魏易,《撒克逊劫后英雄略》,北京:商务印书馆,1981年,第77页。
　　③ Haggard, Rider, *Joan Haste*, London: Longmans, Green, and Co. and New York, 1895, 41.
　　④ 林纾、魏易,《迦茵小传》,北京:商务印书馆,1981年,第27页。

原文"civil"所表达的是日常生活中待人接物应该彬彬有礼之意,林纾则译为一连串七个"礼",既传达了原文一般对人礼貌、举止文雅之意,又有传统超乎其上的社会典章制度和道德规范的内涵。这是林纾用字"见义古而字今"①使然,更是他读圣贤书形成的儒家伦理规范下"每译一书,辄'因文见道'"②的"译读"。

三、阅历与"译读"欧人性情

林纾"此在"之三是个人阅历。除上文所论的读书明理外,林纾的其他经历、经验和见识往往驱使他不自觉地"充当原作者的'净友'"③。其中影响林纾"译读"欧人性情最有代表性的阅历包括少年狂生、早年丧妻、"宦情早淡"④、倡导维新、开启民智等诸多"前结构"。

少年狂生形象的林纾常常狂读、狂歌、狂饮,甚至"被酒时时带剑行"⑤,把行侠仗义、侠骨柔情等意境、形象投射到《埃司兰情侠传》、《双雄较剑录》、《撒克逊劫后英雄略》、《剑底鸳鸯》、《戎马书生》等的"译读"中⑥,以剑侠的狂生形象会通西方尚武精神,盛赞西方之"狂"勇,叹息中国之荏弱。林纾认为中国自光武以来,重以柔道理世,结果往往姑息养奸,对于外侮,缺乏勇、武精神,难避坐受人欺。相比之下,《埃司兰情侠传》中埃司兰则民风强悍,"一言见屈,刀盾并至",林纾认为这种民风虽然缺乏文明教化,但"言论气概,无一甘屈于人,虽喋血伏尸,匪所甚恤。"⑦一言以蔽之曰"狂"。林纾少年之狂生形象对欧人这种尚武精神多有认同,"译读"中不乏溢美之词。在《黑太子南征录》序中,林纾更是盛赞英国人尚勇爱国,"以国为身,不以身为身",对敌"抵死未示其宗国之

---

① 林纾,《春觉斋论文》,见郭绍虞、罗根泽主编,《中国古典文学理论批评专著选辑》,北京:人民文学出版社,1959年,第130页。

② 梁启超,《清代学术概论》,上海:上海古籍出版社,2005年,第82页。

③ 钱钟书,"林纾的翻译",见罗新璋、陈应年编,《翻译论集》(修订本),北京:商务印书馆,2009年,第783页。

④ 林纾七十自寿诗中语,见张俊才,《林纾评传》,北京:中华书局,2007年,第31页。

⑤ 张旭、车树昇编著,《林纾年谱长编》,福州:福建教育出版社,2014年,第18页。

⑥ 林元彪,《文章学视野下的林纾翻译研究》,华东师范大学博士论文,2012年,第76—77页。

⑦ 林纾,"《埃司兰情侠传》序",见阿英编,《晚清文学丛钞·小说戏曲研究卷》,北京:中华书局,1960年,第204—205页。

弱",也同样赞许日本,与俄国对战,"死人如麻,气皆弗馁"。① 尚武、尚勇在中国传统里难免有缺乏教养的"匹夫之勇"之嫌,但在林纾狂生经历的"译读"下,被赋予了一种不屈不挠的民族精神。再如《剑底鸳鸯》叙加德瓦龙复仇:"单帔短刃,超乘而取仇头,一身见缚,凛凛不为屈。"② 林纾认为"狂"是民风民气不可或缺的品质。

和"狂"相反的是"悲"的经历。早年丧妻的林纾,把一腔坎坷的悲情熔铸在《巴黎茶花女遗事》、《迦茵小传》、《洪罕女郎传》、《离恨天》等"译读"中,翻译时往往"哽咽几不能着笔"③。如译《巴黎茶花女遗事》"掷笔哭者三数"④,茶花女令人生悲,林纾怀念亡妻读之愈悲;译《迦茵小传》,联想到亡妻"不能无感矣",于是诗情勃发:"倚风前,一襟幽恨,盈盈珠泪成瘿。红瘢腥点鸳鸯翅,苔际月明交颈。魂半定,倩药雾茶云,融得春痕凝。红窗梦醒,甚恨海波翻,愁台路近,换却乍来景。……"⑤ 林纾译书长于叙悲,而丧妻之痛作为"前结构",易于激发其强烈的共鸣,对"译读"书中女性悲剧起到了会通作用。尤为感人肺腑的莫过于《块肉余生述》的结尾,直如林纾对亡妻的内心独白:"如此等之颜面,转瞬随风烟而渺,惟中有一人,音容长在吾心眼之中,余但回眸,此人常侍,虽夜静灯阑,彼尚侍我,噫!……尔之玉容,至吾临命之时,宜常在吾侧,及余离此世界,及于影国,尚望尔以指向上,如诏我时也。"⑥ 字里行间,情真意切。

"宦情早淡"的林纾,"不愿苟禄冒荣,宁以布衣终身"⑦,这种陶渊明式的价值追求也自觉不自觉地融入到对原文类似现象的"译读"之中。如《伊索寓言》中"公鸡和宝玉"的故事及林纾以"畏庐曰"为标记的个人"译读":

---

① 林纾,"《黑太子南征录》序",见阿英编,《晚清文学丛钞·小说戏曲研究卷》,北京:中华书局,1960年,第267页。
② 林纾,"《剑底鸳鸯》序",见阿英编,《晚清文学丛钞·小说戏曲研究卷》,北京:中华书局,1960年,第251页。
③ 林纾,"《英孝子火山报仇录》二题",见阿英编,《晚清文学丛钞·小说戏曲研究卷》,北京:中华书局,1960年,第214页。
④ 林纾,"《露漱格兰小传》序",见阿英编,《晚清文学丛钞·小说戏曲研究卷》,北京:中华书局,1960年,第198页。
⑤ 林纾,《迦茵小传·买陂塘》,北京:商务印书馆,1981年,第3页。
⑥ 林纾,《块肉余生述》,北京:商务印书馆,1981年,第493页。
⑦ 张旭、车树昇编著,《林纾年谱长编》,福州:福建教育出版社,2014年,第80页。

> 雄鸡率雌饮啄、抓地出宝石、其光莹然、鸡顾而欢曰、尔
> 出世果遇其主、必以处宝石者处尔、俾尔得自副其为宝石
> 者、今遇我、直不如一粟、畏庐曰、以宝石之贵、求贵于鸡、乃
> 不如一粟、然则名士处乱世、自命固宝石也、能不求贵于鸡、
> 始无失其为宝石、①

宝石在其主人的眼里是珍宝,而授之于鸡则"不如一粟"。从鸡的角度来说,这无可厚非,但林纾的"译读"更融入了自身淡薄宦情。林纾把名士比作宝石,把鸡比作不识名士、没有伯乐眼光的俗吏,也即把身处乱世的他自比为宝石,不愿明珠暗投,不愿轻易低首媚俗,不愿与官宦同流合污,无意仕途,砥砺名节,洁身自好。

欲开民智、倡导维新、忧时感世的林纾,频繁以晚清时局"译读"原文。如翻译《伊索寓言》每则"不易之理"②后,又以"畏庐曰"写下了对现实的反思。翻译狼与羊,从狼欺负羊中感悟"弱国羔也","强国狼也"。③翻译农夫与不和儿子的故事,林纾以中西合群之别"译读",认为"欧群而强、华不群而衰、病在无学、人图自便、无心与国家耳、故合群之道、自下之结团体始、合国群之道、自在位者之结团体始"④。林纾对这两则寓言的"译读",是以自己身处晚清乱世、屡遭列强欺凌的个人经历和国家经历予以会通的,把原文隐含的丰富寓意与现实密切结合,成为林纾开启民智的重要手段,让读者很自然以中国之弱界定"羊"之语用,用中国之不群这一语用会通农夫众子之不和。与此类似的是,倡导维新的林纾还以序跋"立言"、"代言",针砭晚清时弊,读出了传统文化积弊,读出了国民之多种劣根性。如《不如归》序批评"吾国史家,好放言。既胜敌矣,则必极言敌之丑敝畏葸;而吾军之杀敌致果,凛若天人,用以为快。所云下马草露布,吾又安知其露布中作何语耶?若文明之国则不然,以观战者多。防为所讥,措语不能不出于纪实。"⑤《斐洲烟水愁城录》以"欧人志

---

① 林纾、严培南、严璩,《伊索寓言》,北京:商务印书馆,1913年,第二、三页。
② 林纾,"《伊索寓言》序",见阿英编,《晚清文学丛钞·小说戏曲研究卷》,北京:中华书局,1960年,第199页。
③ 林纾、严培南、严璩,《伊索寓言》,北京:商务印书馆,1913年,第一页。
④ 林纾、严培南、严璩,《伊索寓言》,北京:商务印书馆,1913年,第二页。
⑤ 林纾,《不如归·序》,北京:商务印书馆,1981年,第2页。

在维新",批评"吾辈酸腐,嗜古如命,终身又安知有新理耶?"①《大侠红繁露传》批评中国"好为改革之谈"②。而忧时感世的林纾,尤对甲午海战骨鲠在喉,把自己对时局的看法融入对原文的解读,如翻译《不如归》在译文中写下批注十余条,警示"中国水师将弁听之""中国政府听之"等③,并且在第十八章之末写道:

> 今译此书,出之日人之口,则知吾闽人非不能战矣!若云林纾译时为乡人铺张,则和文、西文俱在,可考而知。天日在上,何可欺也!即以丁汝昌、刘步蟾言,虽非将才,尚不降敌而死,亦自可悯。唯军机遥制,主将不知兵事,故至于此。④

林纾的"译读"是原书中诸多细节和林纾对乡人特殊乡情的会通,他一方面读出了丁汝昌等人为国捐躯宁死不屈的精神,天日可表,毋容置疑;另一方面读出了甲午海战失败的重要原因,即缺乏将才,主帅不会用兵。

　　林纾的"译读"折射了他本人多方面的"此在",是其语言、文学、文化、意识形态等方面的多棱镜,而这一切又聚焦于"深于文者"⑤的林纾的古文上,善用古文用字法和用笔法曲传原文的文学艺术,是"译写"会通。另外,擅长作画的林纾在原文写景、位置、色彩重客观的基础上,融入了中国画的写意、经营和笔墨,是"译画"会通。下文重点研究林纾的"译写"会通与"译画"会通。

---

　　① 林纾,"《斐洲烟水愁城录》序",见阿英编,《晚清文学丛钞·小说戏曲研究卷》,北京:中华书局,1960年,第216页。
　　② 林纾,"《大侠红繁露传》序",见阿英编,《晚清文学丛钞·小说戏曲研究卷》,北京:中华书局,1960年,第260页。
　　③ 林纾、魏易,《不如归》,北京:商务印书馆,1981年,第74页。
　　④ 林纾、魏易,《不如归》,北京:商务印书馆,1981年,第80—81页。
　　⑤ 林纾,《春觉斋论文》,见郭绍虞、罗根泽主编,《中国古典文学理论批评专著选辑》,北京:人民文学出版社,1959年,第76页。

第二节　林纾"译写"会通

　　林纾的翻译是"竟为著者作傀儡之丝"①的"译",更是"耳受而手追"②的"写"。作为古文大家,林纾的"译写"难免"根据自己的写作标准,……把翻译变成借体寄生的、东鳞西爪的写作。"③林纾的写作标准是他所推崇的左马班韩等文章,他的"写"是"文章学翻译"④,是"以华文之典料,写欧人之性情"⑤。这样的"译写",一方面"漏译误译随处都是",另一方面"许多都值得重读","颇耐玩味",⑥其中林纾"译写"的师古心理一百多年来仍然值得深思。

一、师古心理与"译写"

　　林纾长期治经史、攻诗画、作古文、教文章,华文典料烂熟于心,尤"深于文"⑦,对中西文学间的诸多相似性很敏感,多次慨叹"西人文体,何乃甚类我史迁也!"⑧西洋小说"大类吾古文家言"⑨。林纾"译写"惯于师圣,在引进西洋文学的同时,又习于认左马班韩为宗,频繁使用类比联想和古文用字、用笔之法,"合中西二文熔为一片"⑩。从伽达默尔哲学诠释学来看,林纾的"译写"是以"吾古文家言"及其个人阅历理解、类比、会

　　① 林纾、魏易,《块肉余生述·续编识》,北京:商务印书馆,1981年,第2页。
　　② 林纾,《〈孝女耐儿传〉序》,见阿英编,《晚清文学丛钞·小说戏曲研究卷》,北京:中华书局,1960年,第251页。
　　③ 钱钟书,"林纾的翻译",见罗新璋、陈应年编,《翻译论集》(修订本),北京:商务印书馆,2009年,第783页。
　　④ 林元彪,《文章学视野下的林纾翻译研究》,华东师范大学博士论文,2012年,第13页。
　　⑤ 邱炜萲,《客云庐小说话·挥尘拾遗》,见阿英编,《晚清文学丛钞·小说戏曲研究卷》,北京:中华书局,1960年,第408页。
　　⑥ 钱钟书,"林纾的翻译",见罗新璋、陈应年编,《翻译论集》(修订本),北京:商务印书馆,2009年,第779页。
　　⑦ 林纾,《春觉斋论文》,见郭绍虞、罗根泽主编,《中国古典文学理论批评专著选辑》,北京:人民文学出版社,1959年,第76页。
　　⑧ 林纾,《斐洲烟水愁城录》,见阿英编,《晚清文学丛钞·小说戏曲研究卷》,北京:中华书局,1960年,第216页。
　　⑨ 林纾、魏易,《撒克逊劫后英雄略·序》,北京:商务印书馆,1981年,第1页。
　　⑩ 林纾,《〈洪罕女郎传〉跋语》,见阿英编,《晚清文学丛钞·小说戏曲研究卷》,北京:中华书局,1960年,第225页。

通西洋文学作品的实践智慧,而其中师古心理是成就一代文学翻译大师的重要因素,包括宗经、师圣、摹体等。

宗经即为文应以儒家经典为宗、为标准。刘勰(约465—520)《文心雕龙·宗经》云,天下文章均以《易经》、《书经》、《诗经》、《礼经》、《春秋》、《尚书》等"统其首""发其源""立其本""总其端",[①]儒家经典至高无上,也是后人写作的典范。对此,

> 若稟经以制式,酌雅以富言,是即山而铸铜,煮海而为盐者也。故文能宗经,体有六义:一则情深而不诡,二则风清而不杂,三则事信而不诞,四则义贞而不回,五则体约而不芜,六则文丽而不淫。……迈德树声,莫不师圣,……[②]

宗经的重要性如同靠山铸铜,煮海制盐。为文宗经,则不但能做到"情深""风清""事信""义贞""体约""文丽",而且"不诡""不杂""不诞""不回""不芜""不淫"。宗经即要师圣。林纾译写也不乏这种宗经、师圣心理。林纾心目中的"圣"是左丘明(公元前502—公元前422)、司马迁、韩愈、柳宗元等,"经"即他们所写的文章。林纾崇圣之言屡见其译文序跋,如《块肉余生述》序、《斐洲烟水愁城录》序、《冰雪因缘》序、《洪罕女郎传》跋语等。另外,林纾古文研究专著《韩柳文研究法》、《春觉斋论文》、《林纾选评古文辞类纂》、《左转撷华》、《左孟庄骚精华录》等中更详加论述,择其要者如:

> 中国文章魁率,能家具百出不穷者,一惟马迁,一惟韩愈。试观马迁所作,曾有一篇自袭其窠白否?……若韩愈氏者,匠心尤奇。序事之作,少于史公,而与书及赠送叙二体,则无奇不备。[③]
> 韩氏之文。不佞读之。二十有五年。……实则韩氏之

---

① 周明,《文心雕龙校释译评》,南京:南京大学出版社,2007年,第20—21页。
② 周明,《文心雕龙校释译评》,南京:南京大学出版社,2007年,第21页。
③ 林纾,"《洪罕女郎传》跋语",见罗新璋、陈应年编,《翻译论集》(修订本),北京:商务印书馆,2009年,第236页。

　　能。能详人之所略。又略人之所详。……汉所谓摧陷廓清
者。或在是也。苏明允称韩文能抑绝蔽掩。不使自露。不
佞久乃觉之。蔽掩昌黎之长技也。[①]

　　端而曼。苦而腴。佶然以生。瘰然以清。……凡造语
严重。往往神木而色朽。端而能曼。则风采流露矣。柳州
毕命贬所。寄托之文。往往多苦说。而言外仍不掩其风
流。才高而择言精。味之转于郁伊之中。别饶雅趣。此殆
梦得之所谓腴也。佶者壮健之貌。壮健而有生气。柳州本
色也。瘰然以清。则山水诸记。穷桂海之殊相。直前无古
人。后无来者。[②]

　　林纾研习古文数年,对历代高手的各自特色了如指掌,或不落窠臼,或匠
心独运,或无奇不备,甚至前无古人后无来者,可见,林纾对左马班韩柳
的文章义法推崇备至。由于这种心理,林纾每每以他心目中的"吾古文
家言"作为"此在"来类比、会通、译写西洋小说。

　　林纾多次发出类似的感叹:西洋小说"大类吾古文家言"。林纾之
"类"正如严复发现西学"与吾古人有甚合者"[③]之"合",是其接受、理解和
会通西洋小说的心理基础,打破了传统文化视外国为蛮夷、未开化、"弗
尚诗赋词章"[④]、"文章礼乐,不逮中华远甚"[⑤]的观念。林纾理解西洋小说
的资源是读书明理及个人阅历,这种"此在"体现在"深于文"上就是深谙
古文的艺术论和写作论。林纾的古文艺术论指意境、识度、气势、声调、
筋脉、风趣、情韵、神味,写作论指一般的用字法、用笔法以及林纾推崇的
其它古文笔法等。[⑥] 林纾在翻译西洋小说中发现,西洋小说"往往于伏线
接笋变调过脉处,大类吾古文家言"[⑦],或"开场、伏脉、接榫、结穴,处处均

---

　　① 林纾,"韩文研究法",《韩柳文研究法》,太原:山西人民出版社,2014年,第1页。
　　② 林纾,"柳文研究法",《韩柳文研究法》,太原:山西人民出版社,2014年,第58—59页。
　　③ 严复,《天演论·自序》,北京:商务印书馆,1981年,第 x 页。
　　④ 王韬著,顾钧校注,《漫游随录》,北京:社会科学文献出版社,2007年,第98页。
　　⑤ 郭嵩焘,《伦敦与巴黎日记》,长沙:岳麓书社,1984年,第119页。
　　⑥ 详见林纾,《春觉斋论文》,见郭绍虞、罗根泽主编,《中国古典文学理论批评专著选辑》,
北京:人民文学出版社,1959年,第41—137页。
　　⑦ 林纾、魏易,《撒克逊劫后英雄略·序》,北京:商务印书馆,1981年,第1页。

得古文家义法"①。这些"类""颇同"的中西会通观念,体现了林纾对本土经典的自信,对西洋小说优点的肯定,对西学的认可,为林纾具体模仿传统笔法"译写"原著提供了诸多相似性联想的认知依据。

相似性联想是林纾中西"译写"会通的重要思维方式,是林纾师古心理的直接体现。在林纾眼里,哈葛德(Henry Rider Haggard,1856－1925)小说的伏笔与《史记》颇同,狄更斯小说技法与《水浒传》、《史记》、《汉书》、《石头记》多有类似。翻译从某种意义来说,就是求似,林纾尤重文章层面的似,频繁地把西洋文学纳入到中国传统文章魁率的麾下加以认同。如"左氏之文,在重复中,能不自复。马氏之文,在鸿篇巨制中,往往潜用抽换埋伏之笔,而人不觉。迭更司亦然。虽细碎芜蔓,若不可收拾,忽而井井胪列,将全章做一大收束,醒人眼目。"②同样,哈葛德《斐洲烟水愁城录》篇法甚类《史记·大宛传》的"联络法"。《大宛传》涉及汉与匈奴十余国,前以张骞为引线,张骞死后又用马作联络。而哈氏此书,处处以智勇双全的白人洛巴革为主线、为枢纽,林纾认为"此即史迁的联络法也。文心萧闲,不至张皇无措,斯真能为文章矣。"③再如插笔的相似性联想,《左传·楚武王伐随》便是一经典之例。该文前半部分写"张",后半部分入"惧","张""惧"相反,正因为中间插入'季梁在'三字,下文自然地将"张"字洗净,落到"随侯惧而修政,楚不敢伐",前后由这一插笔自然贯通。这种插笔居然在西洋小说中也有类似之"法",令林纾概叹其"何乃甚类我史迁也!"如《离恨天》为怨女旷夫而言,两位主人公由两小无猜变为怨女旷夫,而打通全书关窍、由甘至苦的枢纽,恰是中间插入的女主人公的祖姑,林纾认为这一插笔的用意同于左氏。④ 论者常常诟病林纾删减原文,而细读译本会发现,林纾以师圣的心理认识西洋小说技巧,以史传笔法理解原文的谋篇布局,译文中的删减变通是林纾会通中西的产物,并非随意而为。

---

① 林纾,"《黑奴吁天录》例言",见罗新璋、陈应年编,《翻译论集》(修订本),北京:商务印书馆,2009 年,第 229 页。
② 林纾,"《冰雪因缘》序",见罗新璋、陈应年编,《翻译论集》(修订本),北京:商务印书馆,2009 年,第 243 页。
③ 林纾,"《斐洲烟水愁城录》",见阿英编,《晚清文学丛钞·小说戏曲研究卷》,北京:中华书局,1960 年,第 216 页。
④ 林纾,《离恨天·译余剩语》,北京:商务印书馆,1981 年,第 2 页。

二、师古笔法与"译写"

译写的师圣心理昭然,师古笔法也顺理成章。林纾的具体做法就是摹体,即仿拟传统笔法,史传笔法、庄周笔法、离骚笔法、韩欧笔法、唐宋小说笔法、桐城笔法等自然在其"译写"中有了新的用武之地,如《鬼山狼侠传》师法《汉书》[①],《斐洲烟水愁城录》"其迹亦桃源类也"[②]。仅史记笔法就广泛运用于《洪罕女郎传》、《英孝子火山报仇录》、《斐洲烟水愁城录》、《块肉余生述》、《离恨天》等多部小说的翻译中。限于篇幅,本节重点以伏笔和蓄气为例,讨论林纾译写中师古笔法的艺术性。

林纾在《春觉斋论文》"用笔八则"中,以左马班韩等古文为例,详细讨论了如何运用起笔、伏笔、顿笔、顶笔、插笔、省笔、绕笔、收笔。这些笔法,林纾在译写原作的意境、识度、气势、声调、筋脉、风趣、情韵、神味等方面,灵活通变,体现了一种艺术再创作的实践智慧,而不是教科书式翻译技巧的简单照搬和机械制作。

伏笔是左马班韩叙事的常用笔法,林纾译序中多有中西伏笔类比,在《春觉斋论文》中更有专门论述。林纾认为"行文有伏笔,犹行军之设覆。"[③]伏笔的要诀是"藏"[④],"须在人不着意处,又当知此不是赘笔才佳。"[⑤]林纾译写对伏笔一方面"无敢弃掷而删节之,防后来之笔,旋绕到此,无复以应"[⑥];另一方面注意艺术化处理。以《块肉余生述》为例,狄更斯"一语必寓微旨,一事必种远因。……如善弈之著子,偶然一下,不知后来咸得其用"[⑦]。该小说男主角大卫童年饱尝艰辛,除母亲外,最难忘

---

① 林纾,"《鬼山狼侠传》叙",见阿英编,《晚清文学丛钞·小说戏曲研究卷》,北京:中华书局,1960年,第217页。

② 林纾,"《斐洲烟水愁城录》",见阿英编,《晚清文学丛钞·小说戏曲研究卷》,北京:中华书局,1960年,第215页。

③ 林纾,《春觉斋论文·用笔八则》,见郭绍虞、罗根泽主编,《中国古典文学理论批评专著选辑》,北京:人民文学出版社,1959年,第117页。

④ 林纾,《春觉斋论文·用笔八则》,见郭绍虞、罗根泽主编,《中国古典文学理论批评专著选辑》,北京:人民文学出版社,1959年,第118页。

⑤ 林纾,《春觉斋论文·用笔八则》,见郭绍虞、罗根泽主编,《中国古典文学理论批评专著选辑》,北京:人民文学出版社,1959年,第117页。

⑥ 林纾,"《冰雪因缘》序",见罗新璋、陈应年编,《翻译论集》(修订本),北京:商务印书馆,2009年,第243页。

⑦ 林纾、魏易,《块肉余生述·序》,北京:商务印书馆,1981年,第1页。

的是女仆壁各德一直给予小主人诚挚无私的关爱,相关"伏脉至细"①,甚至细到一个正常拥抱的动作、一枚不起眼的钮扣:

> … and opening her arms wide, took my curly head within them, and gave it a good squeeze. I know it was a good squeeze, because, being very plump, whenever she made any little exertion after she was dressed, some of the buttons on the back of her gown flew off. And I recollect two bursting to the opposite side of the parlour, while she was hugging me.
>
> 壁各德……张二手抱余首,微微动之以示其爱。壁各德者,肥腯无伦,时时钮断而落,此时转臂捉其前胸,立见二钮扣飞越而去。②

这里的场景是年幼的大卫问壁各德将来是否嫁人。林译对原文描写大卫卷发(my curly head)、壁各德平时每每用劲拥抱大卫钮扣即迸落(whenever she made any little exertion after she was dressed, some of the buttons on the back of her gown flew off)、迸落的具体地点(to the opposite side of the parlour)等做了删减,旨在凸显两个细节:"抱"和"钮扣"。"抱"传达了壁各德对小主人的怜爱,"钮扣飞越"以夸张幽默的笔调状壁各德之肥。但它们更是预示着大卫即将失去关爱的伏笔,因为大卫不久就被继父赶出了家门,孤单单地坐车出远门上学,唯有壁各德偷偷地跑到半英里外给可怜的小主人送行:

> … when the carrier sopped short. Looking out to ascertain for what, I was, to MY amazement, Peggotty burst from a hedge and climb into the cart. She took me in both her arms and squeezed me to her stays until the

① 林纾、魏易,《块肉余生述·序》,北京:商务印书馆,1981年,第1页。
② 林纾、魏易,《块肉余生述》,北京:商务印书馆,1981年,第10页。

pressure on my nose was extremely painful, though I never thought of that till afterwards when I found it very tender. Not a single word did Peggotty speak.

Releasing one of her arms, she put it down in her pockets to elbow, and brought out some paper bags of cakes which, and a purse which she put into my hand, but not one word did she say. After another and a final squeeze with both arms, she got down from the cart and ran away; and, my belief is, and has always been, without a solitary button on her gown. I picked up one, of several that were rolling about, and treasured it as a keepsake for a long time.

忽尔车停,余临窗外觑,见壁各德自道旁直攀车而登,一见,力**抱**余身,余鼻触其钮扣,痛不可忍。半晌无言,……已而力**抱**余,遂下车而奔。然壁各德以**抱**余急,落其**一扣**在车中,余检而藏之,用为遗念。①

这里的"抱"和"钮扣",与前文遥相呼应,打通了筋脉,读者至此才恍然,钮扣成了爱的纽带,成了大卫对女仆关爱的永久纪念。原文写壁各德几个钮扣迸断而满地乱滚(of several that were rolling about),林译却简化为"一扣"落在车中,更凸显了大卫仅剩下这唯一的情感纽带,也为下文"藏"了新的伏脉:大卫走后不久,妈妈就抑郁而逝。小小的伏笔包含着意境、风趣、筋脉、情韵等诸多译写艺术。林纾对这种原文伏笔的会通,在《不如归》中更进行了显化处理,全书直接点明微旨作为伏笔近十余处,重点打通预示爱情悲剧的筋脉,如"吾能永永随郎在此,则愿望足矣!(微旨)"②"似此风雨,摧花多矣。(微旨)"③"花乃大好,吾愿主人归时花未萎也。(微旨)"④

---

① 林纾、魏易,《块肉余生述》,北京:商务印书馆,1981 年,第 35—36 页。
② 林纾、魏易,《不如归》,北京:商务印书馆,1981 年,第 9—10 页。
③ 林纾、魏易,《不如归》,北京:商务印书馆,1981 年,第 50 页。
④ 林纾、魏易,《不如归》,北京:商务印书馆,1981 年,第 69 页。

林纾主张"文之雄健,全在气势。气不王,则读者固索然;势不蓄,则读之亦易尽。故深于文者,必敛气而蓄势。"①"敛""蓄"是"控勒"气势的关键,讲求刚柔相济,有张有弛,"宜吐宜茹,宜伸宜缩",这也正是韩愈"抑遏蔽掩,不使自露"的长技。② 林纾无疑属于"深于文者",评价古文和创作古文深得其中"气势"之味,翻译中无论写人、叙事,还是析理、抒情,"敛""蓄"得心应手。如《吟边燕语》中"雅典的泰门"一文,从泰门"忼侠好友"③、门庭若市,到钱财骗尽、"旧友"避之不及,再到看透人性、誓言将对雅典"当悉尽其类而止"④,林纾译笔或顿,或提,或繁,或简,或直,或折,大半篇幅都在敛、蓄泰门之"怒",一路"抑遏蔽掩",蓄势待发。最典型的是林纾对以下三处细节的处理:

> But while he thus outwent the very heart of kindness, and poured out his bounty, …
>
> Timon … bade the kind-hearted steward (who was weeping) to take comfort in the assurance that his master could never lack means, while he had so many noble friends; and this infatuated lord persuaded himself that he had nothing to do but to send and borrow, to use every man's fortune (that had ever tasted his bounty) in this extremity, as freely as his own.
>
> "Uncover, dogs, and lap;"⑤

这三处原文均为第三人称叙事,林译则统一改为泰门之"曰":

---

① 林纾,《春觉斋论文》,见郭绍虞、罗根泽主编,《中国古典文学理论批评专著选辑》,北京:人民文学出版社,1959年,第76页。

② 林纾,《春觉斋论文》,见郭绍虞、罗根泽主编,《中国古典文学理论批评专著选辑》,北京:人民文学出版社,1959年,第77页。

③ 林纾、魏易,《吟边燕语》,北京:商务印书馆,1981年,第25页。

④ 林纾、魏易,《吟边燕语》,北京:商务印书馆,1981年,第28页。

⑤ Lamb, Charles & Mary Lamb. *Tales from Shakespear*, London: G. Bell and Sons, LTD, 1914, 267、268－269、273.

泰门……恒曰:"善士固善我,即恶人宁忍死我,我持一仁心施之耳。"

泰门抚之曰:"若勿哭,若知若主所挥霍者均义乎?余今日家产固丧,而良友之富足者尚林立,我略用矮笺作狂草,走伻而去,钞且大集。"

泰门呼曰:"群狗舔此水!"①

林译前两句变叙事为史传之"记言"笔法,更能有效地敛、蓄气势。泰门忼侠好友,被谄媚的小人几乎骗尽家产,还自以为是在"行仁仗义"。直到财产殆尽,求友无门,泰门才看透人情冷暖,悲愤之余计摆一碗水"宴",在"众方骇羡"为"佳膳"之时,②突呼"群狗舔此水!"气敛至此才砰然爆发。这一"呼"和下文誓言尽戮雅典人,使得"气势"达到高潮。

三、拈字之法与"译写"

林纾"自以工为古文辞,虽译西书,未尝不绳以古文义法也!"③义法之一是用古文字法译写欧人性情。林纾在《春觉斋论文》"用字四法"中,论述了换字法、拼字法、矣字用法、也字用法。此外,林纾还特别关注传统古文中的拈字法:"凡善为文者,每下一字,必加经营,不能冒昧而出。"④如晁错《论守边备塞书》"拈出一个'势'字,定通篇之主意",韩愈《送孟东野序》"尽以'鸣'字括之",韩愈《与浮屠文畅师序》"拈一'道'字,立通篇主意"。⑤ 通过细读林译小说,不难发现林纾也特别善用拈字之法译写原作的意境、声调、风趣、情韵、神味等。

其一是拈字以立意境。林纾认为"意境者,文之母也"⑥。"文章唯能

---

① 林纾、魏易,《吟边燕语》,北京:商务印书馆,1981 年,第 26、28 页。
② 林纾、魏易,《吟边燕语》,北京:商务印书馆,1981 年,第 27—28 页。
③ 钱基博,"林纾的古文",见薛绥之、张俊才编,《林纾研究资料》,北京:知识产权出版社,2010 年,第 157 页。
④ 慕容真点校,《林纾选评古文辞类纂》,杭州:浙江古籍出版社,1986 年,第 30 页。
⑤ 慕容真点校,《林纾选评古文辞类纂》,杭州:浙江古籍出版社,1986 年,分别见第 88、189、210 页。
⑥ 林纾,《春觉斋论文》,见郭绍虞、罗根泽主编,《中国古典文学理论批评专著选辑》,北京:人民文学出版社,1959 年,第 75 页。

立意,方能造境。境者,意中之境也。"①"凡无意之文,即是无理。无意无理,文中安得有境界?"林纾译文造境也"须讲究在未临文之先,心胸朗澈,名理充备"②,只有这样,才能造出"正宗"③的境界。正如《离恨天·译余剩语》所言,该书作者"实将发宣其胸中无数之哲理"④,其中之一是"人果与社会中龃龉,则往往以僻居为乐"⑤。围绕这一"理",林纾译文拈出一"清"字造境:

> 迨一茇**清**虚之境,立觉纷来之感触,洒然一空。更吐纳**清**虚,反其本性,与天然之真宰相对,无歉于心。此事大类山水暴动,冲漂田庐,偶有一股之泉,入诸洼地,激然湁其澂浊,一**清**见底,而四周青绿,合以蔚蓝之天,倒浸入此**清**漪,令人神爽。故**清**净之物,不惟畅其四肢,而且**清**及五脏矣。⑥

从"清虚之境""吐纳清虚""一清见底""清漪"到"清净",林纾译笔中道家精神卓然,再通过一连串画面"山水暴动……倒浸入此清漪"的衬托,这一道家之"清"境又与"洒然一空""无歉于心""令人神爽""畅其四肢""清及五脏"的"以僻居为乐"之"意"融为完整的意境。

其二是拈字写风趣。风趣论既是林纾研读"吾古文家言"的心得,也是他作古文、译小说的自觉追求。如果说古文创作中风趣笔法,尤其是"不经意中涉笔成趣"⑦不易学,那么这种风趣的翻译还必须"经意",必须通过译者的"经意"去捕捉和再现。而善用"吾古文家言"就成为林纾"经

---

　　① 林纾,《春觉斋论文》,见郭绍虞、罗根泽主编,《中国古典文学理论批评专著选辑》,北京:人民文学出版社,1959年,第73页。
　　② 林纾,《春觉斋论文》,见郭绍虞、罗根泽主编,《中国古典文学理论批评专著选辑》,北京:人民文学出版社,1959年,第74页。
　　③ 林纾,《春觉斋论文》,见郭绍虞、罗根泽主编,《中国古典文学理论批评专著选辑》,北京:人民文学出版社,1959年,第74页。
　　④ 林纾、王庆骥,《离恨天·译余剩语》,北京:商务印书馆,1981年,第2页。
　　⑤ 林纾、王庆骥,《离恨天》,北京:商务印书馆,1981年,第50页。
　　⑥ 林纾、王庆骥,《离恨天》,北京:商务印书馆,1981年,第51页。
　　⑦ 林纾,《春觉斋论文》,见郭绍虞、罗根泽主编,《中国古典文学理论批评专著选辑》,北京:人民文学出版社,1959年,第82页。

意”地捕捉、仿拟西洋小说中幽默风趣笔调的常用手段。《撒克逊劫后英雄略》中弄儿汪霸"往往以简语泄天趣，令人捧腹；文心之幻，不亚于孟坚"①。欧文（Washington Irving，1783－1859）"调诙之笔墨，尤隽妙可人意。"独《拊掌录》"则庄谐咸备""李迫之梦，蒙师之亡，均寓言可供喷饭。"②，原文"悍"味十足，林纾的拈字译笔也"悍"趣横生：

> ... for those men are most apt to be obsequious and conciliating abroad, who are under the discipline of shrews at home. Their tempers, doubtless, are rendered pliant and malleable in the fiery furnace of domestic tribulation；...③
>
> 天下人苟得闻教检束，无不扶服如鼠狷矣；其处外接物，安能长王其气？是犹铁质锻之烈火，长短随锻人所命耳。④

原文和林译的"意境"都是以"驯"写"悍"。其一"驯"是把"obsequious and conciliating"和"... rendered pliant and malleable in the fiery furnace of domestic tribulation"进行具象化、比喻化处理，即"扶服如鼠狷矣"，又"犹铁质锻之烈火，长短随锻人所命耳"，曲达原文之"悍"趣，其中"锻"字尤谓拈字成趣，耐人寻味。

其三是拈字写声情。"声"是"天下最足动人者"，尤其适于叙悲。如林纾读《变风》、《变雅》之凄厉，令家人为之动容；易水送荆轲，徵、羽之声催人泪下；《史记·聂政传》悲不成声，耐人吟讽；《汉书·赵皇后传》声调悲凉高亢，怒气至极。⑤ 林纾认为"声"与"气""情"密切相关。林纾为文擅长叙悲，所译小说中悲情文字不少，上文"群狗舔此水"就是"怒极叫嚣"的典型，而林纾第一部译著《巴黎茶花女遗事》可谓通篇融入了传统

---

① 林纾、魏易，《撒克逊劫后英雄略·序》，北京：商务印书馆，1981年，第2页。

② 林纾、魏易，《拊掌录·序》，北京：商务印书馆，1981年，第4页。

③ Irving，Washington. *The Sketch Book of Geoffrey Crayon，Gent.* New York：Charles E. Merrill Company，1911，68.

④ 林纾、魏易，《拊掌录》，北京：商务印书馆，1981年，第5页。

⑤ 林纾，《春觉斋论文》，见郭绍虞、罗根泽主编，《中国古典文学理论批评专著选辑》，北京：人民文学出版社，1959年，第78页。

悲凉声调手法,读之"断尽支那荡子肠",其中茶花女马克死前呼唤恋人亚猛,尤撕人心肺:"亚猛来,亚猛来! 我苦极死矣! 天乎,天乎!"①但不久已"呼不成声",转为呓语,"有可辨析者,有不可辨析者。略能辨之,皆呼亚猛。"②一"辨"字道出马克至死"呼"方尽,死时无声胜有声。

当然,林纾也有以声"叙乐"的拈字法。《块肉余生述》记大卫恋人都拉生日聚会上要弹琴,大卫的情敌主动请缨,而都拉最终让大卫去拿,大卫乐极至醉:"余,开匣,余,取琴奉都拉,余,坐诸其旁。弹时下手套,余,为都拉收之。余,尽饱其琴声。歌时众皆鼓掌,余,自信歌皆为余,汝辈勿与也。"③林纾用一连串"余"字作顿笔,再加上一连串动作,大卫情场得意之态尽现。

其四是拈字写情味。"文章为性情之华","无情,乃无文"(文微·通则)④,情深才能韵远、味足。班固(32—92)、欧阳修笔墨情韵最浓。如班固善用"矣"字,文章情韵含蓄绵远。林纾受到"吾古文家言"的影响,译写情韵文字,也擅拈字,并与语气词相得益彰。如《离恨天》是林纾叙悲的一部重要译作,男女主角的爱情悲剧,"如蒋藏园之《香祖楼传奇》"⑤,小说结尾令人悲从心头起,欲哭无泪:

> 嗟夫! 波尔、葳晴,汝相爱之二少年已矣! 且尔薄命之二母,亦从尔归矣! 汝**不**观此绿缛葱茏者,**不**尝以阴荫汝耶! 嗟此泉水,**不**为汝而洁其流耶! 山之崭崭,汝**不**尝燕息于其下耶! ……汝之所育羊,今为野羊矣! 汝所树之果树,今**不**实矣! 汝所饲之珍禽,亦**不**来巢矣! 空谷之中,但闻鹤唳。余年老矣! 似单独其身,**无**朋友之乐,**无**子姓之娱,犹过客旅行于茫茫大地之间矣!⑥

全段以"不""无"括之,也是林纾评价"吾古文家言"和翻译中常用之法。

---

① 林纾、王寿昌,《巴黎茶花女遗事》,北京:商务印书馆,1981年,第81页。
② 林纾、王寿昌,《巴黎茶花女遗事》,北京:商务印书馆,1981年,第82页。
③ 林纾、魏易,《块肉余生述》,北京:商务印书馆,1981年,第273页。
④ 张胜璋,《林纾古文论综论》,福建师范大学博士论文,2009年,第106页。
⑤ 林纾、王庆骥,《离恨天·译余剩语》,北京:商务印书馆,1981年,第1页。
⑥ 林纾、王庆骥,《离恨天》,北京:商务印书馆,1981年,第79页。

"嗟夫""矣""耶"三个语气词,言有尽而味无穷,言外对二少年之死深有沉吟、惋惜、概叹、希望、后悔之意,字字血,声声泪,激人悲情,催人泪下。

林纾的译写是林纾"此在"的诠释,是他师圣心理、"类"的联想、师古笔法等各方面的综合实践智慧。读书明理和人生阅历是基础,师圣是译文的理想标准,"类"是自信和认同,师古笔法是译写手段。林纾的译写不乏中西会通的实践智慧,是译与读、译与写、译与"类"的同台竞技。

林纾"在翻译时,碰见他心目中认为是原作的弱笔或败笔,不免手痒难熬,抢过作者的笔代他去写。"这是后人常常诟病之处,"但从修辞学或文章作法的观点来说,它常常可以启发心思。"①林纾的译写如此,译画也颇能启发读者心思。

第三节　林纾"译画"会通

林纾一生译书、为文、作画,左右开弓,相得益彰:"纾有书画室。广数筵。左右设两案。一案高将就胁。立而画。一案如常。就以属文。左案事毕。则就右案。右案如之。"②就译书而言,作为古文家的林纾,擅长"以华文之典料,写欧人之性情"③;作为画家的林纾,又善于"以国画之笔墨,状欧人之山水"。前者可谓"译写",相关研究成果颇丰;后者可谓"译画",目前除高万隆论及林纾画家身份与其文学翻译④、林元彪从插图看林纾翻译的视觉线索⑤等研究外,鲜有专论。

林纾"译画"之说依据有二。一是实践层面。林纾作为画家,不但善于师法造化,师法古人,而且擅长从诗、词、文中捕捉画面,把语言符号转换为视觉符号,用 Roman Jakobson(1896－1982)的话来说,即符际翻

　　① 钱钟书,"林纾的翻译",见罗新璋、陈应年编,《翻译论集》(修订本),北京:商务印书馆,2009 年,第 781－782 页。

　　② 陈衍,"林纾传",见于安澜编,《画论丛刊》(下),北京:人民美术出版社,1989 年,第 627页。

　　③ 邱炜萲,《客云庐小说话·挥尘拾遗》,见阿英编,《晚清文学丛钞·小说戏曲研究卷》,中华书局,1960 年,第 408 页。

　　④ 高万隆,《文化语境中的林纾翻译研究》,杭州:浙江工商大学出版社,2012 年。

　　⑤ 林元彪,《文章学视野下的林纾翻译研究》,华东师范大学博士论文,2012 年。

译①，故曰"译画"。如林纾曾经"闭户取辋川诗读之。用其诗意。作小景数幅。粲然可观。"②而"南宋词可采以为画者甚多"，南宋姜夔（1154－1221）湖上杂咏甚至"语语皆画"。③ 翻译美国作家欧文的游记随笔《拊掌录》，"文中描写山水美术，读之如览图画。"④可见，林纾无论是读书、绘画，还是翻译西洋文学，均擅长"译画"。二是理论层面。林纾著有《春觉斋论画》，其中不乏对中西绘画理念、绘画方法的对比研究，其核心观点是西方重客观，中国偏主观。而林译西洋写景文字，恰恰深深地打上了中国画的烙印，证明林纾语际翻译中不但践行"译画"这一符际翻译，而且渗透着明确的以中会西之"译画"理念。本节以林译《拊掌录》山水描写文字为语料，结合林纾《春觉斋论画》，对林纾语际翻译中的"译画"现象进行描述研究，揭示其"译画"之中西绘画观念、绘画方法的会通，重点探讨林纾如何在原文写景、位置、色彩重客观的基础上，融入了中国画的写意、经营和笔墨。概而言之，林纾惯于以国画写意之笔墨，"译画"重简化写实、突显置身和"渲"笔写意；注重对远近大小景物的位置从视角、搭配、棘目等方面进行再经营，以会通原作之"状至逼肖"；运用概况色会通原文的光谱色，简化堆积的色彩，删节变化的色彩。

一、以主观写意会通客观写实

林纾《春觉斋论画》多次对比中西山水画，认为西方长于写实，中国贵在写意，各有特色。但面对晚清"士多游艺于外洋"的现状，林纾一方面译书倡导西学，另一方面又"偏恣"固"守中国旧有之学"，⑤以"会家"⑥自诩，批评西洋画写实之"匠"气："人但悦其象形以为能事"⑦，但"似则似

---

① Jakobson，Roman. *On Linguistic Aspects of Translation*，申雨平编，《西方翻译理论精选》，北京：外语教学与研究出版社，2002 年，第 271 页。

② 林纾，《春觉斋论画》，见于安澜编，《画论丛刊》（下），北京：人民美术出版社，1989 年，第658 页。

③ 林纾，《春觉斋论画》，见于安澜编，《画论丛刊》（下），北京：人民美术出版社，1989 年，第657、634 页。

④ 林纾、魏易，《拊掌录·序》，北京：商务印书馆，1981 年，第 4 页。

⑤ 林纾，《春觉斋论画》，见于安澜编，《画论丛刊》（下），北京：人民美术出版社，1989 年，第628 页。

⑥ 林纾，《春觉斋论画》，见于安澜编，《画论丛刊》（下），北京：人民美术出版社，1989 年，第627 页。

⑦ 林纾，《春觉斋论画》，见于安澜编，《画论丛刊》（下），北京：人民美术出版社，1989 年，第631 页。

耳。然观者如观照片。毫无意味。"尤其"写山水极无意味。"①反之,林纾对中国山水画重写意推崇备至,认为其有书卷气、有雅趣②,"特陶情养心最妙之物",讲究"清气高韵""超乎象外""颊上三毫""锁笔注神""厚在神气不在多"等③。值得思考的是,写实与写意这两种绘画观念一旦在翻译中狭路相逢,林纾当如何会通中西。细读《拊掌录》,林纾"译画"如同摹写,力求"遗貌而取神",不作"泥人"④、"死物"⑤,惯于以国画写意之笔墨,状欧文之写景,尤重简化写实、突显置身和"渲"笔写意。

　　首先,简化写实。中国山水画重写意和神似,讲究简笔留白,力求"繁不可重。密不可窒"⑥,甚至画如"残山剩水"。林纾《春觉斋论画》对此多有认同,尤推崇唐代王维(701－761)、南宋马远(约 1140－约1225)、明代董其昌(1555－1636)、元代黄公望(1269－1354)、前清石谷(1632－1717)及新罗山人(1682－1756)等画家,他们作画虽寥寥数笔,而意境深邃清远。林纾评价自己的画,也"似乎简率。……此可为知者道。不为不知者说也。"⑦这里欲"为知者道"的,即主张以简写意,忌厚、多而"壅塞不通"⑧。欧文写景文字"读之如览图画",但作画观当属西方写实一路,背景充实,景物丰腴。对此,林译往往以中国山水画重写意视之,简化原文写实细节,淡化修饰之笔,提炼入中国画之"画点",烘托意境,或"崔巍"、或"平远"、或"萦迴"、或"空阔"、或"层叠"⑨。如:

---

　　①　林纾,《春觉斋论画》,见于安澜编,《画论丛刊》(下),北京:人民美术出版社,1989 年,第643、662 页。

　　②　林纾,《春觉斋论画》,见于安澜编,《画论丛刊》(下),北京:人民美术出版社,1989 年,第652 页。

　　③　林纾,《春觉斋论画》,见于安澜编,《画论丛刊》(下),北京:人民美术出版社,1989 年,分别见第 628、631－633、660 页。

　　④　林纾,《春觉斋论画》,见于安澜编,《画论丛刊》(下),北京:人民美术出版社,1989 年,第633 页。

　　⑤　林纾,《春觉斋论画》,见于安澜编,《画论丛刊》(下),北京:人民美术出版社,1989 年,第629 页。

　　⑥　林纾,《春觉斋论画》,见于安澜编,《画论丛刊》(下),北京:人民美术出版社,1989 年,第660 页。

　　⑦　林纾,《春觉斋论画》,见于安澜编,《画论丛刊》(下),北京:人民美术出版社,1989 年,第667 页。

　　⑧　林纾,《春觉斋论画》,见于安澜编,《画论丛刊》(下),北京:人民美术出版社,1989 年,第660 页。

　　⑨　林纾,《春觉斋论画》,见于安澜编,《画论丛刊》(下),北京:人民美术出版社,1989 年,第688 页。

> He saw at a distance the lordly Hudson, far, far
> below him, moving on its silent but majestic course, with
> the reflection of a purple cloud, or the sail of a lagging
> bark, here and there sleeping on its glassy bosom, and at
> last losing itself in the blue highlands.[①]

这里的"He"指"李迫大梦"中的主人公李迫,于深山打猎,偶见落日余晖下美景如画。原文细节很多:

> 神圣的哈得逊河远远地从山下流过,寂静而肃穆,映着紫色的天空,帆影点点,三桅船缓缓行驶,就像躺在它如镜的胸脯上,最终融入蓝色高地。[②]

这些细节以中国画用笔之"筋骨肉气"[③]四势论,可谓"肉胜于骨"。林译删节了河流、云彩、帆船等修饰语,重"以骨胜"[④],译文如同一幅"淡简"[⑤]的中国山水画,"风帆落照。点染入神"[⑥]:

> 远见黑逞河渐渐东逝,云光照水,风帆徐徐而没。[⑦]

---

① Irving, Washington. *The Sketch Book of Geoffrey Crayon, Gent.* New York: Charles E. Merrill Company, 1911, 73—74.

② 欧文著,潘艳梅、韦春红译,《英伦见闻录》,南京:江苏文艺出版社,2011年,第19页。

③ 林纾,《春觉斋论画》,见于安澜编,《画论丛刊》(下),北京:人民美术出版社,1989年,第629页。

④ 林纾,《春觉斋论画》,见于安澜编,《画论丛刊》(下),北京:人民美术出版社,1989年,第645页。

⑤ 林纾,《春觉斋论画》,见于安澜编,《画论丛刊》(下),北京:人民美术出版社,1989年,第646页。

⑥ 林纾,《春觉斋论画》,见于安澜编,《画论丛刊》(下),北京:人民美术出版社,1989年,第646页。

⑦ 林纾、魏易,《拊掌录》,北京:商务印书馆,1981年,第8页。

林译立足于一"远"字,抓住以上三根"骨",化"细碎处"①为空白,留余恋与读者:把河流的"神圣""寂静而肃穆"留给读者去体味,把"紫色的云彩"留给读者去想象,把风帆远逝留给读者去神往,译文"画意贵静远"②。

其次,突显置身。欧文写实文字还体现于主客分离,即观画者置身画外观察风景。而林纾的"译画"更强调"恍然置我于画中也"③,主张"凡能画者。其心思恒空旷。一拈笔时。已置身名山胜水。佳木美竹之间。不如是其画亦勿精。"④如:

> Not far from this village, perhaps about two miles, there is a little valley, or rather lap of land, among high hills, which is one of the quietest places in the whole world. A small brook glides through it, with just murmur enough to lull one to repose; and the occasional whistle of a quail, or tapping of a woodpecker, is almost the only sound that ever breaks in upon the uniform tranquility.⑤

这是"睡洞"开篇一段写景文字,其中的"there be"结构,即"there is a little valley … among high hills",是对睡谷位置的客观呈现;两个判断句,即"which is one of the quietest places"和"… is almost the only sound …",是对睡谷幽静的客观判断;"or rather lap of land"是对睡谷形状的写实描述。整段话观景者似乎只是旁观者,林纾"译画"则更多地融入了观景者的自身置入:

① 林纾,《春觉斋论画》,见于安澜编,《画论丛刊》(下),北京:人民美术出版社,1989年,第632页。
② 林纾,《春觉斋论画》,见于安澜编,《画论丛刊》(下),北京:人民美术出版社,1989年,第684页。
③ 林纾,《春觉斋论画》,见于安澜编,《画论丛刊》(下),北京:人民美术出版社,1989年,第678页。
④ 林纾,《春觉斋论画》,见于安澜编,《画论丛刊》(下),北京:人民美术出版社,1989年,第656页。
⑤ Irving, Washington. *The Sketch Book of Geoffrey Crayon, Gent.* New York: Charles E. Merrill Company, 1911, 480−481.

> 去镇可三英里,有小谷,四望均山,其静无伦,乃不审外
> 间有人世事。谷有小溪,水声汩汩,闻之令人生倦而睡。此
> 外则啄木之声及鹌鹑呼偶声而已。[①]

"四望均山"之"望"与下文"不审外间有人世事"之"审"、"闻之令人生倦而睡"之"闻""生倦""睡",都增强了观画者的"置身"。原文"or rather lap of land"状山谷客观之貌,对本段写由"静"生"睡"之意境无关宏旨,故删。另外,"almost the only sound that ever breaks in upon the uniform tranquility"简化为"而已","不到大家地步。万不能以简见长。"[②]

再次,"渲"笔写意。欧文山水景物文字比较客观,这种写法与南朝谢赫的"应物象形"多有类似,这是西人之长,如作人物,"神情意态,栩栩如生。""写瀑布是真瀑布。"但"写山水无意味。"[③]就是说,林纾认识到西方重客观之长,也自信中国写意更有味,所以译文不时杂以写意文字。如:

> ... but, sometimes, when the rest of the landscape is
> cloudless, they will gather a hood of gray vapors about
> their summits, which in the last rays of the setting sun,
> will glow and light up like a crown of glory.[④]

这里的"they"指"the Kaatskill Mountains",耸然矗立于美国"Hudson"河之西岸,"其高际天,实为河上之镇山。"[⑤] 正因为如此,远望则山顶雾气笼罩,落日余晖映照则烂若皇冠。原文除"like a crown of glory"外,其他文字均写实,体现了西方重客观的绘画特征。

---

① 林纾、魏易,《拊掌录》,北京:商务印书馆,1981年,第14页。
② 林纾,《春觉斋论画》,见于安澜编,《画论丛刊》(下),北京:人民美术出版社,1989年,第637页。
③ 林纾,《春觉斋论画》,见于安澜编,《画论丛刊》(下),北京:人民美术出版社,1989年,第662页。
④ Irving, Washington. *The Sketch Book of Geoffrey Crayon*, *Gent*. New York: Charles E. Merrill Company, 1911, 66—67.
⑤ 林纾、魏易,《拊掌录》,北京:商务印书馆,1981年,第5页。

林纾译文则重"渲"笔写意：

> ……或天淡无云，则峰尖如被云巾，蓊然作白色，斜日
> 倒烛，则片云直幻为圆光，周转岩顶，如仙人之现其圆明焉
> 者。①

林译一是把"a hood of gray vapors"由客观的一层雾气译为拟人化的"如被云巾"；二是把"in the last rays of the setting sun"译为形象的比喻"斜日倒烛"；三是以"幻为圆光，周转岩顶"取代客观而抽象的"glow and light up"，其中"幻"字极具韵味，用于写远，"有余不尽之意。入诸渺冥。使人远瞭。若有余恋"②，且与下文"如仙人之现其圆明焉者"共同渲染仙人下凡之意境，而非现实生活的"a crown of glory"。原文的客观美景，在林纾的笔下，融入了道家之仙境，整个画面"气韵生动"③。如果把林纾的文字转换为画，以上几处从笔墨画来说重渲染，而"渲"恰是林纾"颇加研究"的一种笔法，主张作画"须助以渲染。方能夺目。"④

林纾多次批评画家之"匠"笔，"若拘拘迹象……亦终是匠家思想矣"⑤，作画则"眼光钝滞"⑥。大凡画家得天机气韵，纯视其学养、胸襟和阅历，"故名家于未落笔之先，目光已涵到万里外之名山胜水"⑦，避免"不注精之病"⑧。为此，林纾认为画家首重修"养"："养宜扩充。扩者不为迹

---

① 林纾、魏易，《拊掌录》，北京：商务印书馆，1981年，第5页。
② 林纾，《春觉斋论画》，见于安澜编，《画论丛刊》（下），北京：人民美术出版社，1989年，第630页。
③ 林纾，《春觉斋论画》，见于安澜编，《画论丛刊》（下），北京：人民美术出版社，1989年，第629页。
④ 林纾，《春觉斋论画》，见于安澜编，《画论丛刊》（下），北京：人民美术出版社，1989年，第637页。
⑤ 林纾，《春觉斋论画》，见于安澜编，《画论丛刊》（下），北京：人民美术出版社，1989年，第635页。
⑥ 林纾，《春觉斋论画》，见于安澜编，《画论丛刊》（下），北京：人民美术出版社，1989年，第652页。
⑦ 林纾，《春觉斋论画》，见于安澜编，《画论丛刊》（下），北京：人民美术出版社，1989年，第684页。
⑧ 林纾，《春觉斋论画》，见于安澜编，《画论丛刊》（下），北京：人民美术出版社，1989年，第685页。

象所拘。充者高出于精神之表也。"①以上既是林纾对绘画的要求,也是他"译画"的追求。在《拊掌录》中,林纾译景如此,处理景物之位置亦然。

二、以"经营位置"会通"状至逼肖"

中西写意、写实之别体现于远近位置的处理上,则"西人画境。极分远近。有画大树参天者。而树外人家林木。如豆如苗。即远山亦不逾寸。用远镜窥之。状至逼肖。若中国山水。亦用此法。不惟不合六法。早已棘人眼目。"②这里要点有三。一是西方重几何学原理的运用,强调从某一固定视角以几何比例把景物"状至逼肖",如同照片;二是中国重合乎谢赫绘画六法,即气韵生动、骨法用笔、应物象形、随类赋彩、经营位置、传摹移写,而六法中从画家角度来看,"当以经营为第一"③,下笔前位置"须通盘打算"④;三是西人"状至逼肖"的满眼画面,可能"阨于势""窘于步",过于"迫塞"⑤,应该留有空白,以免棘人眼目。

显然,林纾不赞成西人对远近大小景物一味客观写实,而且还主张"是真画家。当具鉴赏家之眼力。"⑥鉴赏欲得其妙,"先观其局"⑦,因为位置"最为画家之要诀"⑧。翻译欧文的写实文字,林纾同样注重以中国传统画家和鉴赏家之眼光,对远近大小景物的位置从视角、搭配、棘目等方面进行再经营,以会通原作之"状至逼肖"。

首先,视角与位置经营。从西方几何学绘画原理来看,视角是决定景物远近大小的关键,视角一变,景物远近位置、大小比例也随之

①　林纾,《春觉斋论画》,见于安澜编,《画论丛刊》(下),北京:人民美术出版社,1989年,第634页。
②　林纾,《春觉斋论画》,见于安澜编,《画论丛刊》(下),北京:人民美术出版社,1989年,第639页。
③　林纾,《春觉斋论画》,见于安澜编,《画论丛刊》(下),北京:人民美术出版社,1989年,第651页。
④　林纾,《春觉斋论画》,见于安澜编,《画论丛刊》(下),北京:人民美术出版社,1989年,第685页。
⑤　林纾,《春觉斋论画》,见于安澜编,《画论丛刊》(下),北京:人民美术出版社,1989年,第686页。
⑥　林纾,《春觉斋论画》,见于安澜编,《画论丛刊》(下),北京:人民美术出版社,1989年,第672页。
⑦　林纾,《春觉斋论画》,见于安澜编,《画论丛刊》(下),北京:人民美术出版社,1989年,第640页。
⑧　林纾,《春觉斋论画》,见于安澜编,《画论丛刊》(下),北京:人民美术出版社,1989年,第641页。

变化，如：

> As we sailed up the Mersey, I reconnoitred the shores with a telescope. My eye dwelt with delight on neat cottages, with their trim shrubberies and green grass plots. I saw the mouldering ruin of an abbey overrun with ivy, and the taper spire of a village church rising from the brow of a neighboring hill — all were characteristic of England.[①]

作者沿河上行，一路观赏风景的视角不断变化，先是"reconnoitred"放眼瞭望，然后是具体的"dwelt on"和"saw"聚焦于两组画面。一组是生活的：座座村舍，围以灌木和绿地，整洁和谐，赏心悦目；另一组是文化的：昔日修道院饱经沧桑，废墟上爬满了藤蔓，如今唯教堂塔尖与山峰并峙。两组画面后的视角至少有两个，而林纾的"译画"似乎调整为一个视角、一组画面，所有景物之位置也随之重新经营：

> 余船直抵墨而守河而上行。余以远镜望岸上风物，村舍严净，纤草如茵，小树编篱，古藤络壁；尚有礼拜寺尖顶，直出山坳，此为英伦特殊之景状。[②]

林纾把三个动词"reconnoitred, dwelt on, saw"译为一"望"，视角合一，把两组风景置于同一画面，变横向并列为纵向远近：近处村舍围以纤草、小树、古藤，远处塔尖直出山坳。原文修道院废墟上的古藤，从与塔尖出山对应的景致中变为村舍墙壁一景，弱化了其历史悠久之沧桑感，译文除"礼拜寺尖顶"，更有中国恬静的乡村意境。

其次，搭配与位置经营。作画位置经营如同为文之谋篇布局，组合

---

① Irving, Washington. *The Sketch Book of Geoffrey Crayon*, *Gent*. New York: Charles E. Merrill Company, 1911, 485.

② 林纾、魏易，《拊掌录》，北京：商务印书馆，1981年，第33页。

不称、搭配乖忤则不成篇幅,如木兰从军图配以梧桐,令人捧腹。① "紫藤花庵银杏一株。亭亭如盖。其下为豕圈。污潴不可状。"②"夫长松翠柏。丹鼎鹤栅之侧。必不宜著以官服。犹之角巾素服。必不宜侧于朝班。"③景物搭配还忌时令不合,如春日青山绿水配以深秋霜林④,等等。欧文写景文字,虽然没有像上文那样夸张的搭配不称、乖忤、时令不合等现象,但林纾"译画"往往还是不自觉地以传统画家重写意的眼光,对局部位置进行重组。如下例描写的是一乡村教书先生的"蒙塾",该学馆为简易平房,"窗间或镶以玻璃,或糊零星之故纸"⑤,构造简单,但环境优雅:

> The schoolhouse stood in a rather lonely but pleasant situation, just at the foot of a woody hill, with a brook running close by, and a formidable birch tree growing at one end of it.⑥

这里的校舍与小山、小溪、大树的位置关系比较清楚,正如下面一译文所述:

> 校舍坐落在林木茂密的山脚下,地处偏僻,但景色宜人,一条小溪从屋旁流过,房子的一侧还有一棵高大的白桦树。⑦

---

① 林纾,《春觉斋论画》,见于安澜编,《画论丛刊》(下),北京:人民美术出版社,1989 年,第632 页。
② 林纾,《春觉斋论画》,见于安澜编,《画论丛刊》(下),北京:人民美术出版社,1989 年,第648 页。
③ 林纾,《春觉斋论画》,见于安澜编,《画论丛刊》(下),北京:人民美术出版社,1989 年,第667 页。
④ 林纾,《春觉斋论画》,见于安澜编,《画论丛刊》(下),北京:人民美术出版社,1989 年,第675 页。
⑤ 林纾、魏易,《拊掌录》,北京:商务印书馆,1981 年,第 15 页。
⑥ Irving, Washington. *The Sketch Book of Geoffrey Crayon*, *Gent*. New York: Charles E. Merrill Company, 1911, 42.
⑦ 欧文著,宏铭译,《见闻札记》,黑尔滨:黑龙江科学技术出版社,2011 年,第 163 页。

就位置而言,该译文和原文一样客观写实,一目了然。再看林纾的译文:

> 先生精舍幽淡,风景尚佳,在丛木之内,小山之趺,抱门
> 有小溪一线,瓦上大榆树垂绿敷荫,周遍其屋。①

短短几句话,林纾经营位置煞费苦心。首先把山之林木移至学堂四周,这样,学堂就从"林木茂密的山脚下"一变为"在丛木之内";其次,把小溪从屋旁挪到了门前,且"抱门",似有杜甫"清江一曲抱村流"之感;第三,原文是一棵大树立于"房子的一侧",林纾则把"平远"变为"高远"②,即从"平远"的"一侧"变为"高远"的"周遍其屋",几乎从画面上抽走了精舍,以周边山、溪、树诸景间接写校舍,给读者留下了丰富的想象空间,是画"奥"之"藏"笔法,重"树木掩映。方臻幽邃。"③把原本简易的学堂营造成依山傍水、绿树成荫的理想读书之所。

再次,棘目与位置经营。西人绘画远近大小注重"状至逼肖",在林纾看来,这可能导致画面"填塞满纸"④,刺人眼目。对此,林纾"译画"还擅于运用传统清浑笔墨⑤,重新经营位置,删除棘目细节,疏通"迫塞"⑥。如"耶稣圣节前一日之夕景"中一景:

> Our road wound through a noble avenue of trees,
> among the naked branches of which the moon glittered, as
> she rolled through the deep vault of a cloudless sky. The
> lawn beyond was sheeted with a slight covering of snow,

---

① 林纾、魏易译,《拊掌录》,北京:商务印书馆,1981年,第16页。
② 林纾,《春觉斋论画》,见于安澜编,《画论丛刊》(下),北京:人民美术出版社,1989年,第638—639页。
③ 林纾,《春觉斋论画》,见于安澜编,《画论丛刊》(下),北京:人民美术出版社,1989年,第629页。
④ 林纾,《春觉斋论画》,见于安澜编,《画论丛刊》(下),北京:人民美术出版社,1989年,第629页。
⑤ 林纾,《春觉斋论画》,见于安澜编,《画论丛刊》(下),北京:人民美术出版社,1989年,第655页。
⑥ 林纾,《春觉斋论画》,见于安澜编,《画论丛刊》(下),北京:人民美术出版社,1989年,第686页。

which here and there sparkled as the moonbeams caught a frosty crystal; and at a distance might be seen a thin transparent vapor, stealing up from the low grounds and threatening gradually to shroud the landscape.[①]

这种月光夜色下的远近实景唯"西人能之"[②]，是其光学、透视学之长。整个画面因月光皎洁而晶莹剔透，甚至远景也清晰可见："再远一些，只见轻薄而透明的水蒸气从低处升起，渐渐笼罩周围。"[③]但这样的画面在林纾眼中只是"照片"，缺乏神韵，甚至"棘人眼目"。林译近景用"清"，远景则用"浑"：

　　　余见高树夹植为甬道，月光直劈树蹊而下，亮如银片。云翳悉空，月轮愈皎。草地微雪如毡，受月作光，遂幻为玻璃世界。[④]

林译以"清"实写月光下一连串近景，而最后一句改用"浑"墨锁笔写远，把"棘目"的远景细节简化为"遂幻为玻璃世界"，朦胧意境立现，符合"远处宜模糊"[⑤]的"浑"墨之法。这与林纾的一贯主张一脉相承："位置在落纸之先。已定出气势。气势定则胸中全有主意。可以放心讲究用笔用墨之法。故不致堆砌填塞。"[⑥]这种填塞还包括色彩。

三、以水墨会通色彩

　　色彩是特殊的绘画语言，通过对视觉的刺激，直接影响人的生理、心

---

① Irving, Washington. *The Sketch Book of Geoffrey Crayon, Gent.* New York: Charles E. Merrill Company, 1911, 286－287.
② 林纾，《春觉斋论画》，见于安澜编，《画论丛刊》(下)，北京：人民美术出版社，1989年，第643页。
③ 欧文著，潘艳梅、韦春红译，《英伦见闻录》，南京：江苏文艺出版社，2011年，第128页。
④ 林纾、魏易，《拊掌录》，北京：商务印书馆，1981年，第40页。
⑤ 林纾，《春觉斋论画》，见于安澜编，《画论丛刊》(下)，北京：人民美术出版社，1989年，第687页。
⑥ 林纾，《春觉斋论画》，见于安澜编，《画论丛刊》(下)，北京：人民美术出版社，1989年，第656页。

理、审美和情感等。中西由于哲学观念、历史文化、地域环境、绘画发展等方面的差异,体现在绘画色彩上有不同的审美追求、审美原则和审美方法。总体来说,西方是科学色彩观,重光谱色①,追求客观再现。以"应物象形"论,西人不惟有影,而且有光,有算学,有光学,中国不如。② 就是说,西方绘画色彩还注重随光的变化而变化。而中国是哲学色彩观,重概况色和抽象色③,尤其由唐代王维创造的文人水墨山水画,重写意,不是从科学的角度来看待色彩,不像西方那样重视色彩的物理属性,也不强调环境对于物体光色变化形成的环境色、条件色等。王维认为"夫画道之中。水墨为上。肇自然之性。成造化之功。"④王维以水墨黑白二色代表道家之阴阳,象征自然之本性、宇宙之本源,水墨即道,故为上。水墨契合道家崇尚自然,见素抱朴,讲究冲淡玄远等精神,而且墨分五色,五彩缤纷的造化均蕴含于水墨之中。

林纾论画也很少论及"随类赋彩":"余生平论画山水一道。终归功于笔墨。"⑤而欧文随笔中色彩堆积、随光变化的文字不少。所以,中国水墨与西方色彩如何会通,是摆在林纾面前的问题。细读《拊掌录》,林纾的基本策略是用概况色会通原文的光谱色,简化堆积的色彩,删节变化的色彩。下例选自"睡洞",其中色彩丰富:

> It was, as I have said, a fine autumnal day, the sky was clear and serene, and nature wore that rich and golden livery which we always associate with the idea of abundance. The forests had put on their sober brown and yellow, while some trees of the tenderer kind had been nipped by the frosts into brilliant dyes of orange, purple, and scarlet. …

---

① 王文娟,"中西绘画色彩观及其抽象性问题",《人文杂志》,2006 年,第 6 期,第 110 页。
② 林纾,《春觉斋论画》,见于安澜编,《画论丛刊》(下),北京:人民美术出版社,1989 年,第 631 页。
③ 王文娟,"中西绘画色彩观及其抽象性问题",《人文杂志》,2006 年,第 110 页。
④ 王维,"画学秘诀",见于安澜编,《画论丛刊》(上),北京:人民美术出版社,1989 年,第 4 页。
⑤ 林纾,《春觉斋论画》,见于安澜编,《画论丛刊》(下),北京:人民美术出版社,1989 年,第 636 页。

The small birds were taking their farewell banquets.
... and the golden-winged woodpecker, with his crimson
crest, his broad black gorget, and splendid plumage; and
the cedar bird, with its red-tipt wings and yellow-tipt tail,
and its little monteiro cap of feathers; and the blue-jay,
that noisy coxcomb, in his gay light-blue coat and white
under-clothes; ...

... The sun gradually wheeled his broad disk down
into the west. The wide bosom of the Tappan Zee lay
motionless and glassy, excepting that here and there a
gentle undulation waved and prolonged the blue shadow of
the distant mountain. A few amber clouds floated in the
sky, without a breath of air to move them. The horizon
was of a fine golden tint, changing gradually into a pure
apple green, and from that into the deep blue of the mid-
heaven. A slanting ray lingered on the woody crests of the
precipices that overhung some parts of the river, giving
greater depth to the dark-gray and purple of their rocky
sides. A sloop was loitering in the distance, dropping
slowly down with the tide, her sail hanging uselessly
against the mast; and as the reflection of the sky gleamed
along the still water, it seemed as if the vessel was
suspended in the air.[①]

该例是"睡洞"一文写乡村蒙师去拜访该村首富家的一路风景,主要有三幅画面组成:秋晨图、百鸟图和晚秋图。各种色彩充盈其中,有悦目的秋色,有斑斓的百鸟,有变幻的晚霞。按西方绘画色彩观,有堆积,有变化。对比林纾的译文,除了前两节论及的方法外,色彩做了明显的调整:

---

① Irving, Washington. *The Sketch Book of Geoffrey Crayon, Gent*. New York: Charles E. Merrill Company, 1911, 504—506.

> 时为萧晨，秋色爽目，沈蓼苍苍，四面黄绿，曲绘丰稔之状。林叶既赭，时亦成丹，夜来霜气浓也。……斜阳西落，塔邦希之沚，水净如拭，微漪不生。微阳既西，倒峰影于平原，其势广长无匹。天上片云，作琥珀色，既不受风，亦如如弗动。尚有斜阳光线，射于沿河石壁之顶。有帆舶停于河上，帆影照波，空濛如在空际。[①]

首先，林译简化了堆积的色彩。如第一幅秋晨图：天是"clear and serene"，地是"rich and golden"，林有"sober brown and yellow"，又有霜冻后的"brilliant dyes of orange，purple，and scarlet"。四组色彩把天、地、林的真实色彩全盘呈现，逼真细腻，爽心悦目。林纾的译文先用"秋色爽目"写意，具体色彩则重水墨简化，尤其翻译树木受霜前后的色彩：原文由棕、黄到橙、紫、猩红，属于"堆积型"写色之法，逼真细腻，五彩缤纷；林纾译文则代之以中国传统画的朴素笔墨，仅一"赭"一"丹"，以浓墨点染出秋季树木的主色调，是"类型化"的处理方式，用概况色代替原文的具体光谱色。

其次，林纾把"百鸟图"完全剪切。原文诸鸟色彩斑斓："啄木鸟长着金翅，深红鸟冠，宽大的黑色颈部还有一身艳丽的羽衣；雪松鸟则长着红翅和黄尾，头上一撮羽毛形成个小帽；蓝色的松鸦，是个聒噪的花花公子，穿着清新的淡蓝色外衣和白色内衣，……"[②]但在林纾的眼中，一方面这三幅图的组合以山水为主，鸟只是点缀，过多则入画可能"迫塞"，喧宾夺主，故省；另一方面林纾的译文如同水墨画，如果保留百鸟斗艳，金翅红冠黑颈、红翅黄尾、蓝白彩衣等等色彩堆积，与追求朴素的水墨画色彩格格不入。

三是林译删除了变化的色彩。以上的画面背景是黄昏时分斜阳西落，水净如拭，微漪不生，该例上下文由"motionless，without a breath of air，lingered，lingering，dropping，hanging，still water，suspended"等词形成了"静"的语义场。但色彩变化很多，一组是傍晚的地平线由金色(fine golden)到苹果绿(a pure apple green)，再到深蓝(the deep blue)；另一组

---

① 林纾、魏易，《拊掌录》，北京：商务印书馆，1981年，第23页。
② 欧文著，潘艳梅、韦春红译，《英伦见闻录》，南京：江苏文艺出版社，2011年，第244页。

是石壁的色彩由灰黑色（the dark-gray）、紫色（purple）变得更加暗淡。对此，林纾以中国水墨画的审美观，只保留了稳定的琥珀色（amber），原文修饰光线和石壁的色彩均抽空，以留白的笔墨让读者去想象。

林纾译文在简化色彩堆积、删节色彩变化的同时，还特别注意淡化因色彩受光变化而产生的相应效果。欧文游记有关色彩的文字，像西方绘画一样，除了重透视、光影、色调等产生的相应的条件色、环境色，还经常渲染不同色、光交融产生的强烈的视觉效果，如："The house was surrounded with evergreens … The rays of a bright morning sun had a dazzling effect among the glittering foliage."[①]一方面藤蔓绕屋，绿意盎然；另一方面"清晨的绚烂阳光照在晶亮的叶簇间，闪着耀眼的光芒"[②]，晨光夺目。对此，林纾仅保留"墙外均古藤蒙络"[③]，而阳光产生的视觉效果则完全删节。再如英国乍暖还寒之时经常出现"Large tracts of smiling verdure contrasted with the dazzling whiteness of the shaded slopes and hollows."[④]即大片绿地和耀眼的白雪相辉映，这样的视觉效果林纾一般也不会保留。可见，林纾"译画"色、光处理的本土水墨观念深植于心。

林纾的"译画"是其绘画观、文化观的产物。林纾试图以中会西，"译画"淡化甚至扭曲了欧文写景的西洋画写实特征，代之以中国水墨山水画重写意的雅趣。但林纾不乏成功译笔，他从源"文"到想象中的"画"，再由想象中的"画"到译"文"，经历两次符际翻译，是"译画"而不是机械地"译语"，以免把活泼泼的画变为"迫塞"的"死物"。

---

①　Irving, Washington. *The Sketch Book of Geoffrey Crayon, Gent.* New York: Charles E. Merrill Company, 1911, 301.

②　欧文著，潘艳梅、韦春红译，《英伦见闻录》，南京：江苏文艺出版社，2011年，第137页。

③　林纾、魏易，《拊掌录》，北京：商务印书馆，1981年，第45页。

④　Irving, Washington. *The Sketch Book of Geoffrey Crayon, Gent.* New York: Charles E. Merrill Company, 1911, 314.

第六章　明清翻译会通的特征

　　以上论述了晚明、晚清士大夫的诸多翻译会通思想及其实践,涉及徐光启、李之藻、王徵、林则徐、魏源、曾国藩、张之洞、严复、林纾等。由于时代不同,他们的文化心理、理解方式、会通策略等也各不相同,但又具有一些共同的经世化特征,进而影响甚至决定了其西学会通的情感化、文学化特征。本章首先总结前文明清翻译会通的经世化,进而在此基础上论述其情感化及文学化特征。

　　明清西学会通从格物之学到政事之学,一步步地为国人开阔了眼界,打上了鲜明的经世化烙印,情感词汇、感叹句、反问句、按语附以己见等频繁使用,原文信息型文本由此在译文中产生了情感化的倾向,同时传统文学手段时有运用和仿拟,译本的文学化倾向明显。目前的研究虽然关注了经世致用实学思潮对翻译的影响①,但没有对明清译书经世进行综合梳理,没有深入讨论经世化与译本情感化、文学化倾向之间的相互关系。明清西学会通的经世化决定并催生了其译本的情感化和文学化倾向,情感化又渲染了士大夫反思传统文化的焦虑和借西学经世的渴望,文学化则体现了传统士人充当译者的出色的母语能力,间接地增强了翻译的经世作用。

---

　　① 如熊月之,《西学东渐与晚清社会》,上海:上海人民出版社,1994年,第77—79页;李伟,《中国近代翻译史》,济南:齐鲁书社,2005年,第3—8页;葛荣晋,《中国实学思想史》,北京:首都师范大学出版社,1994年;陈鼓应、辛冠洁、葛荣晋,《明清实学思潮史》,济南:齐鲁书社,1989年。

第一节　明清翻译会通的经世化

"经世"语出《庄子·齐物论》,"经世"即"治世"。明清西学会通的经世化特征主要体现在开眼与译书经世。明末至晚清,面对西方文化,中国传统文明受到了根本性的震撼[1]。有识之士一方面抨击陋儒"无事袖手谈心性,临危一死报君恩"[2],另一方面立足于民族主义立场,在心同理同、中体西用、体用不二等观念指导下主动"开眼看世界",通过翻译层层深入地会通西学,探寻富强之路,为学讲求经世致用。这一思想贯穿于他们有关翻译选材、翻译动机、翻译目的等专论中,是翻译社会学、翻译目的论的一个典型案例。

一、晚明实学会通的经世化

明末徐光启、李之藻、王徵等的西学会通是在"东海西海,心同理同"观念指导下的开眼看世界,特别看重西学的"义理"及其"实用",从"请译"、"超胜"到"关切民生日用",以西方科技之实力改士大夫空谈性理之虚,会通西学的责任感、问题意识、使命感等经世化特征明显。

李之藻西学会通的经世化一言以蔽之曰"请译"。作为我国科技翻译的首篇重要文献,李之藻的《请译西洋历法等书疏》立足于中国历法的差谬提出请译西洋历法,体现了强烈的经世责任感、敏锐的经世眼光和明确的经世目的。中国历法到了明末,日食月食的准确时间推算往往存在差谬,由此自然导致"定朔定气"相应"皆舛"。[3] 古人认为历法关乎国运,日月盈亏、五行顺逆、岁差多寡等等现象,不能任其"乖讹袭舛"。但中士或不讲究实证,或"独学寡助,独智师心",所以相关知识有限,屡改屡败,一直"未有能确然破千古之谬,而垂万禩之准者。"[4]差谬靠本土知

---

①　葛兆光,《中国思想史导论》(第二卷),上海:复旦大学出版社,2007年,第328页。

②　颜元,《颜元集》,北京:中华书局,1987年,第51页。

③　李之藻,"请译西洋历法等书疏",见黎难秋主编,《中国科学翻译史料》,合肥:中国科学技术大学出版社,1996年,第4页。

④　李之藻,"请译西洋历法等书疏",见黎难秋主编,《中国科学翻译史料》,合肥:中国科学技术大学出版社,1996年,第5页。

识体系难破,于是李之藻把目光转移到了洞知历法的西人及其中土不及的西历,还独具经世慧眼,通过会通中西,总结出西方天文历算书籍中多有"中国昔贤谈所未及者"①的十四个方面,挖掘出西学所长的根本所在:一是西人重实证,二是西学重所以然之理。在这个认识的基础上,李之藻表现出了迫切的翻译经世使命:"当此历法差谬,正宜备译广参,以求至当;即使远在海外,尚当旁求博访,矧其献琛求宾,近集辇毂之下,而可坐失机会,使日后抱遗书之叹哉。"②所以李之藻极力请译西洋历法,包括历术、水法、算法、测望、仪象、日轨、图志、医学、乐器、几何学等,以西学之"有资实学"裨补中学之舛,尤其彼此的义理可"互相发明",即所译介的西洋历法"如果与天相合,即可垂久行用,不必更端治历,以滋烦费;或与旧法各有所长,亦宜责成诸臣细心斟酌,务使各尽所长,以成一代不刊灵宪;毋使仍前差谬,贻讥后世"。③ 李之藻求中西历法义理相合或各自所长,其经世目的是取长补短,为我所用,消除种种"乖讹袭舛"④,制定出"垂久行用"的"万历"。

徐光启经世化的总战略是"翻译—会通—超胜"。用他自己的话来说就是"欲求超胜,必须会通;会通之前,先须翻译"⑤。他把超胜放在第一位,而翻译、会通则是达到这一目标的重要手段,在徐光启的治学中,均被赋予了强烈的经世化色彩。徐光启的翻译不是纯学术视野下的翻译,而是在晚明背景下成为他对中学不足的反思、对中国文化发展的战略性考量的经世手段。所以徐光启论翻译,主要从经世致用的角度阐释其对本土文化的重要价值。拿算学翻译来说,徐光启不是直截了当、就事论事地谈如何翻译,而是告诉国人为什么要翻译,因为"算数之学特废于近代数百年间耳",其废之缘由有二:"其一为名理之儒土苴天下之实事;其一为妖妄之术谬言数有神理,能知来藏往,靡所不效。卒于神者无

---

① 李之藻,"请译西洋历法等书疏",见黎难秋主编,《中国科学翻译史料》,合肥:中国科学技术大学出版社,1996年,第5页。
② 李之藻,"请译西洋历法等书疏",见黎难秋主编,《中国科学翻译史料》,合肥:中国科学技术大学出版社,1996年,第6页。
③ 李之藻,"请译西洋历法等书疏",见黎难秋主编,《中国科学翻译史料》,合肥:中国科学技术大学出版社,1996年,第7页。
④ 李之藻,"请译西洋历法等书疏",见黎难秋主编,《中国科学翻译史料》,合肥:中国科学技术大学出版社,1996年,第5页。
⑤ 徐光启,"历书总目表",见王重民辑校,《徐光启集》(下册),北京:中华书局,2014年,第374页。

一效,而实者亡一存,往昔圣人研以制世利用之大法,曾不能得之士大夫间,而术业政事,尽逊于古初远矣。"①前文已经讨论过,徐光启翻译会通有三个代表性的观点,即"此书未译,则他书俱不可得论"②、"既具新论,以考旧文"③、"镕彼方之材质,入《大统》之型模"④,"译""考""镕"具有明显的本土意识和经世化特征,是在对中学反思后所采取的以耶批儒、以耶补儒的文化战略及会通方法。如《几何原本》"能令学理者祛其浮气,练其精心;学事者资其定法,发其巧思",所以"能精此书者,无一事不可精;好学此书者,无一事不可学。"⑤《几何原本》在徐光启的眼里如同"金针",被寄予了旁通众务的厚望。

就修历而言,徐光启同样表现出了强烈的问题意识,由日食推算不准,找出了《大统历》与天不合的深层原因;从学理来说,"仅能依法布算,而不能言其所以然之故"⑥,这和李之藻英雄所见略同,抓住了中国科技不兴的关键所在;从研究手段来说,缺乏长期实测实证的科学方法;从专业人才来说,本土可举荐者少。对此,徐光启也是开眼向西,借鉴无不悉验的西方历法及传教士,其会通的具体方法是"每遇一差,必寻其所以差之故;每用一法,必论其所以不差之故。上推远古,下验将来,必期一一无爽。日月交食,五星凌犯,必期事事密合。又须穷原极本,著为明白简易之说,使一览了然。"⑦这是针对现实问题的,但徐光启更有长远的经世眼光,既力求"百世之后,人人可以从事,遇有少差,因可随时随事,依法修改",更期待"且度数既明,又可旁通众务,济时适用",⑧尤其"于民事似

① 徐光启,"刻同文算指序",见王重民辑校,《徐光启集》(上册),北京:中华书局,2014年,第80页。

② 徐光启,"刻几何原本序",见王重民辑校,《徐光启集》(上册),北京:中华书局,2014年,第75页。

③ 徐光启,"测量异同绪言",见王重民辑校,《徐光启集》(上册),北京:中华书局,2014年,第86页。

④ 徐光启,"历书总目表",见王重民辑校,《徐光启集》(下册),北京:中华书局,2014年,第374—375页。

⑤ 徐光启,"几何原本杂议",见王重民辑校,《徐光启集》(上册),北京:中华书局,2014年,第76页。

⑥ 徐光启,"礼部为奉旨修改历法开列事宜乞裁疏",见黎难秋主编,《中国科学翻译史料》,合肥:中国科学技术大学出版社,1996年,第9页。

⑦ 徐光启,"条议历法修正岁差疏",见黎难秋主编,《中国科学翻译史料》,合肥:中国科学技术大学出版社,1996年,第11页。

⑧ 徐光启,"条议历法修正岁差疏",见黎难秋主编,《中国科学翻译史料》,合肥:中国科学技术大学出版社,1996年,第11页。

为关切"①。

李之藻、徐光启在数理、致用上为国人开了天文、历算的眼界,同时代的王徵翻译《奇器图说》则在西方机械及其力学原理方面为国人开了眼界。王徵把力学译为重学,"重"一字双关:从"义"的层面看,重学即力学,是讲"重"之学;从"法"的层面看,王徵译介西方器械尤其关注根据力学原理所产生的神奇省力起重之法,盛赞重学裨益于世,对于经世致用"关系至重"。可见,王徵一"重"字可谓用心良苦,由重学本身讲"重"到应用之"重",译名融学术与经世于一体。这在《录最》有关选材中体现得更为明确,从中可见"关切民生日用"是王徵编译《奇器图说》的最主要目的,为此,那些"最切要者""最简便者""最精妙者"是首选对象,折射了王徵"总期有济于世"、"实有益于民生日用、国家兴作甚急"②的学术观和价值观。

二、晚清实学会通的经世化

明末的开眼是耶稣会士"送货上门"的,到了晚清,鸦片战争、甲午战争等迫使士大夫不得不走出封闭的国门去"开眼—考察—留学",由表及里地去"开眼,开眼,再开眼"。晚清"开眼"首先是"悉夷情",林则徐组织翻译"开眼看世界"开其端,魏源编译《海国图志》"以夷攻夷""以夷款夷""师夷长技以制夷"③继其后,从洞察夷域、人口、贸易、物产、风土人情、政治制度、文教、科技,尤其战舰、火器、养兵练兵等兵学技艺诸方面,为晚清政府开了不少眼。

林则徐西学会通的理想是取长补短,走与本土相结合的会通之路。《四洲志》翻译非常关注有关细节,如埃及"尽复昔时艺业、法律,并鼓励国人习欧罗巴之技能,国势复振。"军队"近得欧罗巴训练之法,队伍雄甲

---

① 徐光启,"条议历法修正岁差疏",见黎难秋主编,《中国科学翻译史料》,合肥:中国科学技术大学出版社,1996 年,第 14 页。

② 邓玉函口授,王徵译绘,《远西奇器图说》,见黄兴涛、王国荣编,《明清之际西学文本》(第三册),北京:中华书局,2013 年,第 1131 页。

③ 魏源,《海国图志·原叙》,长沙:岳麓书社,1998 年,第 1 页。

东方。"①而突尼斯更"广采才智,凡欧罗巴人稍有才识者,虽微贱皆加任用。"②这些译文的字里行间,无不渗透着林则徐及其翻译班子的中西会通眼光,暗示中国必须打破夷夏等保守观念,向欧洲学习。林则徐的开眼,主要是借外国之长直接、间接地批评中国,告诫国人必须开眼世界,会通有无。如谈到泰国人"游惰度日,不尚技艺,尤藐视外国人。有商舶至其地,辄待同蛮夷,壹似无能为役者。惟尊中国,而不知有他国也。"③这种批评,与其是在说泰国,不如说也在含沙射影地批评中国面对世界万国"目中无人"。同样,土耳其"所学皆章句辨论,不知格物穷理,反嗤他国所造千里镜、显微镜、量天尺、自鸣钟,谓是小技淫巧。"④这一守旧观念中国更如出一辙。

魏源编译《海国图志》深受鸦片战争的强烈刺激,从而由战前关注河漕盐法等内政改革转向战后致力于研究西方新知,对异质文化抱着明确的会通心态:"胸中何止四大洲,神光往来鞭赤虬。直走龙堂割龙石,红轮不尽海西头。"⑤通过研究异域文化,对比中国传统,魏源认识到面对万国世界,中国必须摈弃长期信守的"夷夏之防""西学中源""华夏礼仪之邦"等狭隘观念,从而正视西方文明,拿出勇气"师夷长技"。为此,他批评抵制西学的保守派,认为"彼株守一隅,自画封域,而不知墙外之有天,舟外之有地者;适如井蛙蜗国之识见,自小自蔀而已。"⑥这种西学会通精神和实学经世追求,使得魏源既能关注战舰、火器、养兵练兵等西方长技,又有眼光洞察到西方尤其是英国不但"强",而且"富"的根源,即强兵与富贾相济:"不务行教而专行贾,且佐行贾以行兵,兵贾相资,遂雄岛

---

　　① 林则徐全集编辑委员会编,《林则徐全集》(第十册,译编),福州:海峡文艺出版社,2002年,第25页。

　　② 林则徐全集编辑委员会编,《林则徐全集》(第十册,译编),福州:海峡文艺出版社,2002年,第34页。

　　③ 林则徐全集编辑委员会编,《林则徐全集》(第十册,译编),福州:海峡文艺出版社,2002年,第4页。

　　④ 林则徐全集编辑委员会编,《林则徐全集》(第十册,译编),福州:海峡文艺出版社,2002年,第94页。

　　⑤ 魏源友人曹懋坚赋此诗赞叹他放眼世界的阔大胸怀,见冯天瑜、黄长义,《晚清经世实学》,上海:上海社会科学院出版社,2002年,第282页。

　　⑥ 魏源撰,魏源全集编辑委员会编,《魏源全集》(七),长沙:岳麓书社,2011年,第1889页。

夷。"①由此,魏源也主张适当效仿,发展中国工商业,突破传统小农经济的观念。更为难得的是,魏源还对西方近代资本主义民主政体加以称颂,如美国:

> 呜呼! 弥利坚国非有雄材枭杰之王也,涣散二十七部落,涣散数十万黔首,愤于无道之虎狼英吉利,同仇一倡,不约成城,坚壁清野,绝其饷道,(遂)[逐]走强敌,尽复故疆,可不谓**武**乎! 创开北墨利加者佛兰西,而英夷横攘之;愤逐英夷者弥利坚,而佛兰西助之,故弥与佛世比而仇英夷,英夷遂不敢报复,远交近攻,可不谓**智**乎! 二十七部酋分东西二路,而公举一大酋总摄之,匪惟不世及,且不四载即受代,一变古今官家之局,而人心翕然,可不谓**公**乎! 议事听讼,选官举贤,皆自下始,众可可之,众否否之,众好好之,众恶恶之,三占从二,舍独徇同,即在下预议之人亦先由公举,可不谓**周**乎! ……金矿充溢,故以货易货外,尚岁运金银百数十万以裨中国之币,可不谓**富**乎! 富且强,不横凌小国,不桀骜中国,且遇义愤,请效驰驱,可不谓**谊**乎! 故不悉敌势,不可以行军;不悉夷情,不可以筹远。②

这段话道出了魏源对美国方方面面的艳羡,其中"武""智""公""周""富""谊"更表露了他为之叹服的心声,这些都亟待晚清学习,正如《征抚记》所言,要把外国之长技尽转为中国之长技。

但第一次痛苦的"开眼"则是鸦片战争,此刻"天下之变岌岌哉!"③欲挽世变急需由表及里地放眼世界,培养新型人才。其结果之一就是在"中体西用"观念指导下兴办洋务,而开设同文馆是进一步"开眼"的重要

---

① 魏源撰,魏源全集编辑委员会编,《魏源全集》(六),长沙:岳麓书社,2011 年,第 1124 页。
② 魏源撰,魏源全集编辑委员会编,《魏源全集》(六),长沙:岳麓书社,2011 年,第 1619—1620 页。
③ 张之洞,"上海强学分会序",见黎难秋主编,《中国科学翻译史料》,合肥:中国科学技术大学出版社,1996 年,第 135 页。

举措,否则"中国迄无熟习外国语言文字之人,恐无以悉其底蕴。"①为此,清政府急需通过译书来为国人"开眼",特别强调"所译之书,应先尽各国政治法律史传诸门,观其治乱兴衰之故,沿革得失之迹,俾可参观互证,以决从违。徐及兵制医学农矿工商天文地质声光化电等项,以收实用。"②如同文馆译介的西方法律书籍,为清政府"制夷"、参与国际事务、解决涉外事端提供了法律武器,经世特征鲜明。而不同语种的书院均为处理各国具体事物所设,如为了"边疆办理交涉,必须两国言语文字融会贯碍。珲春添设俄文书院,因地制宜,诚为当务之亟。"③

洋务派更让国人"开眼"的是创设江南制造总局翻译馆,既大量引进了兵学、技术、自然科学等书籍"欲明制造"④,直接为用,又译介了一些社会科学书籍,为国人继续拓宽"开眼"的领域。讲西学"译书为第一义"得到广泛认可,从翻译报纸为每天获取新闻,到各专业书籍翻译"以资讲求而广见闻"⑤。如傅兰雅、应祖锡合译的《佐治刍言》,是一本宣扬自由资本主义的政治经济学入门教材,为治世跳出"内圣"型走向"外王"型开阔了眼界,从家庭、公民的权利和义务、教育、名位、政府、外交、经济、法律、章程、产业、工艺、资本、贸易、通商、货币、银行、信用等方面,引入了新知,更新了观念。再如李提摩太、蔡尔康合译的《泰西新史揽要》,是一本介绍欧洲19世纪的历史著作,但视野开阔,"实救国之良药,保国之坚壁,疗贫之宝玉"⑥,译文多处细节的处理呈现出了明显的以史经世特征,通过虚拟人物言行、评价善恶得失,发挥抑恶扬善的经世作用;通过记述历史事件的翻译会通,彰显治乱之由;通过评论或叙述植入警示晚清当世话语,反复申明救国存亡之旨⑦。

---

① 总理衙门,"奏请创设京师同文馆疏",见黎难秋主编,《中国科学翻译史料》,合肥:中国科学技术大学出版社,1996年,第35页。

② 奕䜣,"总理各国事务奕䜣等折",见黎难秋主编,《中国科学翻译史料》,合肥:中国科学技术大学出版社,1996年,第76页。

③ 奕䜣,"总理各国事务奕䜣等奏",见黎难秋主编,《中国科学翻译史料》,合肥:中国科学技术大学出版社,1996年,第60页。

④ 严复,"论译书四时期",见张静庐辑注,《中国出版史料补编》,北京:中华书局,1957年,第61页。

⑤ 张之洞,"上海强学分会序",见黎难秋主编,《中国科学翻译史料》,合肥:中国科学技术大学出版社,1996年,第136页。

⑥ 李提摩太、蔡尔康,《泰西新史揽要·译本序》,上海:上海书店出版社,2002年,第1页。

⑦ 陈琛,《〈泰西新史揽要〉经世化改写研究》,安徽师范大学硕士论文,2011年,第IV页。

三、晚清新学会通的经世化

甲午战争最让当时的国人"开眼",这次惨败才真正"唤起吾国四千年之大梦"①。中国上下"近师日本,以考其通变之所由,远摭欧墨,以得其立法之所,自追三古之实学,保天府之腴垠"②。中西深度会通成为时代的最强音。此后,译书的宗旨也由洋务派"欲明制造"一变为维新派"输入文化挽救衰亡"③,翻译"通其志,达其欲"的基本功能更被自然地置换为兵家语"知己知彼,百战百胜。"④而译书局、报社等全方位地"知彼"成为晚清新学会通西学的核心,打上了鲜明的翻译经世烙印。

首先"知彼"为"变己"。梁启超多次直抒"知彼"的经世目的,疾呼"译书真今日之急图哉!"⑤这里的"急"主要是想通过"知彼"之长以"变己"之短。就变法而言,虽然晚清上下识时之士争相谈论变法,但欲变士而无变士之书,欲变农而无农政之书,欲变工而无工艺之书,欲变兵而无兵谋之书,欲变总纲而无宪法之书,欲变分目而无章程之书。对此,梁启超认为唯有速译西书"知彼",方能指导"变己"。所以大同书局"首译各国变法之事,及将变未变之际一切情形之书,以备今日取法。译学堂各种功课,以备诵读。译宪法书,以明立国之本。译章程书,以资办事之用。译商务书,以兴中国商学,挽回利权。"⑥梁启超一连串"译……以……"排比,列出了不同内容的翻译"知彼"及相应的"变己",甚至是"强国第一义"⑦的经世目的,或"以备",或"以明",或"以资",或"以兴",使变法不再停留于空谈。

同样典型的是上海政艺通报社编辑政艺丛书倡言的译书"知彼"以

---

① 丁文江、赵丰田,《梁启超年谱长编》,上海:上海人民出版社,1983 年,第 38 页。

② "《农学报》序",见黎难秋主编,《中国科学翻译史料》,合肥:中国科学技术大学出版社,1996 年,第 180 页。

③ 严复,"论译书四时期",见张静庐辑注,《中国出版史料补编》,北京:中华书局,1957 年,第 62 页。

④ 如马建忠,"拟设翻译书院议",见黎难秋主编,《中国科学翻译史料》,合肥:中国科学技术大学出版社,1996 年,第 313 页。

⑤ 梁启超,"大同译书局叙例",见黎难秋主编,《中国科学翻译史料》,合肥:中国科学技术大学出版社,1996 年,第 468 页。

⑥ 梁启超,"大同译书局叙例",见黎难秋主编,《中国科学翻译史料》,合肥:中国科学技术大学出版社,1996 年,第 469 页。

⑦ 梁启超,"变法通议·论译书",《饮冰室合集·文集之一》,北京:中华书局,1986 年,第 66 页。

"变己",也体现了类似强烈的"他山之石可以攻玉"的经世目的:

> 自庚子一役,惊破世人之迷梦,于是朝廷翻然更张,锐意新法。海内贤杰,恫心时变,翻书翻报,社会飙起。……本社创造适丁斯会,乘兹变故未雨绸缪,哀黄民之多艰,祝神州之早振,思所以裨国为群之途术,知一大蠹物百孔千疮,非胪陈病状,博采方药,必不足以起沉疴而建新体。于是搜集时政,网罗国闻,域中域外,日纪月书,排比整齐,殚心抉择。何者当兴?何者当革?何者为利?何者为弊?异同黑白,灿然了然。使操柄之臣,忧时之士,得以竟镜比观。咨于掌故,以资时用。庶几病药相发,体强气昌,而老大之帝国,东方之病夫,犹可以不亡乎,亦当世得失之林也。①

一是迷梦醒来"翻然更张,锐意新法"的经世背景需要"知彼";二是诊断"百孔千疮"的病体,开出对症的药方需要"知彼";三是"变己"需要"知彼",只有网罗西书,会通中西,则"兴""革""利""弊"及"异""同""黑""白"才能"灿然了然",以备治愈中国之病。

维新派会通西学的心态从"技"到"学"、体用不二进一步开放,但同时念念不忘"学"以致用,或疾呼翻译政事之书"尤为切也"②"其所成就,其可量哉!"③,或主张"译外国商学之书,……可收外国之利。"④或主张"兵学尤为当务之急"⑤,因为自然科学、工商农学等,短时间无法见效,而晚清外敌入侵,欲自强则急需兵学,翻译后随学随用。严复八大名译更高举"易变"大旗,以进化论鼓民力、开民智、新民德,力求苞中外、视其

---

① "上海政艺通报社编辑政艺丛书缘起",见黎难秋主编,《中国科学翻译史料》,合肥:中国科学技术大学出版社,1996年,第498页。
② 高凤谦,"翻译泰西有用书籍议",见黎难秋主编,《中国科学翻译史料》,合肥:中国科学技术大学出版社,1996年,第331页。
③ 梁启超,"论学日本文之益",见黎难秋主编,《中国科学翻译史料》,合肥:中国科学技术大学出版社,1996年,第335页。
④ 康有为,"康有为《公车上书》节录",见黎难秋主编,《中国科学翻译史料》,合肥:中国科学技术大学出版社,1996年,第64页。
⑤ 恩裕,"户部员外郎恩裕片",见黎难秋主编,《中国科学翻译史料》,合肥:中国科学技术大学出版社,1996年,第93页。

通,继而提出救国方略。如翻译《原富》"察究财利之性情,贫富之因果,著国财所由出云尔"①。翻译《群学肄言》"将以明治乱、盛衰之由"②,纠正盲进。

其次,广译以"知彼"。一是报纸之广译以开风气。报纸传播快捷,能迅速广见闻、开风气,一时成为晚清有识之士的共识。如:

> 窃以东西各国,报馆林立,报章多者,其国俞强,则处今日而采西法,断宜遍开报馆,广传博览,然后壅弊可以渐除,而外情不至隔阂。……开通民智,尚嫌有所未尽,……以开风气而扩见闻,期于时局有所补益。③

> 西法效征,各有专门,官有学堂,民有学会,一邦创之,列邦因之。每得一法,造一新器,无不刊列报章,以资考证。今我国家百废举兴,不厌详求,可否饬下各国驻使大臣,悉心究讲,凡有关与军械、农工、商矿、纺织各学,虽出一新器新法,见诸报章者,均宜随时翻译绘图贴说,集久成书。……以广见闻,而开风气。④

从数量来说,西方报纸之多寡与其强弱被划上了等号。由于中国在"知彼"上还存在着诸多"壅弊""隔阂"和"未尽",所以呼吁"遍开报馆"翻译,以帮助国人"广传博览",开启民智;从内容来说,西方新学、新法、新器无不见诸报章,短宜随时翻译,长则集久成书,对百废待兴、千疮百孔的晚清不啻为广见闻、开风气的有效手段,寄托了儒家士人的经世心愿。正因为如此,一时报纸林立,代表性的有《时务报》《知新报》《农学报》《经世报》《实学报》《求是报》《国闻报》《译书公会报》《东亚报》《清议报》《五洲时事汇报》《译书汇编》《励学译编》《外交报》等,不可谓不广,且内容丰富,广译西学之长,如天津《国闻报》翻译诸国报纸,以寻求变法富强之

---

① 严复,《原富·译事例言》(上册),北京:商务印书馆,1981年,第7页。
② 严复,《群学肄言·序》,北京:商务印书馆,1981年,第vii页。
③ 瑞洵,"翰林院侍讲学士瑞洵折",见黎难秋主编,《中国科学翻译史料》,合肥:中国科学技术大学出版社,1996年,第90—91页。
④ 福润,"工部郎中福润片",见黎难秋主编,《中国科学翻译史料》,合肥:中国科学技术大学出版社,1996年,第91页。

路,学习俄国"商之天下"、英国"富强称最"、法国"变而弥上"、美国"其工最乐"、日本"舍旧图新"等等。① 再如《农会报》推广如何开荒施肥、使用机器,更注重译书讲求农理、树艺、畜牧、林材、渔业、肥料、农器等。报纸的快捷有助于弥补"若待编阅千万卷书而后知变法自强,诚恐纡远寡效"②之不足,但译书仍然是广学的重要途径,毕竟许多有用之学已经成书。

二是翻译机构、学馆参与之广译广学。"盖欲求中国经史政治诸学,非藏书楼不足以供探讨之资,欲知西国政治工商等情,非译书局不足以广见闻之用也。"③一时,"译书—兴学—自强"成为徐光启"翻译—会通—超胜"的知音。欲取西人之长,"必须尽见其未译之书,方能探赜索隐,由粗迹而入精微"④成为共识,"盖公理渐明,诞谲无实之作日消,而简易有用之书递出,广学之倪吾以是券之矣。"⑤于是翻译机构和学馆如雨后春笋,天津中西学堂、自强学堂、官书局、大同译书局、译书公会、京师同文馆、南洋公学、教科书译辑社、上海文明编译印书局、京师大学堂译书局、上海政艺通报社、上海广发言馆、译书交通公会等,尽显译书舞台。其中广译日本书成为时代强音,因为日本早于中国变法,而早善其治、早译欧书在其中扮演了重要角色。日本翻译欧美书籍,一是注重精挑细选,二是好书多已译出。中国离日本比欧美近,日文与中文又多有相似,所以康有为(1858—1927)、梁启超、王之春(1842—1906)、张之洞、刘坤一(1830—1902)等极力主张广译日本书,认为这是一条便捷之道。这里的广译既指广涉哲学、政治、兵学、法律、财政、外交、文学、声光化电、农矿商医、工程机械等选材之广,又指童生、附生、廪生、贡生、举人、进士、翰

---

① "天津国闻报馆启事",见黎难秋主编,《中国科学翻译史料》,合肥:中国科学技术大学出版社,1996年,第139页。

② 孙家鼐,"协办大学士孙家鼐折",见黎难秋主编,《中国科学技术大学出版社,1996年,第85页。

③ 张百熙,"张百熙请设立译局与分局",见黎难秋主编,《中国科学翻译史料》,合肥:中国科学技术大学出版社,1996年,第99页。

④ 冯桂芬,"上海设立同文馆议",见黎难秋主编,《中国科学翻译史料》,合肥:中国科学技术大学出版社,1996年,第401页。

⑤ 蔡元培,"东西学书录叙",见黎难秋主编,《中国科学翻译史料》,合肥:中国科学技术大学出版社,1996年,第142页。

林等士人由重科第转而参与翻译之广。前者主张"广求体用"①,后者主张大赉译才。凡此均"意在挽回风气,富国保民"②。

明清官员、士人译书经世的强烈诉求,传递了他们对传统文化的焦虑和对西方文明为我所用的渴望。这种复杂的文化心态,不断地折射到字里行间,致使译本产生了情感化倾向。

第二节　明清翻译会通的情感化

明清翻译选材除林纾外,主要囿于格致、政事之书。这样的文本基本上属于信息型,但由于译者经世化的影响,其译本也相应地产生了明显的情感化倾向,有意无意地融入了呼吁(appellative)功能③,或赞叹西学,或以西批中,或共鸣抒情,或托译言志,语气词、情感词汇、感叹句、反问句、按语附以己见等手段频繁使用,融入了译者强烈的经世致用情怀,渴望以西学之长补中学之短。

一、明末实学会通的情感化

明末代表性的译著有《几何原本》、《寰有诠》、《名理探》、《奇器图说》等,其情感化共同之处在于叹服西学由"法"及"义",尤重方法背后的"所以然之理",进而以会通的眼光批评中学重方法有余,而求义理不足。《几何原本》"穷方圆平直之情,尽规矩准绳之用"④。这样的数学著作很难想象译者会参与情感,但徐光启字里行间渗透了"以西观中"的会通精神,盛赞几何学由数达理之情溢于言表,或增加肯定之词,如条条公理、定律"必等""不可疑也"⑤;或使用反问加强语气,如"岂不""何缘得有"

---

①　王之春,"王之春奏议译书事项",见黎难秋主编,《中国科学翻译史料》,合肥:中国科学技术大学出版社,1996年,第97页。

②　"译书公会章程",见黎难秋主编,《中国科学翻译史料》,合肥:中国科学技术大学出版社,1996年,第471页。

③　Nord, Christine. *Translation as a Purposeful Activity*：*Functionalist Approaches Explained*. Manchester：St. Jerome,1997,37－38.

④　徐光启,"刻几何原本序",见王重民辑校,《徐光启集》(上册),北京:中华书局,2014年,第75页。

⑤　利玛窦述,徐光启译,王红霞点校,《几何原本》,见朱维铮、李天纲主编,《徐光启全集》(肆),上海:上海古籍出版社,2010年,第72页。

"安有""安得"①；或批评传统学风，如徐光启论及比例时说："虽自古至今，学士无数，不能为相等之形"②；或增加论辩，借用传统问答句表达对几何学原理的叹服：

> **或难曰**：切边角有大有小，何以毕不得两分向者？闻几何之分不可穷尽，如《庄子》尺棰之义深著明矣。今切边之内有角，非几何乎？此几何何独不可分邪？又十卷第一题言：设一小几何，又设一大几何，若从大者半减之，减之又减，必至一处小于所设小率。此题最明，无可疑者。今言切边之角小于直线锐角，是亦小几何也，彼直线锐角是亦大几何也。若从直线锐角半减之，减之又减，何以终竟不得小于切边角邪？既本题推显切边角中不得容一直线，如此著明便当，并无切边角，无角则无几何，此则不可得分耳。且《几何原本》书中无有至大不可加之率，无有至小不可减之率。若切边角不可分，岂非至小不可减乎？**答曰**：谬矣，子之言也。有圆有线，安得无切边角？且既言直线锐角大于切边角，即有切边角矣。苟无角，安所较大小哉！且子言直线与圆界并无切边角，则两圆外相切，亦无角乎？**曰**：然。**曰**：……子所据尺棰之分无尽，又言《几何原本》书中无至小不可减之率也，是也。夫切边角但不可以直线分之耳，若用圆线，则可分矣。……如此以至无穷，则切边角分之无尽，何谓不可减邪？若十卷第一题所言元无可疑，但以圆角分圆角，则与其说合矣。彼所言大小两几何者，谓夫能相较为大，能相较为小者也，如以直线分直线角，以圆线分圆线角是已。此切边角与直线角岂能相较为大小哉？③

---

① 利玛窦述，徐光启译，王红霞点校，《几何原本》，见朱维铮、李天纲主编，《徐光启全集》（肆），上海：上海古籍出版社，2010年，第190、236、240—241页。
② 利玛窦述，徐光启译，王红霞点校，《几何原本》，见朱维铮、李天纲主编，《徐光启全集》（肆），上海：上海古籍出版社，2010年，第334页。
③ 利玛窦述、徐光启译，王红霞点校，《几何原本》，见朱维铮、李天纲主编，《徐光启全集》（肆），上海：上海古籍出版社，2010年，第247—248页。

这里徐光启的语篇结构是"或难曰……答曰……曰……曰……","难者"运用几何学无有至大不可加之率、无有至小不可减之率原理,追问切边角何以不能无限切分。其中发问连用问句,加上"义深著明矣""此题最明,无可疑者""如此著明便当""岂非"等用词,对以上依据几何学原理的推论深信不疑,情感强烈,增强了问题意识。徐光启的"答曰:谬矣,子之言也"斩钉截铁,接着也连用反问句以及"安得""安""何谓""岂能"等词汇,同样加强了语气,既通过推理分析指明切分角如果以圆切分可至无穷,又融入了译者的情感,强调切分角与直线角属于两种几何类型,不能相比大小之道理。徐光启在多种译著序言中情感更为明确,如在《几何原本杂议》中指出《几何原本》"此书有四不必:不必疑,不必揣,不必试,不必改。有四不可得:欲脱之不可得,欲驳之不可得,欲减之不可得,欲前后更置之不可得。"①"不必""不可得"语气坚定,对几何学原理深信不疑。反之,徐光启对传统数学不讲所以然之故,提出批评,折射了徐光启"翻译—会通—超胜"的经世理想和"以耶补儒"的文化构建战略眼光。

李之藻《寰有诠》、《名理探》更普遍使用问句增强情感。如《圜有诠》认为天主是万物的创始人,是解释一切所以然的根源。对此,译文多次以反问句加以强化,如:

> 若天主者,欲为即成,不籍质模兼有之物,亦不必先有其质、后成其物。非然,何以显其全能超艺与性者哉?
>
> 任其全知所定秩序,以全寰宇之美,自令万物各具不齐之性。则其不齐正由天主,岂由物质乎?
>
> 物之相物,能令彼物善复其终则有之矣,岂能顿令彼物肇有其初哉?②

以上字里行间渗透了对天主全知全能的顶礼膜拜,对天主能以无造有、定万物之性、为最初之所以然等深信不疑,所论实为《圣经》创世纪之说。

---

① 徐光启,《几何原本杂议》,见王重民辑校,《徐光启集》(上册),北京:中华书局,2014年,第77页。
② 傅汎际译义,李之藻达辞,《寰有诠》,见黄兴涛、王国荣编,《明清之际西学文本》(第三册),北京:中华书局,2013年,分别见第1215—1216、1218页。

译文中三个反问则折射了李之藻对天主教义的坚定信仰。《名理探》更是针砭晚明时弊,批判心学及奢谈虚浮之风,倡导格物穷理。为此,《名理探》引进了西方学科体系,包括数学、物理学、伦理学、经济学、政治学、神学等,认为凡"学"必然包括许多知识,且有其次序,有其界限,否则不成其为学:

> 总而言之,凡学必括多许知识。此多识,必须相次有序,乃可谓之一学。若所论非关一界,则既无次序,亦不联属,岂成其为一学?又凡各学之别,就其所用为本解者,即其各学之所以别者。今各学皆就所向之界而受解,则其区别岂不以其界乎?①

译文在解释何为"学"的基础上,通过两个反问"岂成其为一学? ……则其区别岂不以其界乎?"增强了论辩语气,融入了对"学"如何划分的态度和情感。

晚明翻译的情感化与经世致用密切相关,从天学到历算之学,无不渗透了儒家士大夫对西学的向往及其济世情怀。

二、晚清实学会通的情感化

到了晚清,经世思潮更催生了"师夷长技以制夷"的热潮,从林则徐、魏源到同文馆、江南制造总局翻译馆的翻译,西学会通日盛,忧患时事和渴望变革之情日浓。"师夷长技以制夷"由魏源首次明确提出,并贯穿于他编译的《海国图志》,为此,他批评"华夏中心主义"者的夏虫、井蛙之见:

> 今日之事,苟有议征用西洋兵舶者,则必曰借助外夷恐示弱,及一旦示弱数倍于此,则甘心而不辞;使有议置造船械师夷长技者,则曰糜费,及一旦糜费十倍于此,则又谓权

---

① 傅汎际译义,李之藻达辞,《名理探》,北京:生活·读书·新知三联书店,1959 年,第 23 页。

宜救急而不足惜;苟有议翻夷书、刺夷事者,则必日多事。
……则一旦有事,则或询英夷国都与俄罗斯国都相去远近,
或询英夷何路可通回部……①

"征用西洋兵舶""置造船械、师夷长技""翻夷书、刺夷事"等远见卓识,顽
固派战前斥之为"示弱""糜费""多事",而一旦临战又一变为"不辞"、"不
足惜"、不得不"询",前后立场与态度鲜明的对比,增强了开眼和师夷的
必要性和紧迫感。

　　同样,从语篇类型来说,晚清洋务派无论是同文馆,还是江南制造总
局翻译馆所译之书,基本属于格致、政事类信息型文本,其中政事类译著
情感更易渗透。如《泰西新史揽要》通过译介欧洲 19 世纪史,针对列强
入侵、亡国灭种的晚清时局,熔铸了译者对战祸、民生、国治等的慨叹,情
感词汇、语气词、感叹句、反问句更加频繁使用。如 19 世纪的欧洲动荡
不安,"亦何怪乎曾不须臾又大乱几不可收拾哉?"批评妇女儿童做矿工,
"其苦况殆不可思议!"英国 18 世纪末欲整顿学校,政府出巨资办学,非
议者担心"若使困苦之人全获时雨之化,恐难安分食贫也",对此,译者批
评"持论之谬至此!"由于英国不断增加办学经费,结果"无怪英人之学问
驾于欧洲诸国之上也",所以译者针对英国广开学校,认为"呜呼,学问之
道其可忽哉。"此外,英国伴随着工业革命,百工兴盛,译者多次叹服:
"嘻! 奇矣。"②19 世纪欧洲战争不断,"惨"状连连,译者突出了原文
"war"之"祸"亘古罕见,进而发出慨叹"呜呼! 惨也。"这种由战争、内乱、
酷刑导致的"种种惨酷几无天日"③,贯穿全文。如拿破仑出兵俄罗斯,
"沿途或病或饿,……师行所过,白骨盈野,……惨哉!"到俄后受冻挨饿
致死者不知其数,"甚至有一日而死亡至数千人者,似此惨无天日";败退
中士兵"号哭之惨几震重霄","自古至今罕有之浩劫也!"④另一个典型的
中西会通记述惨状之例如下:

---

　　① 魏源撰,魏源全集编辑委员会编,《魏源全集》(四),长沙:岳麓书社,2011 年,第 34 页。
　　② 李提摩太、蔡尔康,《泰西新史揽要》,上海:上海书店出版社,2002 年,第 49、61、87、
112、148－149 页。
　　③ 李提摩太、蔡尔康,《泰西新史揽要》,上海:上海书店出版社,2002 年,第 11 页。
　　④ 李提摩太、蔡尔康,《泰西新史揽要》,上海:上海书店出版社,2002 年,第 37－38 页。

It was a savage age in which these things were inflicted and endured. Men not yet old had seen the torture to which Damiens was subjected for attempting to murder the king. The wretched man's flesh was torn from his bones by red-hot pincers, and molten lead was poured into his wounds. Almost to the close of the century criminals endured the torture of the wheel. The limbs were broken by blows of a heavy iron bar, and then the mangled body was hung across the edge of an upright wheel, till the poor remains of life ebbed in agony away.①

法民痛苛政之猛于虎，……法人达免知民心之离叛，乘机谋害法王。事泄，官捉之去，命取剪刀置诸火，炙使通红，细剪达免之肉，条分而缕析之，似此残酷之形，较之凌迟处死者而又过焉，然犹曰弑君重罪也。乃有杂犯罪名者，往往缚犯于车轮，用铁棍击断其骨节，如古者车裂之刑。呜呼！法廷惨酷至此，……②

原文有关法国民众所经受的种种痛苦记述围绕"torture"展开，译文借用传统苛政猛于虎、凌迟、车裂之刑等加以会通，最后以"呜呼"来突出法廷之残酷，述论结合，寓情于史。

《泰西新史揽要》以史经世，而《佐治刍言》则以政经世，同样渗透了译者的经世情感。《佐治刍言》篇幅不过 10 万余字，所介绍的也仅仅是西方政治经济学的基本常识，但它却是戊戌变法以前介绍西方政治经济思想最为系统的一部书，是江南制造总局翻译馆译介较少的西方社会科学著作之一，在晚清知识界颇为流行，对梁启超、章太炎等产生了广泛影响。其中所论政治经济学话题广泛，从家庭到国家，从公民的权利义务到国政诸多分类，从文教到产业，从资本到银行等，涉及社会生活的方方面面，或理念或方法，激起译者对政治、经济的情感共鸣，增强了译文的

---

① Mackenzie, Robert. *The Nineteenth Century — A History*. London: T. Nelson and Sons, Paternoster Row. Edinburgh, 1880, 12.
② 李提摩太、蔡尔康，《泰西新史揽要》，上海：上海书店出版社，2002 年，第 5 页。

经世启蒙作用,试看下文几例:

> 151. It is sometimes said, that it is an unjust interference with families to insist on educating their children; but the government and the law always interfere where justice and the good of the public render it necessary. The punishment of offences is an interference. The person who commits a crime within his own family is punished, though the family might desire to screen him. It has been well said, that if a government is entitled to punish, it is entitled to instruct. Punishment is the infliction of pain, and yet it is justified when the good of the public requires it. Education is the conferring of a benefit; and we may surely confer benefits for the good of the public, if we may inflict pains for the same end.①
>
> 　　第一百五十一节　或有谓民间教养儿女事,应听其父母作主,与国家无涉者。不知兴利除弊,其权原由国家操之,若百姓儿女幼时不加教诲,其民不知礼义,必至相率为非,易为地方之害,国家安得不问? 如一家之中,兄弟同室操戈,自相戕害,国家必立即拿问,定以罪名,虽其父母多方回护,国家亦断不能轻纵,盖有法在也。国家既有法以持其后,即不能无教以导其先,法与教皆所以化民成俗也,而谓可偏废乎哉?②

这里译者的主要翻译方法是具体化,并在此基础上以两个"必"和反问句增强语气。原文"The punishment of offences is an interference"直截了当地表明,对不教诲子女的家庭依法惩处即为国家干预,而译文把"offences"具体化为"不知礼义,必至相率为非,易为地方之害",突显了

---

　　① Chambers, William & Robert Chambers. *Political Economy for Use in Schools and for Private Instruction*. Edinburgh: W. and R. Chambers, 1852, 48.
　　② 傅兰雅,《佐治刍言》,上海:上海书店出版社,2002 年,第 54—55 页。

家庭对子女不教产生的严重社会后果,进而情之所至,把"interference"译为反问"国家安得不问?"同样,"The person who commits a crime within his own family is punished …"具体化为"兄弟同室操戈,自相戕害,国家必立即拿问,定以罪名,……国家亦断不能轻纵"。字里行间语气强烈,其中"必立即""断不能"等用语,在传达原文"punished""拿问""定以罪名"这一基本信息的同时,融入了"绳之以法"的强烈诉求。文末立足于前文对"教"与"法"关系的论述,提出"法与教皆所以化民成俗也,而谓可偏废乎哉?"经世之情溢于言表,"教"引人向善,"法"过人为恶,"总之,化导之机,捷于刑罚,若舍化导而专恃刑罚,吾未见其能治民者。"[1]

　　《佐治刍言》改陈述为反问之例比比皆是,其效果首先是把许多政治学、经济学原理论说清楚,再如:

> One has no right to encroach on the other; and, indeed, there can be no encroachment, no favour asked, on either side, without a certain loss of independence. This feeling of independence should be carefully cultivated and preserved, along with those habits of courtesy which soften the general intercourse of society.[2]

> 假使主人于给工价外,令工人多做数工,工人能允之乎? 理须持平,事求无弊。主人克剥工人,固难久享其利,工人侵蚀主人,独能长安其业耶? 为工人者当深长思矣。[3]

原文重在陈述雇主与工人各自的权利和义务存在着明确的相互关系,译文化抽象为具体,同时运用两个反问句:"工人能允之乎?"和"独能长安其业耶?"从反面言辞恳切地强调主人和工人之间不能互相侵占对方权利,否则理不平、业难安。

---

[1]　傅兰雅,《佐治刍言》,上海:上海书店出版社,2002年,第52页。
[2]　Chambers, William & Robert Chambers. *Political Economy for Use in Schools and for Private Instruction*. Edinburgh: W. and R. Chambers, 1852, 96.
[3]　傅兰雅,《佐治刍言》,上海:上海书店出版社,2002年,第99页。

此外,《佐治刍言》还频繁以古鉴今。如"夫拿破仑固一时雄主也,又精于兵法,只以未能筹饷,遂致名败国辱,卒为欧洲各国所窃笑。后之讲求国政者,可不以此为殷鉴欤?"①原文只陈述事实,译文却以"雄主"称拿破仑,添加失败之后"卒为欧洲各国所窃笑",前后形成对比,补充评述,告诫后人以此为"殷鉴",是信息与经世之情的结合。

三、晚清新学会通的情感化

晚清新学会通的情感化以严复为代表。严复情感化的主要手段,是句首句末语气词如"岂、夫、噫、吁、也、矣、乌、乎、哉、嘻、唏、兮、呜呼、嗟夫"等的频繁使用,再与情感词、感叹句、反问句等并用,这在严复的译笔下更自成一体,加上文内添加、文后按语等方式附以己见,译文情感四溢,传达了严复对传统文化的焦虑和以西补中变法维新的渴望。

严复首部译著《天演论》以《周易》思想会通天演之说,"物竞天择,适者生存"风靡晚清社会,全书不乏盛赞英国乃至欧美社会的不断进步,如:

> In my belief the innate qualities, physical, intellectual, and moral, of our nation have remained substantially the same for the last four or five centuries. If the struggle for existence has affected us to any serious extent (and I doubt it) it has been, indirectly, through our military and industrial wars with other nations.②

原文认为在过去四五百年历史进程中,英国在体质、智力、道德等方面并无实质性变化,如果说有,则在于英国同其他民族所进行的军事战争和工业战争。严复译文则在此基础上,突显了近三百年英国政治教化突飞猛进,欧美诸国因注重物竞天择,政治、学术、工商、军事等竞现奇观:

---

① 傅兰雅,《佐治刍言》,上海:上海书店出版社,2002年,第61页。
② Huxley, T. H. & Julian Huxley. *Evolution and Ethics 1893—1943*. London: The Pilot Press LTD,1947,56—57.

今者即英伦一国而言之,挽近三百年治功所进,几于绝景而驰,至其民之气质性情,尚无可指之进步。而欧墨物竞炎炎,天演为炉,天择为冶,所骎骎日进者,乃在政治、学术、工商、兵战之间。呜呼,可谓奇观也已!①

"奇观"一语道破天机,加上语气词"呜呼"和感叹句式,从正面直抒胸臆——"呜呼,天演之神如此!"②间接地传达了他对国人固守旧法的焦虑。

"liberty"是严复开启民智的一大主题,在《群己权界论》"译凡例"中,严复详细论证了以"自繇"会通"liberty"可谓"独此天成,殆无以易"③,而言论自由有其"so certain"之理:

Strange it is, that men should admit the validity of the arguments for free discussion, but object to their being "pushed to an extreme"; not seeing that unless the reasons are good for an extreme case, they are not good for any case. Strange that they should imagine that they are not assuming infallibility, when they acknowledge that there should be free discussion on all subjects which can possibly be doubtful, but think that some particular principle or doctrine should be forbidden to be questioned because it is so **certain**, that is, because they are **certain** that it is **certain**. To call any proposition **certain**, while there is any one who would deny its **certainty** if permitted, but who is not permitted, is to assume that we ourselves, and those who agree with us, are the judges of **certainty**, and judges without hearing the other side.④

---

① 严复,《天演论》,北京:商务印书馆,1981年,第40页。
② 严复,《社会通诠》,北京:商务印书馆,1981年,第13页。
③ 严复,《群己权界论·译凡例》,北京:商务印书馆,1981年,第 vii 页。
④ Mill, J. Stuart. *On Liberty*. Shanghai: Shanghai Sanlian Bookstore, 2009, 20.

"certain"和"certainty"是这段话关于言论自由的关键词,严复以"天经地义"加以会通:

> 所尤怪者,或曰言论自繇矣,而独不可以达于极点。不知理之诚者,虽达于极点无害也,使极点而不可达,即未至于极点亦不足达也。所尤足怪者,或曰言论自繇矣,而事之容疑者,恣为论议可也,有必不容疑之**天经地义**,恣为论议不可也。而叩其所谓**天经地义**者,则彼与同彼者,所自以为**天经地义**者也。夫如是,彼之断理也,且以无对不诤而莫与易自居矣。尚何言论自繇之与有?夫一说之不刊,至拟之为**天经地义**,乃今鳃鳃,恐以言论自繇之故,将有人焉不以为**天经地义**。然则其说犹俨然得为**天经地义**者,徒以言论之不自繇而已。是其所判决者,固以一面之辞,而未听两造之谦者,乌得为**天经**?乌得为**地义**?嗟夫!真**天经地义**,未有不乐言论自繇者也。①

本段批评了言论自由的两个怪现象:一是为言论自由设置限度,二是"天经地义"之事不容置疑,因此也不可对此自由议论。针对后者,原文一针见血地指出,所谓的"天经地义"可能是"自以为天经地义",是不允许持异见者质疑的"天经地义"。对此,严复译文最后巧妙地把"天经地义"一分为二,生成两个反问,即这样的"天经地义""乌得为天经?乌得为地义?"对限制言论自由进行了猛烈批评,同时从正面提出"嗟夫!真天经地义,未有不乐言论自繇者也。"语气强烈,义正词严,传达了严复提倡言论自由的拳拳之心。

严复八大名译从序言、正文到按语,情感化随处可见,体现了他苞中外、视其通的学术责任感。尤以《法意》、《原富》按语为最,或以西批中,或叹服西学,或托译言志。《法意》论法的基础是民主、君主、专制三种制度,它们制约、影响着社会生活的方方面面,如孟德斯鸠拿教育来说,"其

---

① 　严复,《群己权界论》,北京:商务印书馆,1981 年,第 23—24 页。

215

在君主,将使之知求荣;其在民主,将使之知尚德;其在专制,将使之知畏威。"①就是说专制体制不可能真正施教于民,对此严复产生了强烈共鸣:

> 复案:吾译是书,至于此章,未尝不流涕也。呜呼,孟氏之言,岂不痛哉! 夫一国之制,其公且善,不可以为一人之功,故其恶且虐也,亦不可以为一人之罪,虽有桀纣,彼亦承其制之末流,以行其暴,顾与其国上下同游天演之中,所不克以自拔者则一而已矣。贤者睹其危亡,思有以变之,则彼为上者之难,与在下者之难,又不能以寸也,必有至圣之德,辅之以高世之才,因缘际会,幸乃有成。不然,且无所为而可矣。吾观孟氏之书,不独可以警专制之君也,亦有以戒霸朝之民。呜呼! 法固不可以不变,而变法岂易言哉! 岂易言哉!②

首先,严复直截了当,"未尝不流涕也""呜呼……岂不痛哉!"直陈叹服之情。其次,严复摆出事实,痛斥专制之恶、之虐、之罪、之暴。再次,严复指出欲救专制危亡必须变法,但面对晚清现实,又痛心疾首地感慨"呜呼! 法固不可以不变,而变法岂易言哉! 岂易言哉!"这种以西批中的忧患情怀在《原富》中也频繁出现,如严复借题发挥,用亚当·斯密"世运"之言告诫中国有识之士,要充分认识到《原富》的重大价值。斯密曰:

> 世运之将进也,则是一二人者,幸而在上,为之君师;世运之不讲也,则是一二人者,不幸不为时之所知,而隐于民庶。既同于民庶矣,彼虽有前识至虑,其可贵固自若也,而欲收之以为国家之功业,与夫其群之福祉,难矣。庸庸者如大海,如太仓,而贤者如微尘,如半粟,虽有硕德伟才,又何由自见乎!③

---

① 严复,《孟德斯鸠法意》(上册),北京:商务印书馆,1981年,第44页。
② 严复,《孟德斯鸠法意》(上册),北京:商务印书馆,1981年,第50页。
③ 严复,《原富》(下册),北京:商务印书馆,1981年,第641页。

斯密之言,对世运讲与不讲与贤者或显或隐的关系剖析深刻;严复译文颇有诸子文风,寓教于文,并附加按语对斯密氏此论予以高度评价:

> 案:而自其《原富》书出,西国养民经国之术斐然大变。至于今,虽计家之学益深益宏,而斯密氏之述作其星宿海也,虽显者如前数公,方之蔑矣。故斯宾塞尔谓,世若以讲学著书为无用,则请观斯密氏之《原富》,吾人今日一饭一衣皆其赐也,而斯密氏特不自知耳。[①]

严复借用斯宾塞尔之言,赞赏斯密氏一部《原富》为西方世界治国立下了不朽功业,养民带来了巨大福祉。这一现象是西方世运造就了斯密氏这一"硕德伟才"。反观中国,要改进治国养民之策,首先必须改变世运,接受西学。严复的认可蕴含着丰富的维新变法的经世情怀。

　　由于经世致用思潮的影响,明清士人会通西学的文化心理非常复杂,其译本中情感因此得以自然地流露,反过来又增强了翻译的经世化特征。同时,由于译者扎实的国学功底,其译本文学化倾向突显,擅于抓住有限的"创作"空间,在原文信息功能的基础上因情敷采,不乏传神之译笔,可读性强,值得当代学术翻译借鉴。

第三节　明清翻译会通的文学化

　　原文是文学作品,译文自然应该以文译文。但明清译者重达而美,在传递原文信息的基础上增添了文学色彩,晚清士人更擅用具体化策略,仿拟传统文笔,把抽象的源语转换为视觉感强烈的"现实",正如Jakobson所言的符际翻译。

一、晚明天文历算会通的文学化

　　晚明西学会通仍以徐光启、李之藻、王徵的翻译为例,他们从小熟读

---

① 严复,《原富》(下册),北京:商务印书馆,1981年,第642-643页。

儒家启蒙读物,继而长期埋首于四书五经、诗词歌赋,甚至博通经史子集,学贯中西。这些造就了他们深厚的国学功底,崇尚古学的文化心理,更成就了他们成为辞章高手,为他们质朴简练的数学语言中时而流溢出文学化的译笔会通西学奠定了坚实的基础。他们不懂外语的缺憾,反而有时成为优势,有利于摆脱源语的镣铐桎梏,自如地"肆笔为文"①。这里的"文"虽没有必要"语不惊人死不休",但在当时很可能对译文的语言表达要求很高,至少不是仅仅传达信息就能得以认可,否则不会连利玛窦这样能讲一口流利汉语的中国通、精于传统四书五经的学者都不得不借助华语高手才能达辞。另外,晚明翻译重译述,或讲求义理之达旨,或偏重译语的润定,其中不乏著、增、编、纂的成分,为发挥个人语言特长、恰如其分地运用文学化译笔提供了用武之地。

徐光启翻译的《几何原本》"字字珠玑",而《泰西水法》"尤邃古,读之恍然忘其为今之人也。"②《崇祯历书》经徐光启等人"言与笔"的加工润色,其功效甚至与林纾译介西洋文学相仿。③ 可见徐光启的译文不乏文学化色彩,在翻译史上应有一席之地。具体来说,《几何原本》虽是数学著作,但译文通俗流畅,数学语言中不乏文学化译笔,如该书第五卷之首"界说十九则"之"第三界"对比例概念的解释:

> 比例者,两几何以几何相比之理。
>
> 两几何者,或两数、或两线、或两面、或两体,各以同类大小相比,谓之比例。若线与面、或数与线相比,此异类,不为比例。又若白线与黑线、热线与冷线相比,虽同类,不以几何相比,亦不为比例也。
>
> 比例之说,在几何为正用。亦有借用者,如时、如音、如声、如所、如动、如称之属,皆以比例论之。④

---

① 利玛窦,"译几何原本引",见徐宗泽,《明清间耶稣会士译著提要》,上海:上海书店出版社,2006年,第200页。

② 彭惟成,"《泰西水法》圣德来远序",见朱维铮、李天纲主编,《徐光启全集》(伍),上海:上海古籍出版社,2010年,第287页。

③ 潘鼐,"前言",见徐光启编纂,潘鼐汇编,《崇祯历书》,上海:上海古籍出版社,2009年,第31页。

④ 利玛窦述,徐光启译,《几何原本》,见朱维铮、李天纲主编,《徐光启全集》(肆),上海:上海古籍出版社,2010年,第327页。

这段话先从正反两个方面解释何为比例、何不为比例以及比例的借用等,其中一系列例证共同形成了几组节奏明快的并列结构,如"或……或……""若……又若……""如……如……"等。而每个并列结构内部或列举自如,如"或两数、或两线、或两面、或两体";或对比鲜明,如"线与面""数与线""白线与黑线""热线与冷线"。"如时、如音、如声、如所、如动、如称"更是琅琅上口,读之忘其为数学语言。《几何原本》毕竟是数学著作,虽"字字珠玑",但可以发挥文笔的余地毕竟有限,这里再对比一下徐光启翻译的《泰西水法》中《水库记》的开篇:

> 水库者,积水之处也。泽国下地,水之所都。平原易野,厥田中中。引河凿井,斯足用焉。若乃重山复岭,陡涧迅流,乘水之急,激而自上,废人用器,厥利尤大矣。别有天府金城,居高乘险,江河溪涧,境绝路殊。凿井百寻,盈车载绠。时逢亢旱,涓滴如珠。或乃绝徼孤悬,恒须远汲,长围久困,人马乏绝。若斯之类,世多有之。临渴为谋,岂有及哉?[①]

整段译文如果不是首句,读来很难想象是在写水库。首先,该译文基本上为四字结构,句式齐整,行文流畅,节奏感强。"若乃""别有""或乃"三个连接词,分别引出水急、凿井、远汲三种情况的描述,彼此形成鲜明对比,从水之大用到滴水如珠,再到人马困绝,篇章结构平行递进。其次,描写形象,富有文采。前半部分写水之用,其中"陡""迅""急""激"摹状重山复岭中水流之势,用词如画。后半部分写缺水之境绝、乏绝状,既有强烈的视觉效果,如"居高乘险""绝徼孤悬";又不乏抒情,如"临渴为谋,岂有及哉";也颇有文词,如"天府金城""涓滴如珠"等。

李之藻"夙禀灵心","孜孜问学","于天文、地理、几何、算术、美术、

---

① 熊三拔述,徐光启译,《泰西水法》,见朱维铮、李天纲主编,《徐光启全集》(伍),上海:上海古籍出版社,2010 年,第 318 页。

音乐、工艺诸学,皆能致精思。"①李之藻多次强调其译文质朴,但其序言往往引经据典,用词考究,句式工整,文采斐然。《圜容较义》可谓代表,李之藻之序写宇宙寰体,"大则日躔月离轨度所以循环,细则雨点雪花洞泽敷于涓滴";写大千世界,"胎生卵育,混沌合其最初;苞发苞藏,团栾于焉保合。俯视沤浮水面,仰观晕合天心;抟风瀄乎蘋端,湛露擎于荷盖。……"②笔下造物主所化育的天地万物,万象错落,万形缤纷。其译文也每每质中透文,虽译介数理,但文笔精致,是文学化语言和天文历算的融合。

以对仗、排比为例,李之藻每部译著均频繁使用,从多种视角,或介绍西学原理,或增强说理论辩。《圜容较义》开篇即以诗化般的对仗,揭示出万物虽然表面形态各异,但背后几何学之理相通:"万形有全体,目视惟一面"③,因此由面可以推知体。《浑盖通宪图说》下卷开篇"经星位置图说"又从"方圆"的视角说理论道,概而言之,"天地之道,尽于方圆",其原因在于"圆以规天,方以条地。……四游以准之,九数以归之"④,寥寥数语,对仗工整,把"圆"与"方""四游"与"九数"的功能"规""条""准""归"等进行了高度的对比概括。《同文算指》开篇评价我国传统古法算术:"度长短者,不失毫厘;量多少者,不失圭撮;权轻重者,不失黍絫。纪于一,协于十,长于百,大于千,衍于万,算之原也。"⑤李之藻言简意赅地指出传统算术在"长短""多少""轻重"等方面计算精准,同时以"一"到"万"五个数字道出传统"算之原",其中"度""量""权","毫厘""圭撮""黍絫","纪""协""长""大""衍"三组用词考究,或巧于搭配,或富于文采,或节奏明快,行文对仗,排比工整。李之藻还善用对仗陈说新理,如《乾坤体义》通过对比描述北半球昼夜长短之理:"自赤道下北方诸国观之,日行北道,则昼长夜短,至夏至而极,极则返而南;日行南道,则夜长

---

① 陈垣,"浙西李之藻传",《陈垣学术论文集》(第一集),北京:中华书局,1982年,第71页。

② 李之藻,"《圜容较义》序",见徐宗泽,《明清间耶稣会士译著提要》,上海:上海书店出版社,2006年,第211页。

③ 李之藻编,黄曙辉点校,《天学初函·圆容较义》器编(下),上海:上海交通大学出版社,2013年,第1236页。

④ 李之藻编,黄曙辉点校,《天学初函·浑盖通宪图说》器编(上),上海:上海交通大学出版社,2013年,第192页。

⑤ 李之藻编,黄曙辉点校,《天学初函·同文算指》器编(中),上海:上海交通大学出版社,2013年,第797页。

昼短,至冬至而极,极则返而北。"①从"北道"到"南道",从"昼长夜短"到"夜长昼短",从"夏至"到"冬至",对比鲜明。《寰有诠》《名理探》呈现出李之藻译文文学化的另一种类型,如《名理探》更"以古代诸子和魏晋玄学术语达辞"②,译文雅正邃奥,"措辞之妙,往往令读者忘其为译文"③。

晚明王徵所译的《奇器图说》也不乏文学化,对仗、排比仍然是一个方面,如奇器产生的原因之一是"窘迫生心":"如因饥寒所迫,则思作饮食作衣服;因风雨所迫,则思作城郭做宫室;因物害敌攻所迫,则思作干戈作火器……"④此外,王徵还擅用修辞,如论及螺丝状的藤线器,译文用文学化的比喻释之:"如藤蔓依树周围而上,或瓜蔓于葡萄枝攀缠他木"⑤。

晚明译文的文学化特征突出表现在词句上,一个原因是传统士人从小就打下了深厚的国学底蕴和扎实的语言功底,中文表达能力强,译文如同创作;另一个原因是所译为天文历算等信息型文本,文学化空间有限,这在与晚清翻译对比中更为明显。

二、晚清实学会通的文学化

到了晚清,非文学作品译介中的文学化现象更为普遍,其中《泰西新史揽要》可谓最有代表性的译作之一。纵观全书,译者不乏在原文重客观史实的信息功能基础上增添了文学化的表达功能。有不知所措"仰屋而嗟"之神态;有以归化笔法写俾斯麦眼中的法皇"肥如郭重而老于廉颇"之外貌;有"饵之以甘言,申之以诳语"之奉词;有"大苦既所惯受,大难亦所不避"之胆量;有"千山鸟飞绝,万径人踪灭"之古代遗迹;有"一水盈盈,欲渡无梁"之战场壕沟;有"一战而各国之兵如枯叶为疾风所卷"之大败状;有"一夫当关、万夫莫开"之大山险要;有"如浮云之散于太空"的

---

① 利玛窦,《乾坤体义》,见朱维铮主编,《利玛窦中文著译集》,上海:复旦大学出版社,2001年,第523页。

② 邹振环,《影响中国近代社会的一百种译作》,北京:中国对外翻译出版公司,1996年,第22页。

③ 徐宗泽,"跋",见傅汎际译义,李之藻达辞,《名理探》,北京:生活·读书·新知三联书店,1959年,第384页。

④ 邓玉函口授,王徵译绘,《远西奇器图说》,见黄兴滔、王国荣编,《明清之际西学文本》(第三册),北京:中华书局,2013年,第1137页。

⑤ 邓玉函口授,王徵译绘,《远西奇器图说》,见黄兴滔、王国荣编,《明清之际西学文本》(第三册),北京:中华书局,2013年,第1176页。

国家新立之法;有"自往古以迄今,柔弱之人每为强壮者所苦,贫窭之人每为豪富者所害"之人生哲理;有"如海潮然满而必退,如月轮然圆而必却"之世运;甚至有仿拟陈涉之号于众:"饥饿而死与反叛而死,等死耳,况饿则无有不死,叛则容有生机,凡吾受苦之人何不速反。"[1]总之,叙事、写人、写景、点评不乏"言之有文"的具体化策略。

首先,《泰》是历史著作,开篇就交代 19 世纪的欧洲各国君长穷兵黩武,干戈四起,战火此起彼伏。译文叙述战争,兼重细节描写、刻画场面:

> The Heavy Brigade of British cavalry stood at some distance, waiting their opportunity. A strong body of Russian cavalry advanced, but as they came near reined up and paused to observe. The trumpets rang out; the British horsemen rode at their enemies, rode through them, trampled them down, chased them away in hopeless rout.[2]
>
> 英帅大营闻俄军之出也,**密遣马兵先伏要隘以截其归路,遥见马蹄尘起**,知俄兵已退,然仍**狙伏不出**,少顷,俄马兵**疾驶**而至,其统兵将领见**地势险阻,恐有伏兵**,正下令站**队搜寻间**,忽闻画角哀号,英马兵骤起,冲入中坚,俄马兵不及回头抵御,早已**四分五裂**,其**大半**皆歼于英兵之手,**十成之一二成**皆被英马**践踏**而死,其余零星散卒幸**脱虎口者**,相率**狼狈逃生**。[3]

本段是把抽象陈述改写为具象战争场面的典型译例。原文只说英军站在远处等待战机(stood at some distance, waiting their opportunity),译文则费尽心思围绕一"伏"字布局,突显了两军将士在斗智斗勇:一方是

---

[1] 李提摩太、蔡尔康,《泰西新史揽要》,上海:上海书店出版社,2002 年,分别见第 7、287、22、346、358、369、29、35、41、93、192、119 页。

[2] Mackenzie, Robert. *The Nineteenth Century — A History*. London: T. Nelson and Sons, Paternoster Row. Edinburgh, 1880, 168.

[3] 李提摩太、蔡尔康,《泰西新史揽要》,上海:上海书店出版社,2002 年,第 131 页。

英军秘密设伏,欲截断俄军归路;另一方是俄军恐遭伏击,小心侦查敌情。一"伏"字为下文设置了悬念,与"忽闻画角哀号,英马兵骤起"直接呼应。其间写地势——"要隘""险阻",写行军——"马蹄尘起""马兵疾驶",写心理——"恐有伏兵",在原文客观叙事的基础上融入了故事性、文学性,为译文最后详细描述俄军大败之惨状做好了铺垫。原文仅一笔带过,即俄军一败涂地(in hopeless rout);译文则或用数字——"四分五裂""大半""十成之一二",或用具象——"践踏""幸脱虎口""狼狈逃生",画出了一幅幅俄军惨败图。译文融原作客观叙事功能、表达功能于一体,这种诗学可能深受传统经典《史记》、《三国演义》等有关战争叙述、细节描写的影响。全书类似的处理方式别具一格,有待专题研究。这里仅从操作手段来说,具体化、形象化是该译作增强文学化的主要手段。再如滑铁卢战后,英国报馆不亦乐乎,送报的"邮政车每过三叉路口,必有多人鹄立于此,候问消息,所经各州县人皆争待车文,探问滑铁卢战事。……"[1]"鹄立""候问""争待""探问"一连串动作,把直接的英国战况介绍,转化为突出刻画英人企盼捷报的焦急、兴奋和喜悦状态。

其次,《泰》译本记述欧洲十九世纪史,除叙述战争外,写欧洲诸多国王、大臣、将领、教皇等篇幅不少,其中不乏史记笔法,或刻画人物心理细腻,或细节描写生动。前者如对拿破仑(Napoleone Buonaparte, 1769—1821)被囚于爱尔巴岛的一段心理描述颇为典型:

> He was subject to deep and prolonged depression of mind …[2]

> 偶一回首,则**宫花冷落,禁树婆娑,偶一凝眸,则海水苍茫,山云黯淡,英雄末路,涕泗沾襟**,自知恢复无期,不觉毫无生趣。[3]

拿破仑从叱咤风云到身陷囹圄,此刻的"depression"正如南宋后主李煜

---

①　李提摩太、蔡尔康,《泰西新史揽要》,上海:上海书店出版社,2002 年,第 64 页。

②　Mackenzie, Robert. *The Nineteenth Century — A History*. London: T. Nelson and Sons, Paternoster Row. Edinburgh, 1880, 61.

③　李提摩太、蔡尔康,《泰西新史揽要》,上海:上海书店出版社,2002 年,第 43 页。

面对雕栏玉砌朱颜改的一声悲叹:"问君能有几多愁,恰似一江春水向东流"。译者可能因此而把原文抽象的表达,转换为具象感人的画面:冷落的宫花、婆娑的禁树、苍茫的海水、黯淡的山云,此情此景,一代枭雄愁肠百结,万念俱灰,潸然泪下,译文读来意境苍凉。译者这种史笔加文笔的做法还经常体现在人物言行之细节描写上,如意大利侯爵嘉富洱(Count Cavour)临终时的感人场景。嘉富洱侯为国身心交瘁,染疾昏迷,前去探视的民众"crowded around his palace"[①],译文具体化为"绕府三匝,拥挤不开"[②],一语道破了嘉富洱侯深入民心的形象。最后在众皆叹息治愈无望之际,国王亲临侯府:

> Near the close the king had come to visit him, and when about to leave said that he would return tomorrow. "I will not be here tomorrow," said the dying statesman.[③]
>
> 临终之前一日,萨谛尼亚王亲来视疾,及将回跸,执侯之手而泣曰:"卿其善自调摄,明日不觳,当重来问候也。"嘉富洱对曰:"明日王来,臣心永辞人世矣。"[④]

原文临走前一"said",译文化抽象之叙事为具象之场景:"执侯之手而泣曰",这里国王"执手"且"泣",淡化了原文之"said",突显了"曰"的伴随动作,催人泪下,感人至深,与上文民众云集哀叹,分则形成对比,合则点面相接,共同塑造出了一代名臣形象。同时,译者化抽象客观的第三人称叙事"he would return tomorrow"为语重心长的第一人称代言"卿其善自调摄……当重来问候也",与下文嘉富洱之诀言"臣心永辞人世矣"自然对答,行文流畅,以传统史传记言体"遥体人情"[⑤]。

---

① Mackenzie, Robert. *The Nineteenth Century — A History*. London: T. Nelson and Sons, Paternoster Row. Edinburgh, 1880, 371.

② 李提摩太、蔡尔康,《泰西新史揽要》,上海:上海书店出版社,2002年,第327页。

③ Mackenzie, Robert. *The Nineteenth Century — A History*. London: T. Nelson and Sons, Paternoster Row. Edinburgh, 1880, 371.

④ 李提摩太、蔡尔康,《泰西新史揽要》,上海:上海书店出版社,2002年,第327页。

⑤ 钱钟书,《管锥编》(一),北京:生活·读书·新知三联书店,2007年,第272页。

再次,《泰》还抓住有限的写景片段,浓墨重彩,评点抒情,犹如以游记散文会通原作。如第十卷"教化广行"第五节论及基督教在世界推行教化后,其中对英人初临檀香山的记述如下:

> Every advantage of soil and climate has been bestowed upon them. The grove of bread-fruit trees around the villages is itself a sufficient maintenance for the population. The cocoa-nut tree yields food and drink; its bark can be converted into clothing; from its leaves the natives manufacture baskets and fishing-lines, and obtain thatch for their houses. The sugar-cane, the cotton and coffee plants, grow almost without human care. Many trees yield valuable dyes and gums. Fish swarm on the coasts. Nature in her most bounteous mood has profusely endowed these lovely islands with the elements of material welfare.[①]

原文用词中性,叙述客观,唯"sufficient""valuable""in her most bounteous mood has profusely endowed these lovely islands"等略带评价,行文直截了当。但译文风格迥异,情境交融,意境如画,点评赞不绝口:

> 水土之美不可胜言,默坐思之,直如世外桃源,令人神往,岛民环山而居,其村庄之外有树名曰馒首,采馒首而食之即已果腹,无取乎耕稼之劳也。又有树名苦,上生韧物如果,果中土有甜水,吸之已消渴吻,无籍乎凿井抱瓮之力也。苦树之皮可绩以为线,其枝头可编成小篮,又可为钓鱼竿,其枝叶可代瓦片以蔽房屋,不愁风雨之飘摇。有草曰酒草,

---

① Mackenzie, Robert. *The Nineteenth Century — A History*. London: T. Nelson and Sons, Paternoster Row. Edinburgh, 1880, 212.

其根有酒味,食之令人醺然如醉。果中之柑、花中之吉贝、茗中之咖啡,俱极畅茂直,不烦经理而屡庆丰收。又有漆树、颜料树以粘胶而染色,海中之鱼其鲜可食,而又山明水秀,足以怡人情志,悦人魂魄,此种世界诚使居其中者与人无求、与世无争,天下而有神仙,当亦不过如是之乐耳。①

相比原文,译文"世外桃源"的意境立现,字里行间明显美言化、美景化、美评化、情感化。"无取乎耕稼之劳也……无籍乎凿井抱瓮之力也"使读者联想到刘禹锡(772—842)《陋室铭》中名句:"无丝竹之乱耳,无案牍之劳形"。整篇行文以"(又)有"展开:"又有树名苦……有草曰酒草……又有漆树、颜料树……又山明水秀……",叙事结构清楚,每个话题及其具体评述"不愁风雨之飘摇""食之令人醺然如醉""不烦经理而屡庆丰收"层层推进,形成了一幅世外桃源的仙境。这种译法在原文中性用词的基础上,点缀了文学色彩,如同《史记》在记述历史的同时不忘言之有文。同时该译文还融入了道家精神,以会通基督教传教的理想圣地。这种文学化现象在严复译笔中更发挥到了极致。

三、晚清新学会通的文学化

严复翻译是晚清新学会通文学化的代表。在林纾翻译小说之前,所译介的文本主要是非文学作品,其中偶有文学片段,如论者常引严复《天演论》结尾处的"挂帆沧海,风波茫茫,或沦无底,或达仙乡。……"②其实,严复在《法意》、《群学肄言》等译本中均有出色的译诗,如《法意》第二十三卷第一章关于"蕃衍种族"开篇引用德来登(John Dryden,1631—1700)之诗,严复以传统七言加以会通:"……春风骀荡扇郊野,新境呈露纷无涯。西飚搜揽起懒岁,万绿悦豫争萌芽。欢迎淑气叫百鸟,歌唱不异娇女姹。川原麋鹿起决骤,捐弃食饮求其麑。……"③以上以诗译诗给严复展示其文学才华、发挥创造力提供了良机,然而严复除以文译文外,纵观其译著,以文应质也非常频繁,文学化现象十分明显。这与严复重

---

① 李提摩太、蔡尔康,《泰西新史揽要》,上海:上海书店出版社,2002年,第172页。
② 严复,《天演论》,北京:商务印书馆,1981年,第95页。
③ 严复,《孟德斯鸠法意》(下册),北京:商务印书馆,1981年,第544页。

达雅有关,也是严复语言功底深厚的表现,有助于吸引当时的上流读者,间接达到翻译启蒙与经世的目的。

严复重言之无文行而不远之达雅,重"声之眇""形之美""辞之衍"①。通读严复八大译著,其先秦字法句法,文风雅洁,声韵铿锵,桐城味十足,这些都是文学化的体现。而钱基博更称严复译作为"逻辑文",认为其体气出于"八股偶比",而"文理密察"。② 一个特殊的句式就是长短不一对仗的频繁使用。短者如《原富》论及"真值"(real price or price in labor)说,认为"其理既赜,其词自繁,理赜则有待于读者之专精,词繁则有待于读者之无厌。"③严复围绕理与词,添加了对仗,虽有说教之嫌,但又承上启下,用文学化的语言,提醒读者认真研读下文的"真值"论。严复还擅长把原文中的对比化为对仗,如"牧出刍,田出谷,出刍者饲畜,出谷者饲人。"④"秩序亡,则凡民无安堵之方;文网密,则举足有犯科之惧。原告直矣,乃无由复其所亡;被告曲矣,不悟所蒙为何罚。"⑤等等。类似的对仗巧于比类,增强说理,长短皆宜。即便并非严格对仗,也能看出严复擅长使用此类句式,如《原富》批评奢侈:"譬之多财之家,日食万亿,宾客豪饮,群奴大嚼,多畜狗马,外作禽荒,此一术也;其有斧藻楹桷,辟治林墅,几榻精致,广罗图书,此又一术也;其有加意致饰,明珰璎珞,金刚珹功,灼烁满前,此虽更鄙,亦一术也;其有绮绣金羽,衣裳满箱,宛死之日,谁复揄曳,此虽最劣,亦一术也。"⑥一连串现象的罗列对比,道尽了当时的奢靡之风。类似或长或短的对仗,构成了贯穿严译的一道景观,有待进一步专题研究。

严复译文字法、词法的文学化,译界多有论述,但严复写人、叙事、造境的文笔所论不多。首先看写人。如《原富》中有关人类与禽兽献媚同术的细节描写:

---

① 王栻主编,《严复集》(第三册),北京:中华书局,1986年,第516—517页。
② 钱基博,"严复的逻辑文",见牛仰山、孙鸿霓编,《严复研究资料》,福州:海峡文艺出版社,1990年,第383页。
③ 严复,《原富》(上册),北京:商务印书馆,1981年,第23页。
④ 严复,《原富》(上册),北京:商务印书馆,1981年,第146页。
⑤ 严复,《孟德斯鸠法意》(下册),北京:商务印书馆,1981年,第724页。
⑥ 严复,《原富》(上册),北京:商务印书馆,1981年,第286页。

A puppy fawns upon its dam, and a spaniel endeavours by a thousand attractions to engage the attention of its master who is at dinner, when it wants to be fed by him. Man sometimes uses the same arts with his brethren, and when he has no other means of engaging them to act according to his inclinations, endeavours by every servile and fawning attention to obtain their good will.[1]

译文一：小犬要得食，就向母犬百般献媚；家狗要得食，就做出种种娇态，来唤起食桌上主人的注意。我们人类，对于同胞，有时也采用这种手段。如果他没有别的适当方法，叫同胞满足他的意愿，他会以种种卑劣阿谀的行为，博取对方的厚意。[2]

译文二：其于人则以媚，摇尾磕舌，伏身帖耳，幸主人之已悦，分其馂以果腹焉。人之有求于其类也，媕阿卑伏，曲体顺旨，与禽兽同术者，固有之矣，然而不可常用也。[3]

译文一与原文一样，多用概括词，如"百般献媚"（fawn）、"种种娇态"（by a thousand attractions）、"种种卑劣阿谀的行为"（by every servile and fawning attention）。严复则选用具象表达，曲绘人、狗类似的媚态，狗要食则"摇尾磕舌，伏身帖耳"，人献媚则"媕阿卑伏，曲体顺旨"。这种文学化的倾向在叙事中也频繁使用。

其次是叙事。《原富》开篇"论分功之效"认为"益力之事，首在分功"，如制针这一不起眼的工作就要"十七八"道工序[4]：

One man draws out the wire, another straights it, a

---

① Smith, Adam. *An Inquiry into the Nature and Causes of the Wealth of Nation*. Xi'an: Shanxi People Press, 2005, 11.

② 亚当·斯密著，郭大力、王亚南译，《国民财富的性质和原因的研究》（上卷），北京：商务印书馆，2008年，第13页。

③ 严复，《原富》（上册），北京：商务印书馆，1981年，第11页。

④ 严复，《原富》（上册），北京：商务印书馆，1981年，第6页。

third cuts it, a fourth points it, a fifth grinds it at the top
for receiving the head; to make the head requires two or
three distinct operations; to put it on, is a peculiar
business, to whiten the pins is another; it is even a trade
by itself to put them into the paper;[1]

> 拉者、截者、挫者、锐者,或蹉其芒、或钻其鼻、或淬之使
> 之犀、或药之使有耀、或选纯焉、或匣纳焉。[2]

整句以"者""或"衔接,比"一个人……另一个人……第三个人……第四
个人……第五个人……"句式简洁流畅。"拉""截""挫""锐""蹉""钻"
"淬""药""选纯""匣纳"等一连串动作栩栩如生,把工人们各司其职进行
生产的场面尽呈眼前,寓文采于叙事。

《群学肄言》中严复也不乏这种文学化译笔,该译本开篇就是一个典
型:

> Over his pipe in the village ale-house, the labourer
> says very positively what Parliament should do about the
> "food and mouth disease." At the farmer's market table,
> his master makes the glasses jingle as, with his fist, he
> emphasizes the assertion that he did not get half enough
> compensation for his slaughtered beasts during the cattle-
> plague.[3]

> 每岁田功告隙,三五佃佣,衔烟斗,扬酒卮,其坐山村酒
> 肆间,盛气高谈。言牛疫盛行,议院毫无补救之术,农头擅
> 拳抵几,杯盏铿然。[4]

---

[1]　Smith, Adam. *An Inquiry into the Nation and Causes of the Wealth of Nation*. Xi'an:
Shanxi People Press, 2005, 2.

[2]　严复,《原富》(上册),北京:商务印书馆,1981 年,第 6 页。

[3]　Spencer, Herbert. *The Study of Sociology*. London: Routledge/Thoemmes Press,
1996, 1.

[4]　严复,《群学肄言》,北京:商务印书馆,1981 年,第 1 页。

译文叙事抓住时间——"田功告隙"、人物——"三五佃佣"、地点——"山村酒肆",发挥汉语短句、动词优势,突出一连串动作:衔、扬、其坐、盛气高谈、揎拳抵几、杯盏铿然,寥寥数语,农人农闲"高谈"的场景、神态、举止跃然纸上,开篇就营造了"肆言"的氛围。

这种氛围的营造,有时突出地表现为艺术般的写景造境。如《群学肆言》第五章"物弊"论及人们"往往以见所及者为有,以所不及者为无"①,于是研究社会问题时,举证不乏以一偏之妄见视为凿凿之事实,如同湖塘映月:

> When standing by a lake-side in the moonlight, you see stretching over the rippled surface towards the moon, a bar of light which, as shown by its nearer part, consists of flashes from the sides of separate wavelets. You walk, and the bar of light seems to go with you.②

> 望舒东睇,一碧无烟,独立湖塘,延赏水月,见自彼月之下,至于目前一道光芒,滉漾闪烁,谛而察之,皆细浪沦漪,受月光映发而为此也。徘徊数武,是光景者乃若随人。③

译者首先以"望舒东睇,一碧无烟"造境,继之以人之"独立""延赏""谛而察之""徘徊数武",月之"滉漾闪烁""细浪沦漪""乃若随人",译笔流畅,写景如画,意境浪漫,文采浓郁,想象力丰富,再次体现出严复透过语言再现"现实"这一符际翻译的功效。严复这种笔法甚至在看似抽象枯燥的逻辑学译作中,也不时地展现其文学才华,如《名学浅说》百四十二节,试图证明逻辑学中"类异见同"的重要性,这种方法如同《易经》所谓"圣人有以见天下之动,而观其会通,以行其典礼"④。但人类认知世界察异见同也常有例外,如生活中雨后彩虹司空见惯,而彩虹并非一定出现在

---

① 严复,《群学肆言》,北京:商务印书馆,1981年,第68页。
② Spencer, Herbert. *The Study of Sociology*. London: Routledge/Thoemmes Press, 1996, 91—92.
③ 严复,《群学肆言》,北京:商务印书馆,1981年,第68页。
④ 黄寿祺、张善文,《周易译注》,上海:上海古籍出版社,2004年,第508页。

雨后：

> If we see the sun shining in a particular direction upon such spray a bright bow, exactly like a rainbow, is discovered. The fine drops of water from a fountain occasionally show fragments of a similar bow. In the early morning the grasp, and shrubs, and spiders' webs are sometimes covered with drops of dew, and a bright sunbeam produces upon them a rainbow turned upside down. At sea the colours of the rainbow may be seen upon the spray as it is driven above the surface of the sea by the wind after a storm.[1]

> 试往匡庐观瀑，垂山泻涧，若挂天绅。半山以下，散为烟气，遥日斜照，都成彩虹。有时名园激水，随风飘洒，方向如合，亦见断霓。又晨起日出园林，露缀草木及蛛网上，远而视之，往往见成虹彩，倒弓上翘，如下弦月。又海水群飞，迤逦波际，云开日射，如行霓裳。[2]

原文用词抽象简洁，色彩中性。译文则具象，转原文名词性结构为动词性用语，化长为短，连用四字格，选词灵活，写景逼真，整段译文读来步移景换，如同置身梦境，从垂山泻涧到名园激水，从朝露点点到海水群飞，种种彩虹，译笔细腻，极富文采，增强了译文的可读性，进而间接地达到了启蒙、经世的目的。无独有偶，严复在《群学肄言》中也论及类似现象，整段多用四字格："人目视物，若气若水，皆成中尘，光线入眼，受其波折，物之形位，从以失真。譬若夜观星象，皆较真位为高，弥近地平，折差弥大。临水叉鱼，若当影下叉，鱼不可得，盖其真位，常距视位尺许，弥深弥远。此格物者所共喻也。"[3]令人难以相信所译是一部社会学著作。

明清西学会通是译者的社会责任感、治学追求及其语言素养的综合

---

① Jevons, W. Stanley. *Primer of Logic*. London: Macmillan and Co. Ltd., 1912, 96.
② 严复，《名学浅说》，北京：商务印书馆，1981 年，第 84 页。
③ 严复，《群学肄言》，北京：商务印书馆，1981 年，第 9 页。

产物,揭示了翻译是译者此在的解释,是译者的经世理想、诗学观念、语言水平等各方面的折射。明清士人的译笔虽有"美言不信"之嫌,但也有助于进一步认识近现代翻译的特征,反思当前外译中社会责任感不强及"信言不美"之弊。

第七章 翻译会通论及其解释学视界

　　一谈到中国传统译论,译界就自然而然地想到"案本—求信—神似—化境"①这一体系,它代表了我国佛经翻译、西学翻译和文学翻译的理论主张,是一条以"信"为核心的规定性翻译标准体系,要求译者一切以原文为中心。但这一体系遮蔽了明末徐光启开创的翻译会通思想及其大量实践②。翻译会通论突破了原文中心论的藩篱,更追求把西学融入中学以求超胜。这一思想既承继了传统学术讲求会通的渊源,如经学、史学、子学、儒释道等的会通;又在中国近现代翻译史、文化史、思想史、学术史上不乏历史回音。本章第一节重点阐述"会通"及"翻译会通"的内涵,第二节剖析明清翻译会通中理解的历史性特征、解释学真理追求及其实践智慧。

第 一 节　翻 译 会 通 论

　　会通是中国传统学术的重要特征,也是翻译会通的学术基础。但徐光启开创的翻译会通思想一直缺乏系统研究。本节立足于中国传统学

---

　　① 罗新璋,"我国自成体系的翻译理论",见罗新璋编,《翻译论集》,北京:商务印书馆,1984 年,第 19 页。
　　② 该体系也遮蔽了佛经翻译的格义法、鲁迅提出的直译法等。"格义—会通—直译"可能是贯穿于中国传统译论的另一条重要线索:"格义"重概念对等,以中"格"西;"会通"重融会贯通,中西互释;"直译"重异国情调,以西观中。以上是否成立有待进一步思考。这一线索有助于从中西文化对比的角度来重新审视中国翻译传统,从格义到会通再到直译,译者对本土文化的自信心在逐步下降,对强势文化的接受和认可在渐趋扩大,对传统文化的反思和构建在不断加强,翻译从求同日益走向求异。

术的会通性,重点阐述翻译会通的内涵,试图确立会通在译学中的学术地位,深化中国传统译论研究。

一、从传统学术会通到翻译会通

中国传统学术讲求综合性①,重"学科会通"②,这一特点贯穿于整个传统学术史,也是翻译会通的学术基础。

中国传统学术思潮可分为六个时期,即"先秦学术、两汉经学、魏晋玄学、隋唐儒释道之学、宋明理学、清代学术。"先秦是"原创期",秦汉则是"奠基期"。③ 秦一统六国,学术也随之一变,表现出浓厚的"兼收并蓄"的综合性特征,如《吕氏春秋》"备天地万物古今之事"④;《史记》"网罗天下放失遗闻,王迹所兴,见盛观衰"⑤,以通古今之变。两汉之际,刘向(约公元前77—公元前6)、刘歆(约公元前50—23)父子编纂的鸿篇巨制《七略》,是佛教传入之前中国学术典籍的大汇集,共收书6大类38种,万余卷,具有极强的"包容性"。⑥《白虎通义》更是一部百科全书,堪称儒家经学通经致用的典范。到了东汉,经学重通学,即《五经》之间的打通和古今之间的兼容,如贾逵(174—228)的《左氏传解诂》和《国语解诂》、许慎(约58—149)的《五经异义》和《说文解字》、马融(79—166)的通学式解经方法、郑玄(127—200)的通学等。

魏晋南北朝是传统学术更为突出的会通时期。儒释道"三教虽殊,劝善义一"⑦,学者多寻求"通方之训",以"殊途同会"。⑧ 经学方面,何晏(? —249)等编撰的《论语集解》是迄今保存下来的最早也是影响最大的《论语》注疏。隋唐儒释道三教继续兼容并蓄,在冲突对抗中会通融合,如天台宗慧思(515—577)禅师致力于会通南北佛教;刘焯(544—610)、刘炫(546—613)学贯南北,开会通之风。经学方面,唐代孔颖达(574—

---

① 熊铁基,"试论中国传统学术的综合性",《华东师范大学学报》,2002年,第5期,第41页。

② 刘玲娣,"中国传统学术及其特点——'中国传统学术特点'学术座谈会综述",《华东师范大学学报》,2002年,第3期,第144页,

③ 张立文主编,《中国学术通史·总序》,北京:人民出版社,2004年,第7—8页。

④ 张立文主编,《中国学术通史》(秦汉卷),北京:人民出版社,2004年,第11页。

⑤ 张立文主编,《中国学术通史》(秦汉卷),北京:人民出版社,2004年,第334页。

⑥ 张立文主编,《中国学术通史》(秦汉卷),北京:人民出版社,2004年,第201页。

⑦ 张立文主编,《中国学术通史》(魏晋南北朝),北京:人民出版社,2004年,第63页。

⑧ 张立文主编,《中国学术通史》(魏晋南北朝),北京:人民出版社,2004年,第74页。

648)等人编纂的 180 卷《五经正义》，"融贯诸家，择善而从"①。隋唐三教会通融合的一大成就就是宋明理学的产生，达到了我国传统学术的顶峰。其中，程颐主张通经明理，"学贵于通"②，郑樵倡导"总天下之大学术"③。朱熹的《四书章句集注》更是会通汉宋训诂与义理的代表作，杜佑(735—812)的《通典》、司马光(1019—1086)的《通鉴》、郑樵的《通志》、马端临(1254—1323)的《文献通考》等体现了史学的"会通因仍之道"④。而陆九渊的"东海西海，心同理同"悄然成了会通融合的普遍认知基础⑤。

明末伴随着科技翻译大潮，天主教"会通儒学"首当其冲，以适应中国传统习俗，尤其是儒家礼仪伦理。耶稣会士通过结交儒家士大夫，或依附皇权，对天主教义及其宗教礼仪作适当变通。此外，还从事西方经典的汉译活动，用儒家思想或相关术语解释教义，阐明耶儒相通或同源。如利玛窦极力地在"天主""上帝"与"天"，"人性论"与"仁义道德"等诸方面把天主教与儒学进行糅合和会通⑥。中国士大夫徐光启在晚明王学会通思潮盛行、耶稣会士西学东渐的大背景下，自觉地反思传统文化危机，提出了"欲求超胜，必须会通；会通之前，先须翻译"⑦的思想，开启了翻译史上中国传统文化尤其是儒学主动会通西学的先河。

徐光启的翻译思想既有深厚的传统学术会通渊源，又在中国近现代翻译史、文化史、思想史、学术史上不乏历史回音，然而这一重要译论始终没有得以明确的阐释和界定。下文试图从"会通"作为传统学术方式的内涵着手，进而对"翻译会通"加以界定和剖析。

二、从会通的内涵到翻译会通的界定

"会通"最早见于《周易·系辞上》："圣人有以见天下之动，而观其会通，以行其典礼，系辞焉以断其吉凶，是故谓之爻。"⑧韩康伯(？—385)把

---

① 张立文主编，《中国学术通史》(隋唐卷)，北京：人民出版社，2004 年，第 184 页。
② 张立文主编，《中国学术通史》(宋元明卷)，北京：人民出版社，2004 年，第 232 页。
③ 张立文主编，《中国学术通史》(宋元明卷)，北京：人民出版社，2004 年，第 766 页。
④ 张立文主编，《中国学术通史》(宋元明卷)，北京：人民出版社，2004 年，第 768 页。
⑤ 葛兆光，《中国思想史》(第二卷)，上海：复旦大学出版社，2007 年，第 324 页。
⑥ 疏仁华，"利玛窦与儒学的会通和冲突"，《山东科技大学学报》，2006 年，第 2 期，第 43 页。
⑦ 徐光启，"历书总目表"，见王重民辑校，《徐光启集》(下册)，北京：中华书局，2014 年，第 374 页。
⑧ 黄寿祺、张善文，《周易译注》，上海：上海古籍出版社，2004 年，第 508 页。

"会通"注疏为"会合变通"①。《周易·系辞下》又说："变通者,趣时者也。"②"趣时"即"趋时",可见"通"意指灵活运用,但也作"通达""通晓"之解,③如朱熹说:

> 会是众理聚处,虽觉得有许多难易窒碍,必于其中,却得个通底道理。谓如庖丁解牛,于族处却批大却,寻大可窾,此是其筋骨丛聚之所,得其可通之理,故十九年而刃若新发于硎。且如事理间,若不于会处理会,却只见得一偏,便如何行得通。须是于会处都理会,其间却自有个通处,便如脉理相似,到得多处,自然通贯得,所以可行其典礼。盖会而不通,便窒塞而不可行;通而不会,便不知许多曲直错杂处。④

这里,朱熹解释的"会"是"众理聚处""族处""丛聚之所""曲直错杂处",其中藏有诸多"窒碍"之理,有待打通;"通"则如"庖丁解牛""批大却,寻大可窾",要求"通贯"而"理会""得个通底道理"。朱熹进一步指出,"会聚"和"通贯"这两个环节不能偏执一端,否则"便窒塞而不可行"或"便不知许多曲直错杂处"。

明清时期中西会通之学兴盛,"会通"又被赋予新的内涵,马涛的有关界定目前比较全面:

> 会通是指主体对各家学说作融会贯通之后,进而萌生出新观念和新思想的一种思维方式,其特点是吸收各家之长,从而对客观对象及其规律性方面有比较深入的认识。中西会通则是指在明清之际随着西学的东渐,作为知识分子先进者的救世思想家们,在对中西文化进行比较研究后

所表现出的对两种文化热诚相结合的产物。[①]

综合韩康伯、朱熹、马涛的解释,会通的核心就是会合变通或融会贯通。其中"会"是指两种以上不同文化品类的"汇聚";"通"更宜于训为"变通",或训为"同",力求在不同文化之间寻求"通"的契合点、同一性和相互打通的可能性;[②]最后,会通的目的是融合众家之长以求创新。

会通是我国重要的传统学术方式,或重"会",或重"通",或重会通结果的创新。首先,重"会"就是通过遍观博览、集大成等方式达到"通"。如元代董真卿(生卒年不详)依据朱熹的解释,作《周易会通》十四卷,于《凡例》中说:"历代诸家之说莫不究揽,故总名之曰《周易会通》。……顾名思义,则于随时变易以从道者,皆可识矣。"[③]由此形成了儒家五经的"会通体"疏解之书[④]。二重"通",即以"会"的一方观通另一方。如儒释道三教融合中,王弼(226-249)以圣人"体无"观通老子"言无",佛经翻译格义之法则"以经中事数,拟配外书","外典佛经,递互讲说。"[⑤]三重对所"会"双方的超越和创新。如扬雄(公元前53-18)的《太玄》是《周易》与《老子》思想融合贯通的产物。纵观中国学术史,禅宗、天台宗、华严宗以及新儒家、新仁学、新宋学、新史学等,都是通过会通创新的结果。

可见,"会通"简单地说就是"融会贯通",变通、创新寓于其中。从这个意义上说,"翻译会通"指译者通过翻译把中学和西学进行融会贯通,吸取西学之长,补助中学之短,以求超胜。就领域而言,翻译所会通的双方是中学和西学,强调中学对西学的信任、开放、包容与接受;就翻译和会通的关系而言,翻译是会通的前提和中介,既包括翻译过程中的狭义会通,又包括在译作基础上的广义会通;就策略形式而言,参照传统学术

---

①　马涛,《走出中世纪的曙光——晚明清初救世启蒙思潮》,上海:上海财经大学出版社,2003 年,第 55 页。

②　徐葆耕,《清华学术精神》,北京:清华大学出版社,2004 年,第 85 页。

③　董真卿,《周易会通·凡例》,长春:吉林出版集团有限责任公司,2005 年,第 7 页。

④　杨义,"会通的核心与'现代的苦恼'中的新会通——会通效应通论之一",《甘肃社会科学》,2005 年,第 5 期,第 245 页。

⑤　释慧皎著,朱恒夫、王学钧、赵益注译,《高僧传》(上),西安:陕西人民出版社,2010 年,第 203 页。

会通,结合明末、清末中西会通第一人徐光启和严复①的实践,翻译会通也可以分为三类:会通超胜(重创新)、会而观"通"(重通)、集思广益(重会)。

会通超胜以徐光启的著译为代表。徐光启会通思想的核心是"镕彼方之材质,入《大统》之型模"②,强调"网罗艺业之美,开廓著述之途"③,以耶补儒、"会通归一"④,以求超胜等。徐光启编译《崇祯历书》,"从流溯源,因枝达干,不止集星历之大成,兼能为万务之根本。……既而法意既明,明之者自能立法,传之其人,数百年后见有违离,推明其故,因而测天改宪,此所谓今之法可更于后,后之人必胜于今者也。"⑤徐光启在其著译中自觉地将西方天文历算之学与中国科技传统直接融会贯通,如《测量法义》、《测量异同》、《句股义》三部著译之作,"皆以明《几何原本》之用也"⑥。《测量法义》是徐光启根据欧几里得几何学原理加以研究、整理所著,使其"法而系之义"⑦,阐述了西方测量方法的理论依据。《测量异同》是徐光启编译完《测量法义》后,认识到西洋测量法与中国勾股测望术实质上存在着诸多类似之处,因此再运用《几何原本》中有关定理解释这种一致性,并依据西法,对传统测量之法加以补论,使之有理有据,力求超胜。《句股义》则继续以西观中,从欧几里得几何学这一视角来对中国传统数学中的勾股数学加以阐释⑧。徐光启的翻译会通,不是停留在表面的字句直译,而是一种"实践智慧"⑨,充分体现了丰富的翻译社会学思想、翻译目的论思想、翻译伦理等,力求裨益当世,会通超胜。

第二,会而观"通"。"会"是"通"的视角和资源,以一方解释、对比另

---

① 徐光启、严复分别被称为明末、清末中西会通第一人,两人的会通思想和实践可谓各自时代的代表。

② 徐光启,"历书总目表",见王重民辑校,《徐光启集》(下册),北京:中华书局,2014年,第374—375页。

③ 徐宗泽,《明清间耶稣会士译著提要》,上海:上海书店出版社,2006年,第204页。

④ 徐光启,"历书总目表",见王重民辑校,《徐光启集》(下册),北京:中华书局,2014年,第374页。

⑤ 徐光启,"历书总目表",见王重民辑校,《徐光启集》(下册),北京:中华书局,2014年,第377页。

⑥ 徐宗泽,《明清间耶稣会士译著提要》,上海:上海书店出版社,2006年,第206页。

⑦ 徐宗泽,《明清间耶稣会士译著提要》,上海:上海书店出版社,2006年,第206页。

⑧ 梅荣照、王渝生,"徐光启的数学思想",见席泽宗、吴德铎主编,《徐光启研究论文集》,上海:学林出版社,1986年,第38—39页。

⑨ 亚里士多德,《尼各马可伦理学》,北京:商务印书馆,2003年,第172页。

一方,是译者选取与原语相似的译语资源以打通原文、反观译语的一种理解和解释策略。徐光启《题测量法义》云:"泰西子之译测量诸法也,……与《周髀》《九章》之句股测望、异乎? 不异也。不异、何贵焉? 亦贵其义也。"①中国数学传统之代表作《周髀算经》和《九章算术》,是徐光启理解、会通西方数学的重要资源,同时也是反观的对象,进而观通中西数学之别:西学贵"义",中学贵"法"。在《刻同文算指序》中,徐光启以宋明理学之"理"为视角,认为西方科技"时时及于理数,其言道、言理既皆返本蹠实",反观宋明理学则"虚玄幻妄之说"顿现。②

严复西学翻译中,中西互观互释频繁,如他以《周易》中的"易道"诠释、会通斯宾塞的天演论。反过来,严复又明确地提出"归求反观"之说,认为"即吾圣人之精意微言,亦必既通西学之后,以归求反观,而后有以窥其精微,而服其为不可易也。"③严复运用斯宾塞普遍进化论反观中学,在《周易》中读出了丰富的进化论思想因素,进而通过中西文化会通,构建出自然、社会不断进化的新宇宙观。

第三,集思广益,严复的后案是这一翻译会通的代表。严复在《天演论·译例言》中曰:

> 穷理与从政相同,皆贵集思广益。今遇原文所论,与他书有异同者,辄就谫陋所知,列入后案,以资参考。间亦附以己见,取《诗》称嘤求,《易》言丽泽之义。④

这里严复"集思广益"之案语,实质就是他"统新故""苞中外"⑤文化观下重"会"的翻译会通,特点是通过对比异同、附以己见等方式会通中西,如《穆勒名学》第二节开篇对"logic"翻译为"名学"的长篇案语:

①　徐光启,"题测量法义",见王重民辑校,《徐光启集》,北京:中华书局,2014 年,第 82 页。
②　徐宗泽,《明清间耶稣会士译著提要》,上海:上海书店出版社,2006 年,第 204 页。
③　王栻主编,《严复集》(第一册),北京:中华书局,1986 年,第 49 页。
④　严复,《天演论·译例言》,北京:商务印书馆,1981 年,第 xii 页。
⑤　严复,"与《外交报》主人书",见王宪明编,《严复学术文化随笔》,北京:中国青年出版社,1999 年,第 127 页。

　　　　案逻辑此翻名学。其名义始于希腊,为逻各斯一根之
　　转。……故今日泰西诸学,其西名多以罗支结响,罗支即逻
　　辑也。如斐洛罗支之为字学,唆休罗支之为群学,什可罗支
　　之为心学,拜诃罗支之为生学是已。精而微之,则吾生最贵
　　之一物亦名逻各斯。(《天演论》下卷十三篇所谓"有物浑成
　　字曰清净之理",即此物也。)此如佛氏所举之阿德门,基督
　　教所称之灵魂,老子所谓道,孟子所谓性,皆此物也。故逻
　　各斯名义最为奥衍。而本学之所以称逻辑者,以如贝根言,
　　是学为一切法之法、一切学之学;明其为体之尊,为用之广,
　　则变逻各斯为逻辑以名之。学者可以知其学之精深广大
　　矣。逻辑最初译本为固陋所及见者,有明季之《名理探》,乃
　　李之藻所译,近日税务司译有《辨学启蒙》。曰探、曰辨,皆
　　不足与本学之深广相副。必求其近,姑以名学译之。盖中
　　文惟"名"字所涵,其奥衍精博与逻各斯字差若相若,而学问思
　　辨皆所以求诚、正名之事,不得舍其全而用其偏也。①

这里,严复从名学的起源、中西诸家类似之学到译名偏颇等,广征博引,
"集思广益",并"附以己见",使得读者对名学、逻各斯、逻辑等得以互文
见义,中西会通。

　　明末开启的天文历算翻译是我国引进外来文化的第二次大潮,而此
前的佛经翻译是第一次。面对外来文化,前者重会通,后者更强调格义,
两者多有同异。为了更好地理解翻译会通的内涵和特点,有必要把会通
与格义进行对比。

三、会通与格义

　　格义最早见于梁朝僧人慧皎(497—554)所撰的《高僧传》,其中第四
卷《晋高邑竺法雅传》中提到:

　　　　时依雅门徒,并世典有功,未善佛理,雅乃与康法朗等,

---

　　①　严复,《穆勒名学》,北京:商务印书馆,1981年,第2页。

> 以经中事数,拟配外书,为生解之例,谓之格义。及毗浮、昙
> 相等,亦辩格义,以训门徒。
>
> 　雅风采洒落,善于枢机。外典佛经,递互讲说。与道
> 安、法汰每披释凑疑,共尽经要。①

根据陈寅恪②(1890—1969)、汤用彤③(1893—1964)等人的研究,这是对"格义"做出的比较完整的解说,从中可以看出,所谓"格义"就是用中国人所熟悉的老庄哲学、《周易》等"外书"中的名词、概念去比拟或比配佛典"经中"难以理解的名词、术语等"事数",使佛教深奥的义理易于被中国人所理解。"格义"的体例是"生解"的经典注疏形式,即大字正文下夹注小字,或谓"子注"④。

　　综合以上格义和前一节有关会通的论述,可以从以下三个方面将两者进行对比:契合与相似、拟配与贯通、生解与超胜。

　　格义和会通的基础都是寻找中外文化的契合点和相似性。对此,格义的重要方式是"连类",如慧远(334—416)解释"实相"概念,虽再三讲解,听者却"弥增疑昧",于是慧远"引《庄子》义为连类",顿时"惑者晓然"。⑤ 会通之"通"也要求寻找不同文化之间的"同一性"⑥、相似性,或基于译者认同的"选择性契合"(elective affinity)⑦。如徐光启认为传教士"诸陪臣之言与儒家相合"⑧,通过长期交往,更进一步认识到西方学说与

---

①　释慧皎著,朱恒夫、王学钧、赵益注译,《高僧传》(上),西安:陕西人民出版社,2010 年,第 203 页。

②　陈寅恪,"支愍度学说考",《陈寅恪史学论文选集》,上海:上海古籍出版社,1992 年,第 90—116 页。

③　汤用彤,"论格义——最早一种融合印度佛教和中国思想的方法",《理学、佛学、玄学》,北京:北京大学出版社,1991 年,第 282—294 页。

④　高圣兵,刘莺,"'格义':思想杂合之途",《外语研究》,2006 年,第 4 期,第 52 页。

⑤　释慧皎著,朱恒夫、王学钧、赵益注译,《高僧传》(上),西安:陕西人民出版社,2010 年,第 281 页。

⑥　徐葆耕,《清华学术精神》,北京:清华大学出版社,2004 年,第 85 页。

⑦　Steiner, George. *After the Babel: Aspects of Language and Translation*. Oxford: Oxford University Press, 1975, 398.

⑧　徐光启,"辨学章疏",见王重民辑校,《徐光启集》(下册),北京:中华书局,2014 年,第 434 页。

中国古圣先贤之说在修身、事天、劝善等诸多方面可以会通,甚至"如出一辙"①。张之洞《劝学篇》外篇《会通》中更列举了诸多中西相似之处:

> 《中庸》天下至诚,尽物之性,赞天地之化育,是西学格致之义也。《周礼》土化之法,化治丝枲,饬化八材,是化学之义也。《周礼》一易再易三易,草人稻人所掌,是农学之义也。《礼运》货恶弃地,《中庸》言山之广大,终以宝藏兴焉,是开矿之义也。……②

严译正文和"集思广益"的案语中也频繁地会通中西异同之论,如前文严复认为逻各斯"此如佛氏所举之阿德门,基督教所称之灵魂,老子所谓道,孟子所谓性,皆此物也。"钱钟书在《管锥编》中更广泛地运用"合观""连类""捉置一处""比堪""参印""相互发明""移笺"等方法,对中西会通的相似性策略多有启发。

如果说契合点和相似性是两者的基础,那么拟配和贯通则体现了格义和会通的差异。格义旨在对异域文化的理解,强调诠释者的主体性及其本土文化参与意识;会通则重在新意的创造,要求超越诠释主体的历史性和个人偏见,实现不同文化传统的视界融合。③ 如《牟子理惑论》对"佛为何谓"的解答就是典型的格义:"佛者,谥号也。犹名三皇神、五帝圣也。"④这里,牟子(170—?)眼中的佛,俨然儒家经典中的三皇五帝,通过"犹名"这一拟配标记,以儒格佛。再如,佛家"今沙门剃头发,被赤布,见人无跪起之礼,威仪无盘旋之容止"⑤,这样的穿着和举止,时人认为有违儒士之礼节与仪容。对此,牟子借用《老子》"上德不德,是以有德;下德不失德,是以无德"解释道:

---

① 沈定平,《明清之际中西文化交流史——明代:调适与会通》(增订本),北京:商务印书馆,2007年,第628页。

② 张之洞,《劝学篇》,桂林:广西师范大学出版社,2008年,第126—127页。

③ 胡伟希,"'格义'与'会通':论严复的诠释学",《学术月刊》,2002年,第11期,第19页。

④ 刘立夫、魏建中、胡勇译注,《弘明集》(上),北京:中华书局,2013年,第15页。

⑤ 刘立夫、魏建中、胡勇译注,《弘明集》(上),北京:中华书局,2013年,第27页。

> 三皇之时食肉衣皮，巢居穴处以崇质朴，岂复须章黼之冠、曲裘之饰哉！然其人称有德而敦庞、允信而无为。沙门之行，有似之矣。①

就是说，三皇时代人们吃穿住等生活虽然质朴，但重德守信，沙门亦然。"有似"作为拟配标记，再次以道、儒格佛。

会通不是会同或混同，不是表层的比附，而是深层的融会贯通，强调翻译应该是通人通解。徐光启与利玛窦翻译《几何原本》，"反复展转，求合本书之意，以中夏之文重复订政，凡三易稿"②，所以其译作"字字精金美玉，为千古不朽之作"③。近代马建忠的"善译"观中，也多有比较异同之论，以求打通原语、意旨、神情、语气等，进而达到"心悟神解"④的会通境界。有关翻译通人通解，论述最多的是钱钟书，他从 20 世纪三十年代起就逐渐形成了系统的会通思想，包括"遍观博览""破执""破间隔而通之"、化境论等打通观，认为翻译"尤以'通'为职志"⑤。

会通与格义第三个方面的区别在于两者的目的不同，即生解和超胜之别。格义所采取的"子注"旨在翻译正文之后对佛经相关"事数"加以注解。如安世高（生卒年不详）擅长《毗昙》学，讲经时习惯逐条分析，"取经中事数，如七法、五法、十报法、十二因缘、四谛、十四意、九十八结等，一一为之分疏。"⑥这种分疏是对经中"事数"进行分析和讲解，"敷引外典，弘兹内教。发蒙启滞，训诱未悟。"⑦因此，"格义"不能简单地被视为一种翻译方法，而是来华僧人在讲解佛典中为便于中土听众理解，借用儒道名词术语类比佛经名相，"惑资外文，即就外以明内"⑧，如罗什（344

---

① 刘立夫、魏建中、胡勇译注，《弘明集》（上），北京：中华书局，2013 年，第 27 页。
② 徐宗泽，《明清间耶稣会士译著提要》，上海：上海书店出版社，2006 年，第 201 页。
③ 梁启超，《中国近三百年学术史》，上海：上海三联书店，2006 年，第 7 页。
④ 罗新璋，"我国自成体系的翻译理论"，见罗新璋，《翻译论集》，北京：商务印书馆，1984 年，第 126 页。
⑤ 钱钟书，《管锥编》（二），北京：生活·读书·新知三联书店，2007 年，第 820 页。
⑥ 汤用彤著，刘梦溪主编，《汉魏两晋南北朝佛教史》，石家庄：河北教育出版社，1996，第 85 页。
⑦ 刘立夫、魏建中、胡勇译注，《弘明集》（下），北京：中华书局，2013 年，第 646 页。
⑧ 刘立夫、魏建中、胡勇译注，《弘明集》（下），北京：中华书局，2013 年，第 653 页。

—413)借用道家的"无"格义般若学中的"真如"①，否则以佛经解释佛经，"譬对盲者说五色，为聋者奏五音也。"②

格义往往是单向的，而会通是双向的。会通除了求合原语外，还特别注重"归求反观"，进而会通归一，以求超胜。在对待中西文化上，会通继承传统，而"不安旧学"；译介西法，但又志求补儒，超越中西，这正是徐光启的伟大抱负，如《崇祯历书》的编译，既总结了传统天文学的成果与不足，又大量吸收了欧洲天文学的先进成果，为我所用。③ 自徐光启以后，儒家士大夫和现代文人志士会通西学的目的非常明确，如经世、启蒙等，他们翻译策略的选择也视译文目的而定。

综上所述，"会通"有着深厚的中国传统学术渊源和基础，作为翻译思想，它指译者通过翻译把西学融入中学以求超胜。会通首先表现为对待异域文化的一种心态和认知方式，中西学的会聚体现了中学对西学的开放和包容，于异中求同；其次，会通是译者选取与原语相似的译语资源以打通原文、反观译语的一种理解和解释策略，蕴涵着丰富的解释学内涵和对译者学贯中西、通人通解的期待；最后，会通的目的是吸取异域文化为我所用，以求超胜，这一目的突破了原文中心论的藩篱，道出了翻译的实践智慧和伦理诉求。翻译会通是传统语内会通的拓展，是我国明末以降探索济世图强的一条学术途径，是传统文化自觉和引进西学的一种文化战略。这在徐光启提出的"欲求超胜，必须会通；会通之前，先须翻译"④思想中得到了充分的体现。

第二节　明清翻译会通的解释学视界

明清翻译会通立足于中国近代化的社会实践，作为贯穿于明清翻译

---

① 买小英，"论'格义'手法在《般若经》中的运用"，《宁夏大学学报》，2008 年，第 3 期，第 25 页。

② 刘立夫、魏建中、胡勇译注，《弘明集》(上)，北京：中华书局，2013 年，第 53 页。

③ 纪志刚，"从'会通'到'超胜'：徐光启科学思想的历史价值与当代意义"，见宋浩杰主编，《中西文化会通第一人——徐光启学术研讨会论文集》，上海：上海古籍出版社，2006 年，第 93—94 页。

④ 徐光启，"历书总目表"，见王重民辑校，《徐光启集》(下册)，北京：中华书局，2014 年，第 374 页。

史的一种重要策略,体现了译者理解的历史性特征和解释学真理追求,是译者融会中西以求超胜的实践智慧。本节运用解释学探讨翻译会通的实践智慧特征及会通对医治当前"技术化"翻译的现实意义。

明末以降的翻译会通是传统儒家文化自觉与近代新文化构建的关键时期。前几章通过对徐光启至林纾翻译会通思想和实践的历时考察,认为翻译会通是明清士大夫把译语和原语及其文化融会贯通以求超胜的学术方式。会通作为贯穿于明清翻译史的一种重要思想和策略,体现了译者理解的历史性特征和解释学真理追求。它立足于中国近代化的社会实践,是译者融会中西,构建新文化以求超胜的实践智慧。

一、理解的历史性与明清西学会通

会通首先是主体文化对待异域文化的一种信任、开放和包容的心态。从哲学解释学角度来看,这种主体文化对异域文化的接受和认知体现了浓厚的理解的应用性①,即把对异域文化的理解"应用于解释者的目前境况"②。对此,激进解释学认为,由于理解的"历史性"和思想的"语词性",理解者很难生产出一种"无歧义陈述"的"逻辑真理",无法以"可重复性"和"可复制性"取代"往复性"及"开放性"。换言之,理解无法拒斥历史语境、人文教化、对话交流和艺术体验。③ 晚明至晚清,近代士人不断会通西学,向西方探寻富强之路,为学讲求"经世致用"。这一历史境遇使得他们把西学长期定位于"实学""技""器""用"的层面,这样的接受和认知体现了浓厚的理解的历史性,是儒家士人把西方科学体系放在中国当时经世致用大语境下的产物。

如晚明士风虚浮,徐光启面对种种危机,为学注重"博究天人,而皆

---

① "理解的应用性"是德国哲学诠释学代表伽达默尔 20 世纪 70 年代提出的重要观点。伽达默尔在西方诠释学发展史上一大贡献,就是沿着海德格尔的诠释学方向完成了方法论诠释学向本体论诠释学的转向,构建了哲学诠释学。其奠基之作《真理与方法》,把理解的历史性上升为诠释学原则,把理解的应用性问题确定为诠释学的基本问题,把语言看作是诠释学本体论转向的主线。其中理解的应用性作为理解的中心,在我国学界长期被忽视,甚至遗忘。参见彭启福,《理解之思——诠释学初论》,合肥:安徽人民出版社,2005 年,第 108－109 页。

② 伽达默尔,洪汉鼎译,《真理与方法》(Ⅰ),北京:商务印书馆,2007 年,第 418 页。

③ 详见李河,《巴别塔的重建与解构——解释学视野中的翻译问题》,昆明:云南大学出版社,2005 年,第 1－25 页。

主于实用"①,这一背景促使他把数学理解为"众用所基"之"金针",不仅可旁通众务,济时适用,而且"能令学理者祛其浮气,练其精心,学事者资其定法,发其巧思。"②因此徐光启积极翻译西方天文历算之学,并反观儒学,以耶补儒,认为《几何原本》可以"补缀唐虞三代之阙典遗义,其裨益当世,定复不小"③。此后徐氏的《测量法义》、《测量异同》、《勾股义》等三部著译,"皆以明《几何原本》之用"④。

明清之际一大批提倡经世致用的思想家,或以经学济理学之弊,以复兴汉学为己任;或另辟蹊径,兴诸子学研究之风。在这一大背景下,西学者大力会通西方"质测之学",以"切用于世"。⑤ 到了晚清,传统"内圣"之学更加危机重重,经世实学的一个重要转向就是推崇"外王"之学,继续承继明末会通思潮,广采博纳异域新知,通过经世史地学、实用科学的翻译会通,从了解夷情、师夷长技到采西学,不断深化,并形成了"中体西用"思想指导下的会通观念。

儒家士大夫尤其洋务派,长期把西学理解为"用"和"技",是"制器""学技""操兵"等形而下的"资用"之学,但在打着"科学传教"旗号的传教士眼中,"科学如矢之翼,而宗教则如矢之的"⑥。所以他们参与西方世俗实学的传播,其实质正如丁韪良(1827-1916)所言是"由格物而推及造物"⑦。就是说传教士理解的西学,不仅仅是这些具体的"科学""艺术""器""技",更有其背后的基督教之"道"。

由于理解的历史性,理解者不能无视自己及其所处的具体解释学境遇。⑧ 这样,理解不再是对僵化和凝固在文本中的作者原意的单向度上的运用,要达到对文本的真正理解,读者,包括译者,就必须在解读文本

---

① 这是明末文学家、编辑陈子龙对徐光启一生治学的概括,见徐光启著,陈焕良、罗文华校注,《农政全书·凡例》,长沙:岳麓书社,2002 年,第 17 页。

② 徐光启,"几何原本杂议",见王重民辑校,《徐光启集》(上册),北京:中华书局,2014 年,第 76 页。

③ 徐光启,"刻几何原本序",见王重民辑校,《徐光启集》(上册),北京:中华书局,2014 年,第 75 页。

④ 徐宗泽,《明清间耶稣会士译著提要》,上海:上海书店出版社,2006 年,第 206 页。

⑤ 王杰,"反省与启蒙:经世实学思潮与社会批判思潮——以明清之际的思想家群体为例",《中共中央党校学报》,2008 年,第 2 期,第 50 页。

⑥ Martin, W. Western Science as Auxiliary to the Spread of Gospel. *The Chinese Recorder*, 1897, XXVIII.

⑦ 丁韪良,"道器论序",《万国公报》(18),1890 年,第 2 页。

⑧ 伽达默尔,洪汉鼎译,《真理与方法》(I),北京:商务印书馆,2007 年,第 441 页。

的过程中把普遍的东西应用于自身当前具体的特殊境况①。

正因为如此,相同的文本,不同的译者、境遇和目的可能会产生不同的理解和会通。如中日甲午战争,在中国人心目中不起眼的东瀛小"蛮夷"连连击溃"天朝上国",使国人大受刺激。1895 年,严复在天津《直报》上连续刊发《论世变之亟》、《原强》、《辟韩》、《原强续篇》、《救亡决论》等文章,极力呼吁变法:"观今日之世变,盖自秦以来未有若斯之亟也"②,"天下理之最明而势所必至者,如今日中国不变法则必亡是已"③,并决心致力译述西学以警世。他的《天演论》就明显打上了求变的烙印,最突出的是他以《周易》之"易道"会通斯宾塞的天演论学说:天演"而最为深切名者,尤莫若《周易》之始乾坤,而终于既未济。"④"此其道在中国谓之易,在西学谓之天演。"⑤《天演论》手稿开篇《察变》论及宇宙万事万物无时不刻处于变动之中,即人之所见"此境既由变而来,此境亦将恃变以往",这一永恒变迁的思想使得严复从《周易》中得到会通,译文因此添加了"《易·大传》曰:乾坤其易之缊耶! 又曰:易不可见,则乾坤或几乎息矣。即此谓也。"⑥可见,严复的理解是对原文在当时晚清民族危亡语境下的具体运用,告诉国人"物竞天择,适者生存",中国要生存就要变法自强,变则通,通才能久。而 1971 年出版的《进化论与伦理学》没有了这种特定的语境,译者基本上是从科学的角度来理解原著的。由于理解的历史性,会通所追求的不是传统翻译的"原本中心论"及其所期许的"客观真理",而是译者此在的一种"解释学真理"。

二、明清翻译会通的解释学真理追求

会通就其具体策略而言,是译者选取与原语相似的译语资源以打通原文的一种理解和诠释策略。译者的相似性联想以及寻找什么样的译

---

① 彭启福,《理解之思——诠释学初论》,合肥:安徽人民出版社,2005 年,第 112 页。
② 卢云昆编选,《社会剧变与规范重建——严复文选》,上海:上海远东出版社,1996 年,第 3 页。
③ 卢云昆编选,《社会剧变与规范重建——严复文选》,上海:上海远东出版社,1996 年,第 44 页。
④ 严复,"进化天演",见孙应祥、皮后锋编,《〈严复集〉补编》,福州:福建人民出版社,2004 年,第 135 页。
⑤ 王庆成、叶文心、林载爵编,《严复合集》(第 7 册),台北:财团法人辜公亮文教基金会,1998 年,第 4 页。
⑥ 王栻主编,《严复集》(第五册),北京:中华书局,1986 年,第 1414 页。

语来会通原语,则体现出明显的解释学真理诉求,与译者的生活世界直接沟通,是译者立足于自身文化和语境中的解释学真理的践行,就是说"真理都是具体的和实践的"①,更是历史的。

西学会通与诠释同其他人文学科一样,其基本方法应该是建立在生活体验基础上的理解和诠释,而不是建立在实验观察、历史考证基础上的说明。如明末代表翻译西书最高成就的译作,无疑是利玛窦、徐光启合译的《几何原本》,该书卷一之首"第四求"中论及"长者,增之可至无穷;短者,减之亦复无尽"②时,其中"长者,增之可至无穷"易懂,而"短者,减之亦复无尽"难解。徐光启长期浸润于中国传统文化,于是他发掘出庄子《天下篇》之"一尺之棰,日取其半,万世不竭"对此加以会通:

> 尝见庄子称:"一尺之棰,日取其半,万世不竭。"亦此理也。何者?自有而分,不免为有,若减之可尽,是有化为无也。有化为无,犹可言也。令已分者更复合之,合之又合,仍为尺棰。是始合之初,两无能并为一有也。两无能并为一有,不可言也。③

这样,西方几何中"短者,减之亦复无尽"的道理和中国庄子所论的有限、无限的形象比喻达到了会通。"历史流传物的真理决不是一成不变的,而总是与我们自己的参与相联系。"④可见,中西会通并非彼此客观的对等或"无歧义的陈述"⑤,译者的任务不只是重新给出作者所真正说过的东西,而是必须用一种在他看来对于目前谈话的实际情况似乎是必要的方式,去把这个东西表现出来。⑥ 但是译者自身"语词性""历史性、语境

---

① 伽达默尔,洪汉鼎译,《真理与方法》,上海:上海译文出版社,1999年,第811页。
② 利玛窦述,徐光启译,王红霞点校,《几何原本》,见朱维铮、李天纲主编,《徐光启全集》(肆),上海:上海古籍出版社,2010年,第41页。
③ 利玛窦述,徐光启译,王红霞点校,《几何原本》,见朱维铮、李天纲主编,《徐光启全集》(肆),上海:上海古籍出版社,2010年,第41页。
④ 伽达默尔,洪汉鼎译,《真理与方法》,上海:上海译文出版社,1999年,第811页。
⑤ 李河,《巴别塔的重建与解构——解释学视野中的翻译问题》,昆明:云南大学出版社,2005年,第23页。
⑥ 伽达默尔,洪汉鼎译,《真理与方法》(Ⅰ),北京:商务印书馆,2007年,第419页。

性、旨趣性"①在诠释中不断出场,体现了一种解释学真理。

这种运用本土文化翻译原文、会通中西的解释学真理践行,在严复译本中更为普遍。严复在《天演论·译例言》中明确指出,原著"精理微言,用汉以前字法、句法,则为达易;用近世利俗文字,则求达难。"②这样,赫胥黎原文的"精理微言"与"汉以前字法、句法"就在严复文言译笔中得以会通,如:

> ... and the thin veil of vegetation which overspread the broad-backed heights and the shelving sides of the coombs was unaffected by his industry. The native grasses and weeds, the scattered patches of gorse, contended with one another for the possession of the scanty surface soil; they fought against the droughts of summer, the frosts of winter, and the furious gales which swept, with unbroken force, now from the Atlantic, and now from the North Sea, at all times of the year; they filled up, as they best might, the gaps made in their ranks by all sorts of underground and overground animal ravagers. One year with another, an average population, the floating balance of the unceasing struggle for existence among the indigenous plants, maintained itself. It is as little to be doubted, that an essentially similar state of nature prevailed, in this region, for many thousand years before the coming of Caesar; and there is no assignable reason for denying that it might continue to exist through an equally prolonged futurity, except for the intervention of man.③

---

① 李河,《巴别塔的重建与解构——解释学视野中的翻译问题》,昆明:云南大学出版社,2005年,第23页。
② 严复,《天演论·译例言》,北京:商务印书馆,1981年,第 xi 页。
③ Huxley, T. H. & Julian Huxley. *Evolution and Ethics 1893—1943*. London: The Pilot Press LTD, 1947, 33.

这段文字论述了在没有人类干涉的情况下,自然界将会呈现无休无止的竞争状态。原文用词、造句简明易懂,但在译文中,严复的字法、句法适当加以"先秦化"处理,以会通原文的"精理微言":

> ……而灌木丛林,蒙茸山麓,未经删治如今者,则无疑也。怒生之草,交加之藤,势如争长相雄,各据一抔壤土,夏与畏日争,冬与严霜争,四时之内,飘风怒吹,或西发西洋,或东起北海,旁午交扇,无时而息。上有鸟兽之践啄,下有蚁蠛之齧伤,憔悴孤虚,旋生旋灭,菀枯顷刻,莫可究详。是离离者亦各尽天能,以自存种族而已。数亩之内,战事炽然,强者后亡,弱者先绝,年年岁岁,偏有留遗,未知始自何年,更不知止于何代。苟人事不施于其间,则莽莽榛榛,长此互相吞并,混逐蔓延而已,而诘之者谁耶![1]

从"字法"来说,除语气词"也""耶"等外,这段译文中选用了不少"汉以前"词汇,如"蒙茸"(如《诗经·邶风·旄丘》:"狐裘蒙戎。")、"抔"(如《礼记·礼运》:"汙尊而抔饮"。)、"蠛"(如《尔雅·释虫》:"蠛,蠓蝚。")、"齧"(如《礼记·曲礼上》:"毋齧骨。")、"菀"(《诗·小雅》:"瞻彼阪田,有菀其特。")、"莽莽榛榛"(如《楚辞·九章·怀沙》:"滔滔孟夏兮,草木莽莽。";扬雄《反骚》:"枳棘之榛榛兮。")等[2]。就"句法"而言,译文句读短小,对仗突出,如:"灌木丛林,蒙茸山麓""怒生之草,交加之藤""夏与畏日争,冬与严霜争""或西发西洋,或东起北海""上有鸟兽之践啄,下有蚁蠛之齧伤""强者后亡,弱者先绝""未知始自何年,更不知止于何代"。

翻译会通是译者选取与原语相似的译语资源以打通原文的一种理解和诠释策略,译者具备什么样的译语资源、选取什么样的译语、如何判定所选的译语与原语相似、如何理解和诠释原语、如何打通中西等等,这

---

① 严复,《天演论》,北京:商务印书馆,1981年,第1—2页。
② 严复译著,冯君豪注解,《天演论》,郑州:中州古籍出版社,1998年,第44—45页。

一系列问题都体现了"译者的登场"①，又直接与译者的生存实践相贯通，体现出一种实践智慧。在近代，明清士大夫的翻译会通突出地表现为以"超胜"为目的、以译述为主要策略的翻译实践智慧。

三、明清翻译会通的实践智慧

实践智慧来自于亚里士多德，他把人类认识事物和表述真理能力或知识形式区分为以下五种：纯粹科学（Episteme）、技术或应用科学（Techne）、实践智慧（phronesis）、理论智慧或哲学智慧（sohpia）和直观理智（nous）。② 其中亚氏特别注重前三种能力或知识形式的区分，而伽达默尔的实践哲学在此基础上认为当代科学主义、技术主义对前两种能力过分抬高，面对追求政治技术、社会技术员、语言法典化、法律条文、医学知识、机器翻译以及社会出现的诸多类似的形而上学问题，人类唯有恢复实践智慧，把握好科技应用的尺度，才能产生富有生命力的真正的人文科学和社会科学模式。③ 翻译活动本质上是一种实践活动，但翻译技巧只是工具或手段，译者无法简单地运用技巧来"制作"出理想的译文；而翻译智慧不是僵死教条的应用，往往需要根据具体情况才能做出合理的判断，是一种在翻译践行自身之中的探索能力。翻译实践智慧的践行本身就是目的，它关心翻译活动的"善"的翻译伦理，即什么是好的翻译行为，它对译语文化的价值和意义等。明清士大夫西学会通的翻译伦理和种种灵活的翻译技巧就体现了这种智慧。

首先，明清西学会通的实践智慧是对传统文化的自觉反思和重建，以求最终超胜西方。徐光启在晚明王学会通思潮盛行、耶稣会士西学东渐的大背景下，自觉地反思传统文化危机，提出了"翻译—会通—超胜"的思想。为此，他自觉抵制空谈性理，吸取魏晋"霏屑玄谈未终席，胡骑蹂人乱如麻"④的教训，为学务实，主张经世致用，志在改革弊政，走上了

---

① Robinson, Douglas. *The Translator's Turn*. Beijing: Foreign Language Teaching and Research Press, 2006.
② 亚里士多德，《尼各马可伦理学》，北京：商务印书馆，2003 年，第 169 页。
③ 详见伽达默尔，洪汉鼎译，《真理与方法》(II)，北京：商务印书馆，2007 年，第 185－207 页。
④ 徐光启，"题陶士行运甓图歌"，见王重民辑校，《徐光启集》（下册），北京：中华书局，2014 年，第 536 页。

"富国必以本业,强国必以正兵"①为宗旨进行会通中西的科学活动。徐光启同时代的李之藻、王徵等从事的西学翻译会通,都有着明显的儒家传统反省意识和以耶补儒的文化自觉,追求明理达用、应民用而救世。到了晚清,林则徐主动"开眼看世界",积极组织翻译,尤其史地、法律类书,其直接目的就是帮助国人了解世界地理、历史、西方国家的现状,以洞察夷情,以翻译"经世"。魏源编译《海国图志》深受鸦片战争的强烈刺激,从而由战前关注"河漕盐法"等内政改革,转向战后致力研究西方新知,对异质文化抱着明确的会通心态:"胸中何止四大洲"。②通过会通异域文化,魏源认识到面对万国世界,中国必须摈弃长期信守的"夷夏之防""西学中源""华夏礼仪之邦"等狭隘观念,从而正视西方文明,拿出勇气"师夷长技"。京师同文馆前后翻译西书 20 多种,尤其在会通西方法律方面做出了重要贡献,为清政府"制夷"、参与国际事务、解决涉外事端提供了法律武器。曾国藩作为理学传人,更在桐城前贤"义理""考据""辞章"的基础上开创了"经济"之学,为会通西方科技在学理上奠定了基础。他和李鸿章等创办江南机器制造局翻译馆和印书处,聘请傅兰雅、伟烈亚力、玛高温、林乐知、徐寿、李善兰、华蘅芳、徐建寅等为主要译员,重点翻译西方"制造"之学,代表了洋务派追求会通西方实学的旨趣。而维新派严复治学追求"统新故而视其通,苞中外而计其全"③,通过融合古今、会通中西,来重新创造一种新的文化。

其次,作为翻译策略,会通出于"超胜"的目的,没有走"技术化"翻译之路,而是追求融中西于一炉,兼顾当时传统社会文化危机、士大夫的文化心理、西学之长、译者的动机、读者的口味等,翻译方法灵活多变,有达辞、演、译义、译述、译著、增译、编译、润定、纂译、译绘、笔受、札记、笔录、笔记、达旨④等,体现了突出的翻译实践智慧,其译文的可读性打造尤值得后人学习。这里以严复换例译法为例。严复的翻译有时增删过于自由,招致后人的诟病,而贯穿《名学浅说》之"易为中事"的换例译法甚至

---

① 徐光启,"复太史焦座师",见王重民辑校,《徐光启集》(下册),北京:中华书局,2014 年,第 454 页。

② 冯天瑜、黄长义,《晚清经世实学》,上海:上海社会科学院出版社,2002 年,第 282 页。

③ 严复,"与《外交报》主人书",见王宪明编,《严复学术文化随笔》,北京:中国青年出版社,1999 年,第 127 页。

④ 除严复的"达旨"外,其他方式早在明清之际士大夫与耶稣会士的合译中就广泛使用,见徐宗泽,《明清间耶稣会士译著提要》,上海:上海书店出版社,2006 年。

走得更远,但有其良苦用心:

The changes and motions which things about us exhibit are often what we call **periodic**, that is, they happen over and over again in a similar manner after equal periods or intervals of time. Day and night are periodic changes, for they happen alternately, and one night is nearly equal in length to the preceding or following night. But, as summer approaches, the daylight grows longer, and the nights shorter; this happens in almost exactly the same way every year, so that it is also a periodic change, depending upon the motion of the earth round the sun. The tides also rising twice a day are periodic.[①]

这段话以"periodic changes"为核心语义场,阐述了世间万事万物周流往复之理,严复的译文增加了许多"演"的成分:

世间物变,往往周而复始,是谓往复。往复云者,其变自无始来,不知几度。而后之为变,常如其前。而每度所占时间,又复相等。此如昼夜寒暑,乃至天星行度,潮汐弦望,莫不皆然。昼尽夜来,寒来暑往,其一则因地自转,其一则因地绕日。终古不忒,将以无穷。此变吾国人察之极早。四圣作易,即言此理。宋之陈抟、邵雍、周敦颐诸子,又作太极图象之。所言不过阴阳迭代,消息盈虚。由盈而消,由消而虚,由虚复息,由息渐盈,如是循环,至无终极。当日圣贤,意且以此概之万事。此其说是否可据,俟汝曹长,可自求之。今日虽言,且不了了,置之可耳。[②]

① Jevons, W. Stanley. *Primer of Logic*. London: Macmillan and Co. Ltd., 1912, 99.
② 严复,《名学浅说》,北京:商务印书馆,1981 年,第 87 页。

《名学浅说》是逻辑学入门教材，严复的"演"是以中释西，既为了"取足喻人"①，又是严复中西会通的学术方式。严复由天演之论联想到中国易变思想，以四圣作易、宋代理学家作太极图等类比，指出"此变吾国人察之极早"，映射"当日圣贤"对周流往复之理不可轻易置之，而要变法维新，这是严复一贯的主张，可见严复的"演"是有明确目的的。近代译作绝大多数是"变译""改译"或"自由译"②，有的是不负责任的结果，而严复翻译更是不同形式的中西语言、文化会通策略使然，与当代某些以"信"为借口的"技术化"异化译作相比，其成功之处令人深思。

翻译会通揭示了近代士人处理中西学的复杂心态、译者深厚的国学底蕴、灵活的翻译技艺、主体文化发展的战略眼光等。翻译会通往往在语言层面显得过于自由、归化，甚至创作，但它关注译者自身境遇的意识、文化构建意识、翻译伦理意识等值得当前译者借鉴。在操作上，理解的历史性、会通的解释学真理观及实践智慧等，启发我们不能把翻译仅仅视为语言表层结构的转换活动，而是要求译者适度"参与"个人的理解资源，善于发现中西语言、文化契合之处，以此打通中西。这一点对反思当前翻译伦理、扭转翻译实践过于技术化的不良倾向仍然具有现实价值。

作为专题研究，本书重点考察了从徐光启到林纾儒家士人的翻译会通思想与实践，而传教士的适应与会通、新文化运动前后的翻译会通、钱钟书的打通观等有待继续研究，从而形成完整的体系，以更好地认识近现代中西翻译会通。鸦片战争以降，中国思想文化的近代化、现代化过程充满了新旧冲突，从新政、新民再到新文化，从西学中源、中体西用到西化主义，期间交织着尖锐激烈的文化论战，如国粹派、学衡派与西学、新学之间的东西、新旧文化论战，科学与玄学、问题与主义等新文化内部之间的论战等。一时，保守派、顽固派、激进派、折衷派、会通派，国粹主义、西化思潮等等，竞相登台。"五四"新文化运动前后，社会急剧转型，西学急剧输入，旧文化渐渐解构，新学地位日隆，古今中西文化频繁交流碰撞、比较参证，进而进入融合创新的鼎盛时期，也是翻译会通百家争鸣的新时期。但走出经学时代，颠覆儒学中心，提倡折衷调和、会通古今中

① 严复，《名学浅说·译者自序》，北京：商务印书馆，1981年。
② 张彩霞等编著，《自由派翻译传统研究》，北京：外语教学与研究出版社，2008年。

西是文化创新的基本学术方法。从各自不同的文化立场来看,现代学术会通表现为四大流派,即东方文化中心、西方文化中心、本位文化中心和非中心非本位。① 虽然这是宏观会通创新的文化观,但由于各派的代表人物多为学贯中西的大家,又在各自的学术生涯中同时从事翻译活动,所以,从中也能折射出他们的翻译会通观,这些有待进一步探讨。

---

① 有关分类及论述详见薛其林,《融合创新的民国学术》,2006 年,长沙:湖南大学出版社,第 131－329 页。

参考文献

Appiah, K. Anthony. "Thick Translation". In Rowell, C. H. (ed.), *Callaloo*. New York: Jones Hopkins University Press, 1993.

Appiah, K. Anthony. "Thick Translation". In Venuti, L. (ed.), *The Translation Studies Reader*. Manchester: Manchester University Press, 2009.

Bassnett, Susan & Andre Lefevere. *Constructing Cultures — Essays on Literary Translation*. Shanghai: Shanghai Foreign Education Press, 2001.

Berthrong, John H. *All Under Heaven: Transforming Paradigms in Confucian-Christian Dialogue*. Albany: State University of New York Press, 1994.

Catford, J. C. *A Linguistic Theory of Translation*. Oxford: Oxford University Press, 1965.

Chambers, William & Robert Chambers. *Political Economy for Use in Schools and for Private Instruction*. Edinburgh: W. and R. Chambers, 1852.

Chesterman, Andrew. *Contrastive Functional Analysis*. Amsterdam/Philadelphia: John Benjamins Publishing Company, 1998.

Faiq, Said. *Cultural Encounters in Translation from Arabic (Topics In Translation)*. Buffalo: Multilingual Matters Ltd, 2004.

Gadamer, Hans-Georg. *Truth and Method*. Beijing: China Social Sciences Publishing House, 1999.

Haggard, Rider. *Joan Haste*. London: Longmans, Green, and Co. and

New York,1895.

Huntington,Samuel P. *The Clash of Civilizations and the Remaking of World Order*. New York: Simon & Schuster,1996.

Huxley,T. H. & Julian Huxley. *Evolution and Ethics 1893 — 1943*. London: The Pilot Press LTD,1947.

Irving,Washington. *The Sketch Book of Geoffrey Crayon ,Gent*. New York: Charles E. Merrill Company,1911.

Jevons, W. Stanley. *Primer of Logic*. London: Macmillan and Co. Ltd.,1912.

Lamb,Charles & Mary Lamb. *Tales from Shakespear*. London: G. Bell and Sons,LTD,1914.

Lefevere, Andre. *Translation/History/Culture*: *A Source Book*. London and New York: Routledge,1992.

Mackenzie,Robert. *The Nineteenth Century — A History*. London: T. Nelson and Sons,Paternoster Row. Edinburgh,1880.

Martin,W. Western Science as Auxiliary to the Spread of Gospel. *The Chinese Recorder* ,1897.

Mill,J. Stuart. *On Liberty*. Shanghai: Shanghai Sanlian Bookstore,2009.

Montesquieu,Baron de. *The Spirit of the Laws*. Beijing: China Social Sciences Publishing House,1999.

Munday, Jeremy. *Introducing Translation Studies*: *Theories and Applications*. London and New York: Routledge, 2001.

Mungello,D. E. *Curious Land*: *Jesuit Accommodation and the Origins of Sinology*. Stuttgart: Steiner-Verlag-Wiesbaden-Gmbh,1985.

Needham, Joseph. *Science and Civilization in China*. Cambridge: Cambridge University Press,1959.

Nord,Christine. *Translation as a Purposeful Activity*: *Functionalist Approaches Explained*. Manchester: St. Jerome,1997.

Reiss, K. & H. J. Vermeer. *Grundlegung einer allgemeinen Translationstheorie*. Tübingen: Niemeyer, 1984.

Robinson,Douglas. *The Translator's Turn*. Beijing: Foreign Language Teaching and Research Press,2006.

Rule, Paul. *K'ung-tzu or Confucius? The Jesuit Interpretation of Confucianism*. Australia：Allen & Unwin, 1986 (2).

Scott, Walter. *Ivanhoe：A Romance*, Boston, U.S.A. D. C. Heath & CO., Publishers, 1910.

Smith, Adam. *An Inquiry into the Nature and Causes of the Wealth of Nation*. Xi'an：Shanxi People Press, 2005.

Spencer, Herbert. *The Study of Sociology*. Routledge/Thoemmes Press, 1996.

Steiner, George. *After the Babel：Aspects of Language and Translation*. Oxford：Oxford University Press, 1975.

Tang Yijie, "Inculturation and Chinese-Christian Contacts in the Late Ming and Early Qing", *Ching Feng*, 1991 (4).

Venuti, Lawrence. *The Translator's Invisibility*. London and New York：Routledge, 1995.

阿英编,《晚清文学丛钞·小说戏曲研究卷》,北京:中华书局,1960 年。

鲍廷博,《知不足斋丛书》,北京:中华书局,1999 年。

陈琛,《〈泰西新史揽要〉经世化改写研究》,安徽师范大学硕士论文,2011 年。

陈福康,《中国译学理论史稿》,上海:上海外语教育出版社,1992 年。

陈鼓应、辛冠洁、葛荣晋,《明清实学思潮史》,济南:齐鲁书社,1989 年。

陈俊民,"'理学'、'天学'之间——论晚明士大夫与传教士'会通中西'之哲学深意"(上/下),《中国哲学史》,2004 年,第 1、4 期。

陈俊民,"中国近世'三教融合'与'中西会通'",《北京社会科学》,1994 年,第 1 期。

陈庆坤,"中国近代哲学与佛学的会通",《吉林大学社会科学学报》,1994 年,第 4 期。

陈卫平,"明清之际西学流播与中国本土思想的接应",《南京大学学报》,2009 年,第 6 期。

陈卫平,《第一页与胚胎——明清之际的中西文化比较》,上海:上海人民出版社,1992 年。

陈卫平、李春勇,《徐光启评传》,南京:南京大学出版社,2006 年。

陈义海,《对明清之际中西异质文化碰撞的文化思考》,苏州大学博士论文,2002 年。

陈寅恪,《陈寅恪史学论文选集》,上海:上海古籍出版社,1992 年。

陈垣,《陈垣学术论文集》,北京:中华书局,1982 年。

程焕文,"林则徐和魏源对西方图书馆的译介",《图书馆论坛》,2004 年,
　　第 1 期。

初晓波,《从华夷到万国的先声——徐光启对外观念研究》,北京:北京大
　　学出版社,2008 年。

褚龙飞、石云里,"独特的会通方式:薛凤祚《历学会通·正集》新探",《上
　　海交通大学学报》,2014 年,第 2 期。

邓志峰,《王学与晚明的师道复兴运动》,北京:社会科学文献出版社,
　　2004 年。

丁韪良,《万国公法》,北京:中国政法大学出版社,2003 年。

丁文江、赵丰田,《梁启超年谱长编》,上海:上海人民出版社,1983 年。

董真卿,《周易会通》,长春:吉林出版集团有限责任公司,2005 年。

杜雪琴,"文学地理学研究的会通之境——读《文学地理学会通》偶得",
　　《世界文学评论》,2014 年,第 2 辑。

段颖惠,"严复法制思想刍议——以《法意》按语为核心",《山西大同大学
　　学报》,2011 年,第 5 期。

方苞,《方苞集》,上海:上海古籍出版社,1983 年。

费孝通,《费孝通论文化与文化自觉》,北京:群言出版社,2007 年。

费正清、刘广京,《剑桥中国晚清史 1800－1911》,北京:中国社会科学出
　　版社,1985 年。

冯桂芬,《校邠庐抗议》,上海:上海书店出版社,2002 年。

冯天瑜、黄长义,《晚清经世实学》,上海:上海社会科学院出版社,
　　2002 年。

傅汎际译义,李之藻达辞,《名理探》,北京:生活·读书·新知三联书店,
　　1959 年。

傅兰雅,《佐治刍言》,上海:上海书店出版社,2002 年。

伽达默尔,洪汉鼎译,《真理与方法》,北京:商务印书馆,2007 年。

伽达默尔,洪汉鼎译,《真理与方法》,上海:上海译文出版社,1999 年。

高圣兵,刘莺,"'格义':思想杂合之途",《外语研究》,2006 年,第 4 期。

高万隆,《文化语境中的林纾翻译研究》,杭州:浙江工商大学出版社,

2012 年。

郜积意,《经典的批判——西汉文学思想研究》,北京:东方出版社,
2000 年。

葛荣晋,"'西学东渐'与清初'中西会通'的科学观",《北京行政学院学
报》,2004 年,第 5 期。

葛荣晋,《中国实学思想史》,北京:首都师范大学出版社,1994 年。

葛荣晋,《中国实学文化导论》,北京:中共中央党校出版社,2003 年。

葛兆光,"一个普遍真理观念的历史旅行——以陆九渊'心同理同'说为
例谈观念史的研究方法",《东岳论丛》,2004 年,第 4 期。

葛兆光,《中国思想史》,上海:复旦大学出版社,2007 年。

龚缨晏、马琼,"关于李之藻生平事迹的新史料",《浙江大学学报》,2008
年,第 5 期。

古伟瀛,"明末清初耶稣会士对中国经典的诠释及其演变",《台大历史学
报》,2000 年,第 25 期。

古伟瀛,"谈'耶儒交流'的诠释",《台湾东亚文明研究学刊》,2004 年,第
2 期。

郭绍虞、罗根泽主编,《中国古典文学理论批评专著选辑》,北京:人民文
学出版社,1959 年。

郭嵩焘,《伦敦与巴黎日记》,长沙:岳麓书社,1984 年。

郭卫东、牛大勇主编,《中西融通:严复论集》,北京:宗教出版社,2009 年。

韩洪举,《林译小说研究——兼论林纾自撰小说与传奇》,北京:中国社会
科学出版社,2005 年。

韩江洪,《严复话语系统与近代中国文化转型》,上海:上海译文出版社,
2006 年。

何兆武,《中西文化交流史论》,武汉:湖北人民出版社,2007 年。

赫胥黎著,《进化论与伦理学》翻译组译,《进化论与伦理学》,北京:科学
出版社,1971 年。

侯外庐,《中国思想史纲》,上海:上海书店出版社,2008 年。

胡伟希,"'格义'与'会通':论严复的诠释学",《学术月刊》,2002 年,第
11 期。

黄见德,《西方哲学东渐史》,北京:人民出版社,2006 年。

黄克武,《自由的所以然:严复对约翰弥尔自由思想的认识与批判》,上

海：上海书店出版社，2000 年。

黄时鉴主编，《东西交流论谭》，上海：上海文艺出版社，2001 年。

黄寿祺、张善文，《周易译注》，上海：上海古籍出版社，2004 年。

黄兴滔、王国荣，《明清之际西学文本》，北京：中华书局，2013 年。

黄政新，"中西哲学会通的可能与途径"，《人文杂志》，1999 年，第 1 期。

黄忠廉，"重识严复的翻译思想"，《中国翻译》，1998 年，第 2 期。

黄忠廉，《严复变译思想考》，北京：商务印书馆，2016 年。

惠泽霖著，景明译，"王徵与所译《奇器图说》"，《上智编译馆馆刊》，1947
年，第 1 期。

季羡林，《季羡林谈翻译》，北京：当代中国出版社，2007 年。

季压西、陈伟民，《从"同文三馆"起步》，北京：学苑出版社，2007 年。

季压西、陈伟民，《来华外国人与近代不平等条约》，北京：学苑出版社，
2007 年。

季压西、陈伟民，《中国近代通事》，北京：学苑出版社，2007 年。

贾桢等纂，《筹办夷务始末》（咸丰朝），北京：中华书局，1979 年。

蒋林，"论翻译与晚清社会变革思潮的契合"，《国外理论动态》，2009 年，
第 4 期。

金仁义，"从《论语》看孔子的会通思想"，《史学史研究》，2008 年，第 1 期。

柯毅霖，"本土化：晚明来华耶稣会士的传教方法"，《浙江大学学报》，
1999 年，第 1 期。

孔令伟，《风尚与思想》，北京：中国美术学院出版社，2008 年。

赖建诚，《亚当·斯密与严复：〈国富论〉与中国》，杭州：浙江大学出版社，
2009 年。

黎难秋主编，《中国科学翻译史料》，合肥：中国科学技术大学出版社，
1996 年。

李安泽，"严复对基督教的'格义'与文化会通"，《求是学刊》，2012 年，第
3 期。

李河，《巴别塔的重建与解构——解释学视野中的翻译问题》，昆明：云南
大学出版社，2005 年。

李乃农，"论《文选》'对问'体——兼论先秦问对体式的发展历程"，《广西
师范大学学报》，2005 年，第 4 期。

李提摩太、蔡尔康，《泰西新史揽要》，上海：上海书店出版社，2002 年。

李天纲,《跨文化的诠释:经学与神学的相遇》,北京:新星出版社,
　　2007 年。

李伟,《中国近代翻译史》,济南:齐鲁书社,2005 年。

李祥俊,"北宋时期的儒、道学术会通论",《南京社会科学》,2006 年,第
　　12 期。

李约瑟,《中国科学技术史》,北京:科学出版社,上海:上海古籍出版社,
　　1990 年。

李泽厚,《中国近代思想史论》,北京:生活·读书·新知三联书店,
　　2008 年。

李之勤,《王徵遗著》,西安:陕西人民出版社,1987 年。

李之藻编,黄曙辉点校,《天学初函》理编,上海:上海交通大学出版社,
　　2013 年。

李之藻编,黄曙辉点校,《天学初函》器编,上海:上海交通大学出版社,
　　2013 年。

李志军,《西学东渐与明清实学》,成都:巴蜀书社,2004 年。

利玛窦、金尼阁著,何高济、王遵仲、李申译,何兆武校,《利玛窦中国札
　　记》,北京:中华书局,2005 年。

梁启超,《清代学术概论》,上海:上海古籍出版社,2005 年。

梁启超,《饮冰室合集》,北京:中华书局,1986 年。

梁启超,《饮冰室合集集外文》,北京:北京大学出版社,2005 年。

梁启超,《中国近三百年学术史》,上海:上海三联书店,2006 年。

林庆元,《林则徐评传》,南京:南京大学出版社,2011 年。

林纾,《韩柳文研究法》,太原:山西人民出版社,2014 年。

林纾、王庆骥,《离恨天》,北京:商务印书馆,1981 年。

林纾、王寿昌,《巴黎茶花女遗事》,北京:商务印书馆,1981 年。

林纾、魏易,《不如归》,北京:商务印书馆,1981 年。

林纾、魏易,《拊掌录》,北京:商务印书馆,1981 年。

林纾、魏易,《迦茵小传》,北京:商务印书馆,1981 年。

林纾、魏易,《块肉余生述》,北京:商务印书馆,1981 年。

林纾、魏易,《撒克逊劫后英雄略》,北京:商务印书馆,1981 年。

林纾、魏易,《吟边燕语》,北京:商务印书馆,1981 年。

林纾、严培南、严璩,《伊索寓言》,北京:商务印书馆,1913 年。

林元彪,《文章学视野下的林纾翻译研究》,华东师范大学博士论文,
　　2012 年。

林则徐全集编辑委员会编,《林则徐全集》,福州:海峡文艺出版社,
　　2002 年。

刘海滨,《焦竑与晚明会通思潮》,复旦大学博士论文,2005 年。

刘海霞,"对薛凤祚会通成就的发生学考察",《自然辩证法研究》,2011
　　年,第 8 期。

刘禾著,杨立华等译,《帝国的话语政治:从近代中西冲突看现代世界秩
　　序的形成》,北京:生活·读书·新知三联书店,2009 年。

刘立夫、魏建中、胡勇译注,《弘明集》,北京:中华书局,2013 年。

刘玲娣,"中国传统学术及其特点——'中国传统学术特点'学术座谈会
　　综述",《华东师范大学学报》,2002 年,第 3 期。

刘梦溪,"晚清新学叙论",《江西社会科学》,2004 年,第 1 期。

刘宓庆,《中西翻译思想比较研究》,北京:中国对外翻译出版公司,
　　2005 年。

刘宁,"'论'体文与中国思想的阐述形式",《北京大学学报》,2010 年,第
　　1 期。

刘石泉,"论体文起源初探",《广东教育学院学报》,2009 年,第 6 期。

刘仙洲,"王徵与我国第一部机械工程学",《真理杂志》,1944 年,第 2 期。

刘星,"从《名理探》看西方科学理性思想与中国传统文化思想的初次会
　　通",西南大学硕士论文,2010 年。

刘星、吕晓钰,"从《名理探》看西方科学理性思想与儒学的早期会通",
　　《甘肃社会科学》,2014 年,第 5 期。

刘耘华,《诠释的圆环——明末清初传教士对儒家经典的解释及其本土
　　回应》,北京:北京大学出版社,2005 年。

刘仲林,"欲求超胜,必须会通——谈科学哲学与中国哲学的会通",《科
　　学技术与辩证法》,1997 年,第 5 期。

卢晓容,"会通中西文化的先驱者徐光启",《中国宗教》,2012 年,第 9 期。

卢云昆编选,《社会剧变与规范重建——严复文选》,上海:上海远东出版
　　社,1996 年。

鲁迅,《鲁迅全集》,北京:人民文学出版社,1981 年。

吕玉霞,"王嗣儒道会通思想探析",《齐鲁学刊》,2011 年,第 2 期。

罗新璋、陈应年编,《翻译论集》(修订本),北京:商务印书馆,2009年。

罗新璋,《翻译论集》,北京:商务印书馆,1984年。

罗玉明、肖芳林,"曾国藩与中国教育近代化",《求索》,2007年,第6期。

骆浪萍,"《原富》按语中严复的人口思想",《人口研究》,1987年,第3期。

马来平主编,《中西文化会通的先驱:"全国首届薛凤祚学术思想研讨会"论文集》,济南:齐鲁书社,2011年。

马涛,《走出中世纪的曙光——晚明清初救世启蒙思潮》,上海:上海财经大学出版社,2003年。

马智慧,"格致与调适:王宏翰中西会通研究",《浙江学刊》,2013年,第5期。

马智慧,《王宏翰中西会通研究》,浙江大学博士论文,2013年。

马祖毅,"徐光启与科学翻译",《翻译通讯》,1980年,第5期。

马祖毅,《中国翻译简史——"五四"以前部分》,北京:中国对外翻译出版公司,1998年。

买小英,"论'格义'手法在《般若经》中的运用",《宁夏大学学报》,2008年,第3期。

毛瑞方,《王徵与晚明西学东渐》,上海:华东师范大学出版社,2011年。

慕容真点校,《林纾选评古文辞类纂》,杭州:浙江古籍出版社,1986年。

牛仰山、孙鸿霓编,《严复研究资料》,福州:海峡文艺出版社,1990年。

欧明俊,"'文学'流派,还是'学术'流派?——'桐城派'界说之反思",《安徽大学学报》,2011年,第6期。

欧文著,宏铭译,《见闻札记》,黑龙滨:黑龙江科学技术出版社,2011年。

欧文著,潘艳梅、韦春红译,《英伦见闻录》,南京:江苏文艺出版社,2011年。

欧阳修,《新五代史》,北京:中华书局,1999年。

欧阳哲生,《严复评传》,南昌:百花洲文艺出版社,1994年。

潘文国,"中国译论与中国话语",《外语教学理论与实践》,2012年,第1期。

潘文国,《对比语言学:历史与哲学思考》,上海:上海教育出版社,2006年。

潘亦宁,"《同文算指》中高次方程数值解法的来源及其影响",《自然科学史研究》,2008年,第1期。

彭萍,《伦理视角下的中国传统翻译活动研究》,北京:外语教学与研究出版社,2008 年。

彭启福,《理解之思——诠释学初论》,合肥:安徽人民出版社,2005 年。

皮后锋,《严复评传》,南京:南京大学出版社,2006 年。

戚印平,"'Deus'的汉语译词以及相关问题的考察",《世界宗教研究》,2003 年,第 2 期。

漆思,"文史哲会通的人性自觉与中国哲学史的重写",《江西社会科学》,2012 年,第 12 期。

钱钟书,《管锥编》,北京:生活·读书·新知三联书店,2007 年。

乔宗方、宋芝业,"术数思想:薛凤祚中西会通模式的重要案例",《山东科技大学学报》,2010 年,第 2 期。

邱春林,"晚明实学家王徵的设计思想研究",《艺术百家》,2005 年,第 3 期。

邱春林,《会通中西——晚明实学家王徵的设计与思想》,重庆:重庆大学出版社,2007 年。

任继愈,《中国藏书楼》,沈阳:辽宁人民出版社,2001 年。

桑咸之,"从严译《法意》案语看严复的政治思想",《河南师范大学学报》,1986 年,第 1 期。

商务印书馆编辑部编,《论严复与严译名著》,北京:商务印书馆,1982 年。

尚智丛,"明末中西认识论观念的会通",《自然辩证法通讯》,2003 年,第 6 期。

申雨平编,《西方翻译理论精选》,北京:外语教学与研究出版社,2002 年。

沈定平,《明清之际中西文化交流史——明代:调适与会通》(增订本),北京:商务印书馆,2007 年。

石云里,"会通的张力:读《传播与会通——〈奇器图说〉研究与校注》",《中国科技史杂志》,2009 年,第 2 期。

释慧皎著,朱恒夫、王学钧、赵益注译,《高僧传》,西安:陕西人民出版社,2010 年。

疏华仁,"利玛窦与儒学的会通和冲突",《山东科技大学学报》,2006 年,第 2 期。

司各特著,刘尊棋、章益译,《艾凡赫》,北京:人民文学出版社,2004 年。

宋伯胤,《明泾阳王徵先生年谱》(增订本),西安:陕西师范大学出版社,

2004 年。

宋浩杰主编,《中西文化会通第一人——徐光启学术研讨会论文集》,上海:上海古籍出版社,2006 年。

宋芝业,"薛凤祚中西占验会通与历法改革",《山东社会科学》,2011 年,第 6 期。

宋志明,"论三种资源的会通与创新",《东岳论丛》,2013 年,第 1 期。

孙青,《晚清之"西政"东渐及本土回应》,上海:上海书店出版社,2009 年。

孙尚杨,《基督教与明末儒学》,北京:东方出版社,1994 年。

孙小著,"从严译名著按语试探严复的改革思想",《近代史研究》,1994 年,第 5 期。

孙应祥、皮后锋编,《〈严复集〉补编》,福州:福建人民出版社,2004 年。

汤一介,"论利玛窦会合东西文化的尝试",《宗教》,1988 年,第 2 期。

汤用彤,《理学、佛学、玄学》,北京:北京大学出版社,1991 年。

汤用彤著,刘梦溪主编,《汉魏两晋南北朝佛教史》,石家庄:河北教育出版社,1996 年。

王冬、李军松,"薛福成与近代中西文化的交融会通",《北方论丛》,2011 年,第 2 期。

王尔敏,《中国近代思想史论》,北京:社会科学文献出版社,2003 年。

王红霞,《傅兰雅的西书中译事业》,复旦大学博士论文,2006 年。

王辉,"天朝话语与乔治三世致乾隆皇帝书的清宫译文",《中国翻译》,2009 年,第 1 期。

王杰,"反省与启蒙:经世实学思潮与社会批判思潮——以明清之际的思想家群体为例",《中共中央党校学报》,2008 年,第 2 期。

王克非,《翻译文化史论》,上海:上海外语教育出版社,1997 年。

王立新,"英美传教士与近代中西文化会通",《世界宗教研究》,1997 年,第 2 期。

王林,"《佐治刍言》与西方自由资本主义思想的传入",《甘肃社会科学》,2008 年,第 6 期。

王庆成、叶文心、林载爵编,《严复合集》,台北:财团法人辜公亮文教基金会,1998 年。

王盛恩,"郑樵的会通思想和求实创新精神",《洛阳师专学报》,1998 年,第 1 期。

王栻主编,《严复集》,北京:中华书局,1986 年。

王韬著,顾钧校注,《漫游随录》,北京:社会科学文献出版社,2007 年。

王文娟,"中西绘画色彩观及其抽象性问题",《人文杂志》,2006 年,第 6 期。

王宪明编,《严复学术文化随笔》,北京:中国青年出版社,1999 年。

王义成编著,《徐光启家世》,上海:上海大学出版社,2009 年。

王岳川,"新世纪文论应会通中西守正创新",《山东师范大学学报》,2012 年,第 5 期。

王正,《翻译中的合作模式研究》,上海外国语大学博士论文,2005 年。

王重民辑校,《徐光启集》,北京:中华书局,2014 年。

魏源,《海国图志》,长沙:岳麓书社,1998 年。

魏源,《魏源集》,北京:中华书局,1983 年。

魏源撰,魏源全集编辑委员会编,《魏源全集》,长沙:岳麓书社,2011 年。

吴伯娅,《康雍乾三帝与西学东渐》,北京:宗教文化出版社,2002 年。

吴根元,"'合而观之,求其会通'——21 世纪明清学术思想研究方法",《中国社会科学报》,2011 年 1 月 4 日,第 9 版。

吴通福,《清代新义理观之研究》,南昌:江西人民出版社,2007 年。

席泽宗、吴德铎主编,《徐光启研究论文集》,上海:学林出版社,1986 年。

肖德武,"薛凤祚会通中西的努力及失败原因分析",《山东师范大学学报》,2010 年,第 2 期。

谢放,"曾国藩自强观之再考察",《广东社会科学》,2008 年,第 3 期。

熊秋良,"晚清'自强'口号的首倡者是魏源",《近代史研究》,1999 年,第 4 期。

熊铁基,"试论中国传统学术的综合性",《华东师范大学学报》,2002 年,第 5 期。

熊辛格,"严复翻译会通研究——以《社会通诠》为例",《长沙大学学报》,2013 年,第 1 期。

熊月之,《冯桂芬评传》,南京:南京大学出版社,2004 年。

熊月之,《西学东渐与晚清社会》(修订版),北京:中国人民大学出版社,2011 年。

熊月之,《西学东渐与晚清社会》,上海:上海人民出版社,1994 年。

徐葆耕,《清华学术精神》,北京:清华大学出版社,2004 年。

徐朝友,《阐释学译学研究:反思与建构》,南京:南京大学出版社,
　　2013 年。

徐光启编纂,潘鼐汇编,《崇祯历书》,上海:上海古籍出版社,2009 年。

徐光启著,陈焕良、罗文华校注,《农政全书》,长沙:岳麓书社,2002 年。

徐海松,《清初士人与西学》,北京:东方出版社,2000 年。

徐汇区文化局编,《徐光启与〈几何原本〉》,上海交通大学出版社,
　　2011 年。

徐扬尚,"会通研究:比较文学的研究方法",《甘肃社会科学》,2011 年,第
　　4 期。

徐宗泽,《明清间耶稣会士译著提要》,上海:上海书店出版社,2006 年。

许钧,《翻译思考录》,武汉:湖北教育出版社,1998 年。

薛其林,《融合创新的民国学术》,长沙:湖南大学出版社,2006 年。

薛绥之、张俊才编,《林纾研究资料》,北京:知识产权出版社,2010 年。

亚当·斯密著,郭大力、王亚南译,《国民财富的性质和原因的研究》,北
　　京:商务印书馆,2008 年。

亚里士多德,《尼各马可伦理学》,北京:商务印书馆,2003 年。

严复,《孟德斯鸠法意》,北京:商务印书馆,1981 年。

严复,《名学浅说》,北京:商务印书馆,1981 年。

严复,《穆勒名学》,北京:商务印书馆,1981 年。

严复,《群己权界论》,北京:商务印书馆,1981 年。

严复,《群学肆言》,北京:商务印书馆,1981 年。

严复,《社会通诠》,北京:商务印书馆,1981 年。

严复,《天演论》,北京:商务印书馆,1981 年。

严复译著,冯君豪注解,《天演论》,郑州:中州古籍出版社,1998 年。

严复,《原富》,北京:商务印书馆,1981 年。

颜元,《颜元集》,北京:中华书局,1987 年。

杨朝蕾,"穷理致之玄微,极思辨之精妙——魏晋论体文艺术风貌论",
　　《中国矿业大学学报》,2010 年,第 3 期。

杨国帧编,《中国思想家文库·林则徐卷》,北京:中国人民大学出版社,
　　2013 年。

杨君游,"贺麟与中西文化的会通",《清华大学学报》,2003 年,第 4 期。

杨义,"'管锥'之功与会通的'钱串'——会通效应通论之三",《甘肃社会

科学》,2006年,第1期。

杨义,"会通的核心与'现代的苦恼'中的新会通——会通效应通论之一",《甘肃社会科学》,2005年,第5期。

杨义,"精思博识、时代智慧及其他——会通效应通论之二",《甘肃社会科学》,2005年,第6期。

姚鼐,《惜抱轩文集》,上海:上海古籍出版社,1992年。

姚鼐编,《古文辞类纂》,长春:吉林人民出版社,1998年。

姚莹著,施培毅、徐寿凯点校,《康輶纪行》,合肥:黄山书社,1990年。

叶世昌,"从《原富》按语看严复的经济思想",《经济研究》,1980年,第7期。

于安澜,《画论丛刊》,北京:人民美术出版社,1989年。

俞宣孟,"论中西哲学的会通",《社会科学》,2005年,第5期。

俞政,"析严译《原富》按语中的富国策",《苏州大学学报》,1995年,第3期。

俞政,《严复著译研究》,苏州:苏州大学出版社,2003年。

袁宏禹,"中国近现代唯识学思潮与马克思主义哲学的会通研究",《延边大学学报》,2012年,第2期。

袁缘,《数学文明与人类文明——数学文化与数学教育的研究与思考》,吉林大学博士论文,2013年。

曾国藩,《曾国藩全集》,长沙:岳麓书社,1994年。

张柏春,"王徵与邓玉函《远西奇器图说录》最新探",《自然辩证法通讯》,1996年,第1期。

张柏春、田淼、马深孟、雷恩、戴培德,《传播与会通——〈奇器图说〉研究与校注》,南京:江苏科学技术出版社,2008年。

张彩霞等编著,《自由派翻译传统研究》,北京:外语教学与研究出版社,2008年。

张德让,"合译,'合一'",《中国翻译》,1999年,第4期。

张德让,"清代的翻译会通思想",《安徽师范大学学报》,2011年,第2期。

张德让,"严复治异国语言之'至乐'及其《天演论》翻译会通策略",《天津外国语大学学报》,2011年,第4期。

张国刚,《从中西初识到礼仪之争——明清传教士与中西文化交流》,北京:人民出版社,2003年。

张景华,"论严复的译名思想与翻译会通",《湖南科技大学学报》,2013年,第5期。

张静,"'翻译一事,系制造之根本'——曾国藩翻译文论之探析",《邯郸学院学报》,2005年,第4期。

张静庐辑注,《中国出版史料补编》,北京:中华书局,1957年。

张君劢,《新儒家思想史》,北京:中国人民大学出版社,2006年。

张俊才,《林纾评传》,北京:中华书局,2007年。

张立文主编,《中国学术通史》,北京:人民出版社,2004年。

张培富,"110年的中西会通与纪念",《山西大学学报》,2012年,第3期。

张胜璋,《林纾古文论综论》,福建师范大学博士论文,2009年。

张西平,《中国与欧洲早期宗教和哲学交流史》,北京:东方出版社,2001年。

张旭,"从'经世致用'到编译'夷图夷籍':魏源的编译活动考察",《译苑新谭》,2013年,第5期。

张旭、车树昇编著,《林纾年谱长编》,福州:福建教育出版社,2014年。

张之洞,《劝学篇》,桂林:广西师范大学出版社,2008年。

章清,"'国家'与'个人'之间——略论晚清中国对'自由'的阐述",《史林》,2007年,第3期。

章学诚著,叶瑛校注,《文史通义校注》,北京:中华书局,1985年。

赵晖,《耶儒柱石——李之藻 杨廷筠传》,杭州:浙江人民出版社,2007年。

郑大华点校本,《新政真诠——何启、胡礼垣集》,沈阳:辽宁人民出版社,1994年。

郑强,"补空谈之虚空 破株守之迂滞——薛凤祚'会通'的科学思想探微",《山东科技大学学报》,2010年,第2期。

中国逻辑史研究编辑小组编,《中国逻辑史研究》,北京:中国社会科学出版社,1982。

中国史学会主编,《洋务运动》,上海:上海人民出版社,1961年。

钟哲点校,《陆九渊集》,北京:中华书局,1980年。

周波,"中国文论古今'会通'刍议",《山东师范大学学报》,2012年,第6期。

周明,《文心雕龙校释译评》,南京:南京大学出版社,2007年。

周雯雯,《会通翻译与群学思想——严译〈群学肆言〉研究》,合肥工业大学硕士论文,2013 年。

周振甫,《严复思想述评》,台北:台湾中华书局,1987 年。

朱汉民,"玄学的《论语》诠释与儒道会通",《天津社会科学》,2010 年,第 3 期。

朱维铮、李天纲主编,《徐光启全集》,上海:上海古籍出版社,2010 年。

朱维铮主编,《利玛窦中文著译集》,上海:复旦大学出版社,2001 年。

朱熹著,黎靖德编,《朱子语类》,北京:中华书局,2004 年。

朱羲胄,《贞文先生年谱》,上海:世界书局,1949 年。

朱修春主编,《严复学术档案》,武汉:武汉大学出版社,2015 年。

朱有瓛主编,《中国近代学制史料》,上海:华东师范大学出版社,1983 年。

卓新平,《相遇与对话:明末清初中西文化交流国际学术研讨会文集》,北京:宗教出版社,2003 年。

邹小站,《西学东渐:迎拒与选择》,成都:四川人民出版社,2008 年。

邹振环,《晚明汉文西学经典:编译、诠释、流传与影响》,上海:复旦大学出版社,2011 年。

邹振环,《晚清西方地理学在中国》,上海:上海古籍出版社,2000 年。

邹振环,《西方传教士与晚清西史东渐》,上海:上海古籍出版社,2007 年。

邹振环,《影响中国近代社会的一百种译作》,北京:中国对外翻译出版公司,1996 年。

索引

后　记

　　翻译和理解、解释天生有着不解之缘,本人的翻译教学与研究也因此深深地打上了解释学的烙印,如《伽达默尔哲学解释学和翻译研究》(《中国翻译》,2001 年第 4 期)、《重构·体验·融合——文学翻译的诠释学视界》(《解放军外国语学院学报》,2005 年第 2 期)。这两篇文章一方面认为理想的译者要设法"把自己变成作者的第二个我",通过"学思得"努力重构原作;另一方面又觉得现实的译者由于种种历史性的限制,很难摆脱译者"此在"的解释,即译文如同一面镜子,总能或显或隐地看出译者的身影。这两篇论文虽然很幼稚,尤其对解释学经典的理解比较肤浅,但是本人思考翻译的解释学视角已经初步形成,进而更加关注解释学翻译研究。其中李河《巴别塔的重建与解构——解释学视野中的翻译问题》(云南大学出版社,2005 年)所论的诠释学真理、李清良《熊十力陈寅恪钱锺书阐释思想研究》(中华书局,2007 年)的会通研究对我影响最大。2007 年本人师从华东师范大学潘文国先生攻读博士学位,潘老师治学注重打通古今中外,不盲目跟着西方理论转。在他的熏陶和感染下,我增强了对翻译、会通的本土理论视角和言说方式的自觉。博士论文就是翻译会通研究,而本书又是在博士论文的基础上完成的。

　　本书主体内容较博士论文作了较大调整。一是加强了文本细读、个案研究。重点研读了《徐光启全集》、李之藻重要译本及其编辑的《天学初函》、《严复全集》、林纾主要译本及其文论画论等。二是补充了一些具体观点及论述,如徐光启译介西学注重"译""考""镕",旨在会通超胜;严复治西学重义理"反证"、"敦崇朴学"、"文章正轨",这是对传统中学重义理、考据、辞章的继承和创新。三是新增了林纾翻译研究、明清士大夫翻译会通的特征研究,重写了严复翻译会通研究的大部分内容,等等。本书写作中得到了诸多学者的指导和帮助。首先潘文国先生的文章学翻译观对我启发颇多,感谢潘老师多次提供相关研究成果并给予悉心指导,本书严复、林纾的翻译会通研究从中受益良多。感谢中山大学王东风教授敏锐的洞察力,他指出明末徐光启所开创的近现代西学"会通"之路比解释学的"会通"更有魅力,建议加强目的论视角。感谢两位先生百忙中为本书作序。感谢中国社会科学院李河先生对我研究翻译与解释学的鼓励,本书部分观点深受李先生激进解释学及其翻译观的影响。感谢巢湖学院徐朝友教授的《阐释学译学研究:反思与建构》,其中理解要恭敬原作、静心倾听、抛弃先见、穿越时空、"回到事情本身",反对"六经注我"式的"偶发奇想和流俗之见"等观点,对本书严复翻译会通研究多有启发。

但由于水平有限,目前仍然存在着一些问题须进一步改进。首先,经典文献和最新成果有待继续搜集整理。本研究似乎易"入门"但难"出门"。近年来,史学界、哲学界、文学界、法学界、翻译界等相关领域硕果累累,中西翻译会通的诸多思想和有代表性的翻译文本有待进一步深入研读和梳理,更须加强大视野、长时段地看问题。其次,会通的界定与学理论述有待理论提升。会通作为传统学术方式,学术界一直界定笼统,徐光启等学者也缺乏正面的、详细的阐述。本研究中的"会通"有时不经意间就成了"翻译"、"理解"的同义词,有待进一步加强方法论的切入,以凸显翻译的政治在中国的实践。再次,本研究试图少一点对西方理论言说的"套用",多一点传统学术的"自言自语",但西方翻译理论作为"外位参照"有待加强。

本书的部分章节,曾以论文形式在《外国语》《外语与外语教学》《安徽师范大学学报》《英汉语比较与翻译》等刊物上发表。对它们的认可和支持,本人深表谢意。感谢工作单位安徽师范大学外国语学院领导和同事的关心与帮助。感谢我的研究生帮忙查阅、核对文献。感谢家人的长期支持和无私奉献。感谢国家社会科学基金项目的资助,感谢评审专家的宝贵意见和建议。感谢南京大学出版社张淑文女士的大力支持和帮助。

张德让

2017 年 1 月 10 日于芜湖

图书在版编目(CIP)数据

明清儒家士大夫翻译会通研究 / 张德让著. --南京:南京
大学出版社,2017.2 (2018.3 重印)
ISBN 978-7-305-18350-8

Ⅰ.①明… Ⅱ.①张… Ⅲ.①翻译－语言学史－研究－中
国－明清时代 Ⅳ.①H159-092

中国版本图书馆 CIP 数据核字 (2017) 第 041947 号

出版发行　南京大学出版社
社　　　址　南京市汉口路 22 号　　　　　　邮编　　210093
出 版 人　金鑫荣

书　　　名　**明清儒家士大夫翻译会通研究**
著　　　者　张德让
责任编辑　张淑文　　　　　　编辑热线　025－83592401

印　　　刷　江苏凤凰数码印务有限公司
开　　　本　718×960　1/16　印张 18.75　字数 317 千
版　　　次　2017 年 2 月第 1 版　2018 年 3 月第 2 次印刷
ISBN 978-7-305-18350-8
定　　　价　78.00 元

网址:www.njupco.com
官方微博:http://weibo.com/njupco
销售咨询热线:(025)83594756